矛盾 管理

MAODUN
GUANLI

专业生活中的冲突与化解

刘大春 / 编 著

北京师范大学出版集团
BEIJING NORMAL UNIVERSITY PUBLISHING GROUP
北京师范大学出版社

图书在版编目(CIP)数据

矛盾管理：教师专业生活中的冲突与化解/刘大春编著. —北京：北京师范大学出版社，2015.8（2020.1 重印）
（青年教师专业发展丛书）
ISBN 978-7-303-19150-5

Ⅰ. ①矛…　Ⅱ. ①刘…　Ⅲ. ①教师—修养　Ⅳ. ①G451.6

中国版本图书馆 CIP 数据核字(2015)第 136276 号

营销中心电话	010–57654738　57654736
北师大出版社职业教育分社网	http://zjfs.bnup.com
电 子 信 箱	zhijiao@bnupg.com

出版发行：北京师范大学出版社　www.bnup.com
　　　　　北京市西城区新街口外大街 12–3 号
　　　　　邮政编码：100088

印　　刷：	北京玺诚印务有限公司
经　　销：	全国新华书店
开　　本：	787 mm×1092 mm　1/16
印　　张：	14
字　　数：	220 千字
版　　次：	2015 年 8 月第 1 版
印　　次：	2020 年 1 月第 2 次印刷
定　　价：	32.00 元

策划编辑：路　娜	责任编辑：周　鹏
美术编辑：焦　丽	装帧设计：焦　丽
责任校对：陈　民	责任印制：陈　涛

编 委 会

前言

在教师的专业生活中，类型多样、复杂多变的矛盾问题常常成为教师职业生涯的破坏因子，如果不妥善处理，必将影响教师的可持续发展。认识矛盾，掌握解决矛盾的策略和技巧，可以帮助教师克服这些矛盾带来的挫折，为教师创造宽松、和谐的专业生活环境，促进教师专业成长。

教师与学生的矛盾。现在的孩子大多是独生子女，有着相对良好的家庭环境，这就造成部分孩子缺乏基本的生活自理能力，依赖思想严重；有的孩子凡事以自我为中心，自私、冷漠、缺乏同情心；有的孩子害怕失败，不能正确地认识自己；同时，竞争激烈的社会大环境也使得他们对教师充满着期待，要求也很高。而部分教师，特别是新教师，由于经验不足或对学生了解不够，面对很多问题不知道从何入手，处理失当，造成学生不满甚至不尊重，使得教师逐渐失去了在学生面前的"权威"和良好形象，失去了工作的成就感。

教师与领导的矛盾。教师也是普通人，在工作中特别希望学校领导关心自己的工作、学习和生活，得到更多的体谅、宽容和指导。但在现实生活中，由于学校领导面对众多教师，有时未能满足每一个教师的心理需求；也可能由于工作繁杂，无暇顾及对每一个教师进行具体指导；再加之行业竞争，也常常更关注学校的发展。因此，领导更多的是对教师工作业绩抱有高期望，容不得教师出一点问题，常常缺乏对教师全方位的正确引导，也缺乏对教师的情感和心理感受的关心。这就难免造成教师有时生活失助、亲情失落、工作失效、心态失衡。

教师与教师的矛盾。教师总是希望自己工作的环境就像一个大家庭，同事之间相互关心，和睦相处，共同进步。但教师是一个较孤寂又相对独立的职业，部分教师"同行相轻"，缺乏合作，再加上竞争压力，少数教师甚至把打压同伴作为提升自己工作业绩的手段，也就自然会导致教师的心灵伤痛。

教师与家长的矛盾。提高教育质量，教师需要家长的鼎力支持。但有的家长认为把孩子交给学校就万事大吉，对孩子不管不问，一旦有问题却又对教师无端指责；有的家长有知识、有文化、有思想，对教育的品质和期望也就很高，对教师更多的是质疑，担心教师能上好每节课吗，教师能当好班主任吗，教师关心其孩子吗，这些都极大地增加了教师的工作和心理压力，降低了教师的职业幸福感。

教师与环境的矛盾。教师是一个特别强调主观能动性的职业，一切环境因素时时在影响教师的自我完善。如果教师能调动和整合各种环境因素，就能更好地为学生的成长服务。反之，与这些环境因素产生矛盾，而且不能及时解决，就必定影响施教效果。例如，有的教师因刚参加工作对学校环境和工作性质一时难以适应；有的教师因为学校的外部环境变化而焦虑不堪；有的教师因为长时间待在一个学校而视野狭窄，产生职业倦怠；有的教师因为不善与人相处而工作受到干扰……

学生与学生的矛盾。正确处理好学生之间的矛盾是教师工作的重要组成部分。作为未成年人的中小学生，一方面，由于心智不成熟，以及不少家长对孩子宠爱有加、娇惯无比，导致部分孩子缺乏与他人平等相处、沟通、合作的能力；另一方面，多元化信息的长期包围，封闭而单调的生活，又让他们从内心深处充满对伙伴群体的渴望和与人交往的向往。因此，在学校生活和交往中，学生之间很容易产生各种矛盾，如果处理不当，自然会影响学生的健康成长。

师生与自我的矛盾。教师的很多困惑与困境是来自于自己的。新时期的教师由于缺乏对教师岗位和职业的深层次认同，缺乏教育教学工作实践经验，缺乏对教育对象和教学过程的完整了解，更缺乏对复杂多变的教育教学情境的分析和解决能力，自然容易陷入成长的纠结与矛盾中。学生由于处于自我意识的萌芽、发展期，他们的自我意识往往不完善，再加上意志、思维等发展的局限性，有时会使得消极的自我一时占上风，表现出较多的惰性和消极性。

"时时有矛盾，事事有矛盾"，影响教师成长的矛盾无所不在。所以，分析影响教师专业生活中的破坏因子，探寻各种矛盾的化解策略是当前理论研究与实务方面不可或缺的内容。

有鉴于此，"特级教师刘大春工作室"的老师们根据自己的亲身经历，编写了《矛盾管理——教师专业生活中的冲突与化解》。全书共七章，第一章讨论教师与学生之间的冲突与化解，第二章讨论教师与领导之间的冲突与化解，第三章讨论教师与教师之间的冲突与化解，第四章讨论教师与家长之间的冲突与化解，第五章讨论教师与环境之间的冲突与化解，第六章讨论学生与学生之间的冲突与化解，第七章讨论师生与自我之间的冲突与化解。每章分为"概述""案例呈现"两大部分。"案例呈现"又分为"矛盾回放""理性剖析""化解策略"三项内容，旨在从一线教师常常会面临的矛盾冲突入手，在理性思考的基础上找到具体的化解策略。

当然，我们也知道，案例越具体，越需要有具体的对策，不能说出几条放之四海而皆准的"原理"就完事。在化解策略中，尽管我们力求说出最优答案，但绝不是唯一答案，更不是最终真理，我们希望通过一个个具体案例的讨论和思考，诱发教师们的创造性思维，我们坚信"引导思考比'支着'更重要"。

本书在写作过程中，参阅了许多学者的相关研究成果，特别是引用了一线教师的大量案例，在此一并致谢！

限于作者水平，讨论这样一个复杂、困难的问题，定有失当和疏漏之处，欢迎大家批评指正。

作者
2015 年 7 月 1 日

目 录
CONTENTS

第二章　教师与领导

第三章　教师与教师

第四章　教师与家长

第七章　师生与自我

第一章　教师与学生

概述

师生关系是学校中最主要的人际关系，这对关系的和谐与否直接影响着教育教学的成败。在师生互动过程中，往往存在着诸多差异与对立，甚至是冲突，我们称之为师生之间的矛盾。

师生之间的矛盾是学校教育的基本矛盾，是客观存在的，矛盾的产生主要源于客观和主观两个方面。

在客观原因方面，学校有既定的统一的教育教学目标，这些目标通过教师的教育教学过程来实施和达成。但由于学生的学习基础、学习目的、学习态度、学习毅力及学习能力等方面的不同，师生之间在目标的达成上存在着差异，客观上让师生直接产生了矛盾。

在主观原因方面，教师和学生是不同的主体，因此，引发矛盾的主观原因包括教师和学生两个方面。

从教师方面看，教师自身的人格素养、教育教学理念、教育教学能力以及教育教学管理水平是引发师生矛盾的因素。例如，教师的仪表言行、师德素养、人格魅力等不足以让学生敬佩；教师教学水平不高，无法激起学生认真听讲、专心求知的兴趣，使学生感到乏味、厌倦；教师缺乏处理课堂突发事件的教育艺术和机智；一些老师面对学生的违纪，没有一种正确的心态；教师评价学生的标准存在片面性等，这些都可能导致师生矛盾。

　　从学生方面看，学生对学习目的缺乏正确认识，学习基础差，有厌学情绪，存在不良的学习行为和习惯，缺乏克服困难的决心和坚持的毅力，以及学生个性特征发展的差异性等多种原因，都将影响正常教育教学秩序，这也是引发师生冲突的重要原因。

　　师生矛盾作为学校矛盾管理中的主要矛盾，是客观存在的。作为教师，我们无法避免师生矛盾，但可以通过掌握和运用相应的矛盾管理策略控制矛盾趋向，避免矛盾的破坏性影响，使之在教育教学过程中发挥建设性的作用。本章以 17 个真实而鲜活的教育教学案例，提出了化解师生间矛盾的三大策略。

　　一是让融洽和谐的师生关系成为缓解消除矛盾的"润滑剂"。

　　教师与学生共处于校园和班级中，在教与学的关系中互动。教师要做好三项工作：第一，要尊重每一个学生，平等对待学生的个体差异和特点；第二，要善于沟通，深入学生群体，真诚地与他们对话和交流，与学生建立互信互谅、融洽和谐的师生关系；第三，要善于整合资源，形成教育合力，即通过整合学科教师、家长及其他社区资源，形成统一的教育合力。

　　和谐的师生关系是师生相处的"润滑剂"，能将师生之间的矛盾防患于未然，使师生之间的摩擦被润滑、被消减。

　　二是让爱心、耐心与冷静、机智成为缓解消除矛盾的"镇静剂"。

　　教育关注的是人的成长和发展。教师以人为本，以发展的理念对待每一位学生，让每一位学生均能得到成才的肯定、成人的激励和成长的鞭策。但现实教育过程中，学生的成长性决定了在其成长过程中，不可避免地会出现错误的言行，教师要有一颗真诚的爱心，善待学生的错误，心平气和地面对与学生间的矛盾。多一些耐心，就会多一些期待；多一些爱心，就会多一些惊喜。

　　矛盾一旦产生，老师只有怀揣一颗真诚地热爱学生的心，才能换位思考，保持耐心，驾驭自己的情绪，保持冷静和理智；并且在此基础上，积极寻找矛盾产生的直接原因，利用现场的积极因素，淡化冲突，弱化学生的激动情绪。

　　教师的爱心与耐心，能够在矛盾发生之初成为教师保持冷静、驾驭情绪的内在动因，从而有效控制住矛盾现场的局面。这是缓解和消减矛盾的"镇静剂"。

　　三是让循序渐进和持之以恒成为缓解消除矛盾的"黏合剂"。

　　面对师生之间的矛盾，老师在保持冷静的情况下对现场实施了有效的控制之后，还需要积极采取措施，解决好与学生之间的矛盾，循序渐进，持之以恒，让师生关系逐渐恢复融洽。

第一步，思考在前，深入了解。要多从自身出发，找出矛盾产生的主观原因及客观原因。第二步，注重方法，综合分析。针对学生个体特点，形成适合的解决方案。第三步，循序渐进，真诚沟通。了解学生心理，倾听学生声音，增进师生间的互相理解。沟通的方式较多，可以是师生间一对一的真诚沟通，可以是"借力搭桥"（借力学生信任的家长、老师或者同学），还可以是多方合力沟通。第四步，持之以恒，打开心结。师生矛盾往往影响到师生间的情感，要打开心结，是一个长期的过程，需要持之以恒。因此，如果矛盾短期无法完全消除，那么就需要教师采用更多的方法，坚持到底，最终让师生关系恢复和谐。

案例呈现

案例 1   网络"英雄"

[矛盾回放]星期一早晨，我刚到学校，几个学生干部就围上来，很气愤地说："老师，张涛同学又在自己的 QQ 空间里骂组长和班干部，好难听啊。"其实在七年级时就有学生反映过张涛的类似问题，我当着全班同学的面批评过，提醒他不要上网，不要在网上说过激的话；也曾经和他家长取得联系，请他们好好管教孩子；同时教育同学们不要理睬网上的过激言论。没想到今天又出这样的问题。学生们为了说明问题，还随我到了办公室，从网上调出了所谓骂人的话语。我一看，哇，真的好多，有辱骂同学的，有表达对家长、老师不满的，甚至还有针对我的，语言低俗、粗野，错别字连篇，不堪入目。我感觉血液往头顶冲，心中的怒火一下子升腾起来。这时，旁边几双明亮的眼睛盯着我，还义愤填膺地说："太不像话了，居然敢骂老师！"望着这几双眼睛，我告诉自己：我是老师，不能冲动，更不能在学生面前感情行事。我强压心中的怒火，深呼吸，努力让自己平静，一句话不说，照常上课。当天，我细心地观察着班上的每一个学生，举报的学生虽然还是愤愤不平，但已经不像一开始那样看到张涛就两眼冒火了；被揭发的张涛则躲躲闪闪，逃避我的目光。看来，他心里已经有些意识到自己错了，只是不敢或者不知道怎么表达歉意、改正自己

3

的错误。第二天，我主动找到张涛，在校园的小花园里促膝谈心，帮助他分析这件事情的错误，鼓励他勇敢地面对错误，积极地改正错误。当天，在我的鼓励下，张涛面对全班同学道歉，并保证以后不再犯类似的错误。我还私下里与孩子的家长交流、沟通，取得了家长的理解和支持，他们表示会给予张涛更多的关爱，多和他沟通，加强手机和网络管理，让他能更阳光地对待周围的人和事。

 理性剖析

中学生在网上发表个人观点，尤其在帖吧、自己的 QQ 空间随意说话、发泄不满，是很常见的事。这种行为其实是一种叛逆心理的表现，学生的叛逆是青春期的一个阶段性特点，只要我们正确地对待学生特殊时期心理的变化，并多和学生交流，用平和、理智的心态去宽容对待学生、接纳学生，你会发现他们只不过是做错事情的学生。不要上纲上线，以种种罪名对学生横加指责；不要当着其他学生的面批评他、奚落他，让学生颜面扫地；不要轻易请家长对他们进行一轮又一轮的批评教育，对学生做出一些过激行为。这样只会让学生更叛逆、更不好管教，稍不留心还会把学生逼上极端的道路，不仅给学生造成心理上的永久性伤害，而且可能会毁了学生的一生。

化解策略

常言道："精诚所至，金石为开。"只要我们尊重和信任学生，走进学生的心灵，正确对待他们的叛逆心理，正视他们的叛逆行为，引导学生文明上网，相信每个学生都是好学生。在具体的处理办法上，我们可以做好以下几点。

首先，平心静气，分析原因。案例中的学生是八年级学生，正值青春期，由于环境、个人心理因素等影响而变得多愁善感，情绪不稳定，烦躁，易冲动；八年级功课难度加深，繁重的学业、频繁的考试让不少学生经常有挫折感；学校常规要求严格，学生不敢随意"放肆"；有的家长对孩子学习成绩的期望值过高，过多地干涉及无休止的唠叨，使孩子与家长总是"格格不入"……所以不少学生喜欢沉溺在网络世界里为所欲为，发泄不满，释放个性，一些老师、家长眼中的乖学生一到网络里就判若两人。

其次，耐心交流，给予尊重。案例中的老师没有对学生马上进行批评教育，在"冷处理"的过程中观察学生。学生躲避老师目光，表明他知道自己做错了事，希望老师原谅自己，为下一步的深入交流打下了良好基础。老师没有当众对学生冷嘲热讽，未对学生进行心理施暴，是对学生人格的尊重，这对消除学生的对立情绪和叛逆思想非常重要。老师在校园的小花园里与学生单独谈心，在宽松和谐的交流环境里指出学生的错误，提出改正要求，让学生更容易接受。事后，老师还可以请心理辅导老师为学生做心理疏导，引导学生控制情绪，理智对待学习生活中的各类矛盾。同时可以多开展班级活动，引导学生尊重自己、尊重他人，文明上网，学会慎独……

最后，家校携手，达成共识。学生上网与家庭教育有密切关系，家校合力会使教育达到事半功倍的效果。老师可以私下里多与家长交流，分析孩子青春期的心理需求和自身能力，指出孩子问题与家长教育的关系，引导家长用正确、冷静、宽容的心理去面对叛逆的孩子，平日多与孩子沟通，关注孩子的成长细节，加强通信工具和网络的管理，给孩子一个走出青春期的时间和出口。

案例2　　　　　　　　　　情绪失控的孩子

[矛盾回放]上午第四节课，我正在批改作业，一个孩子冲进办公室："范老师，洋洋在课堂上与科学老师吵起来了！你快去看看！"

我急匆匆赶到教室门口时，洋洋的情绪还是很激动，正不依不饶地冲着教科学的李老师嚷嚷，李老师气得满脸通红。我立即上前制止，洋洋大叫："为什么拦住我？"

"洋洋，不要这样，跟范老师到办公室去！"我的语气严厉、不容置疑。洋洋挣扎了一会儿，愤怒地走出教室。

"我不去你办公室！没什么好说的！"他倚靠着教室外墙，头扭到一边，拒绝向我做任何解释。

我上下打量着洋洋说："我尊重你的选择，你一个人待一会儿吧。"

10分钟后，我回到洋洋身边，他的情绪已相对稳定，他告诉我科学老师的评价和眼神让他感到老师对他不友善，所以他很愤怒。我对他的愤怒表示理解，但明确表示不赞同他的行为，并问他："你今天课堂上的举动算得上善意吗？对一位长辈表达了最起码的善意吗？"他低声答道："算不上。"他已经意识到自己今天的情绪失控了。我与他进一步沟通，讲道理，举例子，打比方，洋洋对自己在整个事件中的表现有了清醒的认识。我问他："你用什么方式跟老师道歉呢?"他想了想,说了他的打算。第二天一大早,利用朝会时,我告诉全班学生:不论是学生还是师长,面临不愉快的事情,都会有情绪激动的时候,控制情绪、不让事态恶化是上策;如果情绪失控,出现了矛盾,要能接受他人善意的帮助,积极、主动地化解矛盾。我还告诉全班学生:洋洋为自己昨天的行为感到很内疚,他愿意今天在课堂上向科学老师道歉,我们为他的进步鼓掌。洋洋手捧鲜花走上讲台,对科学老师说:"老师,对不起。"科学老师一下拥住了洋洋说:"我的态度也不好。"教室里掌声雷动,洋洋、老师的眼中泪光闪动。

理性剖析

师生冲突是学校管理过程中常见的一类矛盾,对待此类矛盾,简单的批评说教只能暂时缓解和压制冲突,而矛盾没有得到根本的化解。我们应遵循心理辅导中的基本原则:先处理情绪,再处理事件。运用一些沟通技巧,引导学生稳定情绪,正确认识自己的态度和行为,主动解决问题。

化解策略

本案例中,学生洋洋因为情绪控制低效,而与上课老师发生矛盾,进而发生激烈的冲突。因为情绪失控而引发的师生矛盾,可以采用以下几个步骤处理和解决。

首先,迅速撤离矛盾现场,引导事态正向发展。当冲突发生时,将当事人,特别是情绪失控的人带离事发地,是最有效平息失控情绪的办法。案例中,对于矛盾中的洋洋这一情绪失控点,老师不是做出纪律或道德上对与错的裁决,而是让洋洋离开教室,为解决冲突和引导事情往正向积极发展赢得必要的缓和时间。

其次,因势利导,寻找化解矛盾的方法。案例中,教师善于运用沟通技巧接近学生,稳定洋洋情绪,并通过循循善诱,帮助洋洋反思自己的言行。待洋洋对自己在整个事件中的过失有清醒的认识后,再帮助洋洋主动解决矛盾。在化解矛盾时,可以使用的沟通方法很多,这里给老师们介绍接近别人的"表达十招式"。

第一招"询问式":多征求别人意见,多用商量的口气,在尊重他人中赢得他人尊重、赢得支持。例如，"我想听听你是怎么想的?""我这样讲你能听懂吗?""你希望老师怎么做呢?""你觉得呢? 你认为呢?"

第二招"体谅式"：体谅别人的处境与想法。例如，"我知道你……"

第三招"认同式"：认同别人，更容易肯定自己。例如，"是的!""你说得非常有道理!""我非常认同你的观点。"

第四招"选择式"：用选择式代替是非式。例如，用"你要……还是要……"代替"你要不要……"

第五招"回避式"：回避一些不利沟通的词语。例如，在征求意见时，少说"你"，多说"我"；在人际交往中，少说"我"，多说"我们"；在交换意见时，少说"但是"，多提"建议"，多说"而且"。

第六招"代入式"：回归真实本性，在情感与人性代入中引起共鸣。例如，柴静在《穹顶之下》谈及研究雾霾的原因时强调"在照顾她期间，对雾霾的感受变得越来越强烈。""我不是多怕死，我只是不想这么活。"传递了一个母亲的情感，一个普通人的真实想法，很容易引起人们的共鸣。

第七招"弥补式"：增加措施，弥补情感。例如，发信息时附上"嘿嘿""哈哈""呵呵""嘻嘻""哦"及图标等。

第八招"减弱式"：多正说，少反说，减弱语言的色彩程度，让语言更柔和。例如，批评人的时候在一个很好听的词前面加一个"不"，传递"不够好""不理想""不足""不高"等意思。

第九招"委婉式"：多委婉，少冲撞。例如，用"如果"下命令，用"可能"纠正别人，用"好像"为自己找退路。

第十招"模仿式"：模仿对方情绪状态，模仿别人说话速度。例如，当别人情绪高涨时，说话兴奋一点、大声一点；当别人情绪低落时，说话低沉一点、小声一点。别人说话快，我们说话就快一点；别人说话慢，我们说话就慢一点。

最后，依靠团队力量，促进矛盾圆满解决。对于洋洋这样的情绪控制力差的学生，只要他表现出合作的愿望，哪怕是一点点的进步，都要给予及时的肯定和鼓励。案例中，教师告诉学生们，不论是学生还是师长，面临不愉快的事情，都会有情绪激动的时候，控制情绪、不让事态恶化是上策；如果情绪失控，出现了矛盾，要能接受他人善意的帮助，积极、主动地化解矛盾。还告诉全班学生，洋洋为自己昨天的行为感到内疚，他愿意今天在课堂上给科学老师道歉，大家为他的进步鼓掌。这样不仅由点及面，帮助了洋洋，也教育了全班学生，促进矛盾圆的满解决。

案例 3   **打瞌睡**

[矛盾回放]数学课上，王老师正讲得手舞足蹈，学生听得津津有味。突然，他发现倒数第二排的小明恹恹欲睡，脑袋摇摇晃晃。王老师把声音提到高处突然刹住，向全班同学做了一个"嘘"的动作。邻桌的同学赶紧把打瞌睡的小明叫醒，很多同学都在想这下有好戏看了。只见王老师耸耸肩，有些幽怨地说："看来我的讲解还不够精彩，要不就是我长得不够帅？怎么就没把你迷住呢？"教室里顿时活跃起来，同学们天真无邪的笑声赶走了小明的睡意。王老师在课堂上，当他发现有学生打瞌睡时，就变化一下自己的音调，或者猛敲一下桌子，或者不断地请学生起立回答问题，或者让学生做练习。王老师不断地制造或紧张或愉悦的气氛，让课堂像是一场游戏，充满乐趣。如果他发现班上很多同学没有精神，就停下课来讲点学生感兴趣的话题，或者干脆让学生静息几分钟。有一天下午，小明在数学课堂上睡着了，王老师悄悄走到他身边，把他的书包拿起，轻轻地塞在他的头下，小明睁开迷糊的眼睛，王老师抚摸着他的肩说："你睡觉应该带个枕头，为防止感冒，下次睡觉必须盖上被子。"并当场宣布纪律一条"睡觉可以，必须盖被"，小明在同学们的欢笑声中不好意思地低下了头，王老师快步走回讲台又开始上课。课后，王老师有针对性地给学生做学习管理的指导，帮助学生合理安排春夏秋冬不同季节的作息时间，规定夏季必须午休；王老师还与家长联系，请家长加强监督，参与学生在家的时间管理。自此，王老师的课堂很少有学生再打瞌睡。

理性剖析

学生课堂上打瞌睡是班级管理的难题之一，是大多数老师课堂上都会遇到的问题。处理学生课堂上打瞌睡的问题，首先需要分析原因。原因主要有以下几个方面：一是生理上的疲劳；二是心理、情绪方面的原因，例如，厌学、对老师有意见；三是认知基础及能力差，例如，听不懂老师讲的内容，自然就容易打瞌睡；四是老师的教学不够吸引学生；五可能与天气有关，也可能与学生坐姿不端正有关等。

对待学生课堂上打瞌睡的现象，可能有的老师会只顾讲课，采取不闻不问的态度；也有老师可能不问原因就训斥学生。这样的教育效果并不理想，有的老师会因此失去教学的积极性，影响教学情绪。教师应该及时掌握学生在课堂上打瞌睡的原因，及时采取措施。纪律约束加人性化管理，既可以打消学生的睡意，又呵护了学生的自尊心，还可以拉近师生之间的关系，使教学正常进行下去，为进一步教育做好情感上的铺垫。

化解策略

分析原因，有的放矢，宽严结合，恩威并重。

如果打瞌睡是个别的、偶然的、不固定的属正常现象，教师可以善意地提醒。案例中的王老师抓住机遇快速做出反应，方式幽默，效果比简单粗暴地一味控制要好得多。如果遇到某个学生经常出现瞌睡现象，可以课下谈心，了解情况，对症下药，找出解决的办法。建议教师们经常主动"三问"学生："你喜欢同学和班级吗？你喜欢老师和学校吗？你喜欢学科和学习吗？"沿着这三个方向追问下去，可以把学生在学校里方方面面的问题了解得清清楚楚。

如果上课打瞌睡的人不止两三个，是普遍的、经常的，那么教师就需要好好反省自己，改变自己的教育教学方法。教学过程中尽量做到以下几点：(1)学科知识生活化，善于激发学生的好奇心。(2)知识内容问题化，有效激发学生的求知欲。(3)教学形式多样化，增强学生学习知识的新鲜感。同时，多留给学生一些思考、合作、提问、练习、展示的机会，避免学生因一味听课而产生倦意。如果是基础相对差的学生，治理上课打瞌睡的根本在于改革课堂，让这些长期在学习上吃败仗的学生能获得学习上的成就感。治本需要教师投入大量的爱及教育智慧。一个班上学生的情况分很多类型，只有采取既治标又治本的办法，才能在学生上课打瞌睡的问题上取得突破性进展。

教育有法而无定法，只要老师愿意做个有心人，心中真正有学生，眼中有教育，勤于学习，乐于请教，善于反思，敢于尝试，多点柔性引导，少些硬性强制，就一定会找到一套属于自己的行之有效的教学技能和育人方法，课堂教学也就会焕发生机与活力，学生的打瞌睡问题自然也就迎刃而解。

案例 4　　　　　　　　　　手机事件

[矛盾回放]数学课上，全班同学在认真考试，教室里很安静。突然，电话的振动声骤然响起，大家不约而同地抬起头望向付同学，又望向吴老师。吴老师将付同学的手机拿起来，发现手机界面正是 QQ 对话"今晚我要去水吧，你去不去？"考试一结束，吴老师就将付同学请到办公室，说："学校规定不能带手机到学校来，你为什么不遵守制度，而且还在上课时玩手机，和别人聊QQ？"付同学极力辩解："吴老师，我没玩手机，我只是一直挂着 QQ，又没有专门和哪个人聊天，是她不知道我还在上课，所以发信息问我，我又没理她。班上那么多同学用手机你都不管，凭什么我手机只响了一下，你就要没收我的呀？我又没用手机做其他的事情。还有同学用手机打游戏呢，××还上网站看美女呢！"吴老师说："学校有规定不能带手机进学校，其他同学我没发现，你的手机先没收了，放假了再发给你。"当晚，付同学的妈妈打电话给吴老师："老师，抱歉啊，我们孩子上课玩手机是不对的，我们已经批评教育了她。但是我和她爸爸工作都很忙，每天下班回家都很晚，担心她不能及时回家，所以专门买了手机让她带着，好知道她的行踪。麻烦老师能不能原谅她一次，把手机还给她？"

🎯 理性剖析

现在手机已经成了人们生活中必不可少的通信工具，学生遇到紧急情况可以用手机寻求帮助，所以，家长给孩子配备手机的初衷是好的，也有其合理性。但有些学生自制力较弱，在学校、课堂上用手机上网、玩游戏、聊天、看小说，有学生用手机作弊、抄作业，还有学生回家后躲在被窝里沉迷于一些不良网页，不仅影响学习，还影响身心健康。同时，学生之间就手机相互攀比，助长了学生的虚荣心，还给家长带来经济负担。

手机问题成了当前教师们比较棘手的问题之一，也是多数学校"封杀"的对象。学生不当使用手机，被学校收缴并批评已不是新鲜事。更有甚者，学校为断学生念想，在事先征得家长同意的基础上，选择将没收的手机用铁锤砸毁，并设立"手机尸体展示台"展示。

21 世纪是信息时代，也是知识经济时代，在科学技术飞速发展的今天，新鲜事物不断产生，学生们更喜欢接触新生事物，所以，简单禁止学生使用手机是很难的。如果走向极端，砸烂手机的行为更是违法，涉嫌故意毁坏公私财物。首先，学生的手机是学生通过自己合法地购买或者第三人的赠予等合法途径获得的动产，因此，学生手机是学生个人的私有财产，学校没有权力处置学生的私人财产，而教师砸毁学生手机的行为，已经严重损坏了学生手机的效用，更是对学生财物的严重侵害。其次，教师做出砸毁学生手机的行为时，完全能够认识到自己的行为可能会造成手机效用的丧失，或者手机从物理上发生变更甚至形体的毁灭，但是教师却希望或者放任这种结果的发生，使得学生私有财产受到严重侵害，以此来警告其他同学，因此，教师主观上具有故意毁坏公私财物的目的。根据我国刑法规定，若数额较大或者有其他严重情节的，处三年以下有期徒刑、拘役或者罚金；若数额巨大或者有其他特别严重情节的，处三年以上七年以下有期徒刑。随着国家法律制度的不断健全，学生自我保护意识的不断提高，教师某些合情而不合法的教育行为，应该随着中国社会的法制化脚步而不断减少。

化解策略

教师不是阻挡时代的车轮，而是应该当一个好的车夫，为自己的学生引好路，让学生在人生关键的学习阶段少走岔路。因此，处理手机问题时要讲策略，尊重学生，智慧地引导往往能起到"双赢"的效果。具体可以进行如下操作。

1."堵不如疏"，教育为上策。

老师要利用学校各种教育途径、方式、载体，教育学生尽量不带手机入校，提高学生的自律能力。只有不断提高学生的自制力和"免疫"能力，他们才会在追求并接受新奇事物和思想的同时，学会辨别是非，克服不良心理和动机，约束自己的行为举动，在拥有和使用手机问题上，做一名遵规守纪的好学生。

(1)可以召开一次主题班会，让学生进行辩论，明白一个人要学会"舍得"，学会分清轻重缓急，懂得什么该做，什么不该做，懂得什么时候做什么事，全面挖掘不当使用手机的利弊，自觉远离手机危害。在班会课之前一定要做充分的准备，对于正方观点，老师一定要提前悄悄找几个自己的"托"，指导学生辩论，通过班会课，争取在班级中形成正确舆论和良好风气，杜绝高消费行为和攀比等心理，帮助学生提高自制力、免疫力，把学生使用手机的负面影响降到最低程度。

(2)通过教师的引导，让学生自己制定出班级使用手机的相关制度。例如，根据自己所在班级的实际情况，可以指导学生制定出以下类似实施细则。

①有携带手机到校需求的，必须先填写《家长同意书》，并送班主任备案核实后方可携带。《家长同意书》应规范制作，内容应该有携带理由、在校要求、违规后处理的内容，最后需家长、学生签字认可。

②携带手机到校者，在校期间不可开机，放学后方可开机。如有急事和突发事件要联系家长，可到班主任处或学校教导处使用班主任手机或学校电话。

③在校期间不接听外界来电，家长若有重要事情需联系学生，请拨打班主任电话或学校其他联系电话。

④违反以上规定，班主任可暂时代管手机，并通知家长到校领取手机，同时给予违规者暂停使用手机几周的处罚。另外，在班级的小组综合评定或其他类似的对学生日常学习考评做扣分处理。

2. 家庭教育在孩子的成长过程中起着至关重要的作用，教师还应该请求家长配合班主任的工作。

家长配合的前提是理解和认知有共同点，所以，教师可以通过召开家长会，提高家长的认知，就学生带手机到学校的利弊进行分析讨论，形成共识。让家长明白在中学生可否拥有手机这一特定问题上，家长应负首要的责任。建议家长们要慎重考虑家庭经济能力、子女学习生活的需要和子女个性特点等因素。尤其是第三个因素，如果子女自制力很差，且明知其有某些不良倾向时，还为其配手机，则无异于火上加油。同时，建议家长给孩子买功能简单的手机，不要买功能强大的智能手机，减少在学习期间随时可以上网的可能性。如果已为子女购买了智能手机，则应注重引导子女有节制地使用手机，可对其提出几条要求，先敲警钟，提高免疫力。此外，家长要加强监管，父母是未成年子女的监护人，如果放任自流，最终将自讨苦吃。同时家校配合，定期查询学生的话费，过多的话费和上网流量就应该引起关注。最后，家长还要掌握学校的作息时间，切莫在学生上课或就寝的时间打电话或发信息，以免干扰正常的教学秩序，影响学生的学习。

案例 5　　　　　　　　　　　　　　**严厉的老师**

　　[矛盾回放]郑老师是位不苟言笑的语文老师，他治学严谨，班主任工作也很出色，管理得非常严格。每次到郑老师的教室去，那干净的教室、整齐的桌椅、学生有序的活动总是给人留下非常深刻的印象。可是随着时间的推移，这位老师工作上存在的一些问题也渐渐暴露出来：学生要是抄错了一个词语，丢了一个标点，就会招来一阵痛批；学生课堂上搞搞小动作，走走神，若是被郑老师发现，一定会请家长到校共同教育……日子一久，学生学习成绩虽然没有松懈，可总少了一分童真、一分阳光、一分孩童的顽劣。有些家长受不了郑老师的过分严厉，颇有些微词。郑老师觉得很委屈。

🌓 理性剖析

　　郑老师对学生严格要求是正确的，毕竟小学生需要从规范入手，养成良好的行为习惯和学习习惯。每一个人都有从无律到他律再到自律的过程，行为习惯和学习习惯的养成是这样，学习能力的养成更是这样。但是郑老师忽略了儿童的特征，工作中采用一刀切的方式，不利于学生的成长和发展。关注学生的成长和发展，必须尊重学生的个体差异，教育教学方式必须因人而异，因事因时而异。同时，随着时代的发展，教育对象的变化，教师应与时俱进，不断更新教育教学理念。对学生的教育不是教会多少、获取多少知识，而是指导、陪伴、引领，在等待、宽容和引导中收获每个学生的成长点滴。

📖 化解策略

　　德国教育家第斯多惠曾说："教学的艺术不在于传授本领，而在于激励、唤醒、鼓舞。"作为教师的我们，不仅需要认真严谨地工作，更要有一颗充满智慧的爱心。

　　教师要学会用温润的目光关注学生的成长。每个人的内在自我、人际关系与生活环境均有所不同，因此，人是有差异的，要求学生用同样的时间完成同一个目标是不现实的，也是残忍的。小学生容易犯错，且容易犯同样的错。教师既要指出学生的问题，同时也需要有等待的耐心，只要不是原则性问题，教师可以不动声色地静观其变甚至难得糊涂。适当的宽容和"忽视"，会给学生营造一个宽松的环境，有助于学生在错误中反思、成长。

　　一是接受现实，冷静看待。"人非圣贤，孰能无过。"人犯错是难免的，学生是成长过程中的人，从发展的角度讲，学生出错是正常现象，不需如临大敌。其实犯错也是一个学习的过程，学生就是在犯错、认错、改错的过程中慢慢走向成熟。犯了错并不可怕，关键是面对学生的错误，教师应站在学生的角度换位思考，与学生平等对话，和学生一起分析事件的来龙去脉，指出学生犯错误的原因以及造成的危害，用真诚、热情的话语来鼓励学生，让他彻底认识、改正错误。例如，字词写错了，教师可以要求学生找找出错的原因重新听写，当他写对了，可以夸一夸他，说说"我就知道你一定可以全对"之类的话，给学生强烈的心理暗示："我原来就应该是可以写正确的人"，让他们产生强大的自信心，进而提高学习动力。对低年级的学生也可以用摸摸他的小脑袋等亲昵的动作，拉近彼此的距离，让学生不再畏惧听写，明白老师是他们学习最大的支撑者，感受到学习的快乐和成就感。

二是认真分析，区别对待。很多时候，学生都不愿意犯错，也不是故意犯错的。面对学生的错误，教师应认真分析，区别对待。对于学生一些无心或无意间犯下的错误，教师应予以谅解，提醒他下次注意。对于学生故意造成的错误，一定要严肃认真地指出错误所在以及危害，千万不要袒护学生。袒护其实就是帮学生推脱犯的错，那就是纵容犯错，是一种对学生不负责任的爱。另外，对于犯错的学生不要歧视，要相信每一个学生都是向善、向上的，真诚地给予科学的指导、具体的帮助。比如，文中所指的学生上课走神，老师就要认真分析，如果该生只是偶然走神，老师完全可以用调侃的方式来提醒学生；如果学生在这一段时间经常上课走神，老师就一定要分析一下思想上的原因了，是家庭还是在校出了问题，再把脉问诊。

三是正确引导，自我教育。其实，有的学生无意犯了错，还没等大人批评教育，他自己已经开始后悔、反思，并自我教育了。有些学生由于自制力差，所以会出现一种错误一犯再犯的反复现象。当学生第一次犯某种错误时，老师要认真分析、讲明道理，引导学生知错、认错，找出错误的原因和后果，以便于学生彻底地改正错误。如果学生再犯同样的错误，怎么办？原谅他，再提醒一句："你这已经是第二次犯这个错误了，老师心里记着呢，你要注意，事不过三啊！"事实证明，这样处理后，很少有学生能在一段时期内连续犯三次同样的错误。因此，教师要培养学生的自我教育能力，让学生不犯或少犯同样的错误。

　　四是学会微笑，善待学生。微笑是教师的职业基本功，但由于受到传统的"师道尊严"的影响，有的教师在管理学生时总是板着一张脸，整天杀气腾腾，好像只有这样才能管住学生。其实不然，因为教师太严厉，表面上好像风平浪静，其实下面波涛汹涌，这种班级有时不出问题则罢，一出问题反而是大问题。毕竟学生是成长中的人，有时变化太快会失真、扭曲、混淆。教育是慢的艺术，人的变化越慢才越真实。所以，我们还是倡导在管理中多一点亲和，多一点微笑，营造一种安宁、祥和的环境，最能激发人的积极性和创造性。就微笑，教师们可以进行实战修炼，例如，对着镜子，观察眼睛，训练发自内心的微笑；也可以对着镜子摆好姿势，说"E"，然后轻轻浅笑，减弱"E"的程度，同一动作反复练习，在坐车、走路、说话、工作时都可以练习，直到感觉自然为止。

案例 6　　　　　　　　　　多多的问题

　　[矛盾回放]学生多多特别好动，脾气暴躁，自控能力差，喜欢用暴力解决问题，行为习惯存在较大问题，也很难做到在教室里静静地上完一节课。为此，班主任李老师也是煞费苦心，想方设法让多多改正，三番五次与家长正面沟通，但效果不理想。由于多多经常惹是生非，严重地影响了正常的教育教学秩序，任课老师头疼，其他家长不满，多次提出要多多转学，离开这个班。李老师教育多多无效，协调家长无果，经常被弄得精疲力竭，对多多及家长也多了一分责怪和埋怨。为了化解矛盾，让班级能维持正常教育教学秩序，李老师也开始做多多家长的工作，建议多多转学。几次沟通后，多多家长没有接受李老师的建议，后来甚至产生抵触情绪，认为是老师的不是。受家长态度的影响，多多的表现也越来越差。有一天上课，多多总是调皮捣蛋，并不停地和同桌在下面讲悄悄话，李老师要把多多调到另外一个座位上，但多多坐着不动，李老师忍无可忍，动手拉他，没想到他不但不去，还狠狠地踢了老师一脚，让老师痛得直不起腰。

理性剖析

　　成功的教育者必须深入细致地了解并尊重学生的天然禀赋及个性特点，在此基础上因材施教，给他们一个广阔自由的发展空间。教师管理班级的过程，实质上是教师与学生之间的一种双向的情感交流过程。只有尊重学生的人格和自尊心，平等地对待每一个学生，高扬"以人为本"的价值理想，才能使学生在学习和生活中有愉悦感、安全感、尊严感，学生的潜能、智力才能得到充分的发展。多动症、抽动症等"问题学生"在学校时有所见，是一种慢性心理行为障碍性疾病，已成为严重威胁学生身心健康的时代病，尽早发现、及时治疗是关键。但由于部分学生的父母工作较忙，缺乏常识，没能引起重视。部分教师在处理问题时认识不到位，少了一份全局和等待意识，缺乏有效的方法，也就常常激化与家长和学生的矛盾。

化解策略

首先，教师和家长要了解一些多动症、抽动症的知识，仔细观察学生的表现，准确判断学生存在的问题。如果学生确实患病，家长就要带孩子及时就诊，检查、鉴别，及时予以治疗，不能讳疾忌医。

其次，"个性化教育"不是口号。学生是千差万别的，教师要多一分宽容，多一分等待。人的变化常常越慢越真实，孩子的成长尤其如此。"揠苗助长"带来的不是丰收，而是前功尽弃。孩子的行为养成需要一个过程，良好的教育环境搭建需要家庭、社会、学校通力协作。

再次，摸清班情，早做治班规划。教师新接班后一定要摸清班情，早做治班规划。当然，这种规划可以和科任教师沟通，也应和家长们沟通，想方设法构建和谐班级。家长往往从自己孩子角度出发考虑问题，全局观较弱，教师要站在更高的视野上做家长的工作，才不会有类似教师受家长牵制渐渐使自己陷入被动的状况。

最后，面对问题，教师要动脑筋、想办法，妥善处理。例如，当学生在课堂上违反纪律，对特殊学生调整座位也要用特殊办法。这里推荐一个综合利用言语和非言语调整学生到指定座位的"六步法"。

第一步：教师用双手把指定座位的凳子抬出来摆好，体现教师对学生的尊重。

第二步：教师走到学生面前，距离 0.6 米左右最好。距离学生不要太远，那样往往没有威慑力；但也不要太近，距离学生太近常常会让学生产生反感情绪。

第三步：眼睛盯着学生面部上三角（眼睛到额头之间），体现教师的严肃、认真、诚恳。

第四步：一只手手心向上指着学生，体现教师对学生的尊重、诚恳、接纳、邀请、无恶意……

第五步：一只手手心向下或握拳伸食指指着指定的座位，体现教师的强势、权威性，甚至向学生暗示：你必须立刻照做，不然试试……

第六步：配上语言表达："××同学，请你坐到那个座位上去好吗？谢谢！"

教师采取以上"六步法"，增加了力度，学生一般会服从。

当遇到个别抵触情绪严重的学生，他不但不去，可能还会嘀咕："老师，我为什么要坐那个位置呢？"这时老师如果给他解释，他就会提出另外的理由应付老师，师生之间就会陷入一个纠缠不休的僵持状况。而这时的课堂纪律管理也就可能出现"波纹状态"（其他学生出现趁机讲话、搞小动作等违反课堂纪律行为）。所以，建议这时老师采取"延迟解释"（当时不解释，下课后再与学生交流）的做法，眼神别变、姿势别变、手势别变，通过重复言语增大力度，达到目的。

当然，也许个别学生最后都不服从，这时老师千万要控制情绪，可以给自己找一个缓和矛盾的台阶："××同学，现在还在上课，我们也就不耽误其他同学的上课时间了，下午 4：00 我们在校园的小花园里再进一步交流好吗？谢谢！"等双方冷静了再和学生好好交流。

案例 7　　　　　　　　　成长需要包容

[矛盾回放]上课了，张老师来到教室门口，平时安静的教室，今天居然喧哗不止，只见教室上空飞舞着两只纸飞机，黑板下方的地板上还躺着几只。平时爱出风头的两个学生边笑边挥舞着双手起哄。"张老师来了！"有人看到了张老师，小心地提醒其他人，教室里迅速安静下来，那两个带头的学生直到旁边的人用手捅他们才慌慌张张地坐下。张老师大声喝道："不准坐！站起来！让大家看你们表演啊！马上上课了，你们还在这里带领大家扔纸飞机，搞得整个班上乱哄哄的，同学们也不能静下心来看书，真是'两颗老鼠屎脏了一锅饭'！你们两个成绩那么差，每次考试都是班上倒数，都给你们说了那么多次，为什

么就是不思进取呢?""张老师,你怎么骂人呢?"其中一个带头的学生说道。"骂你怎么了,看你今天的样子,你带的什么头?扮演了什么角色?你必须在全班检讨,挽回影响,我等着看你的表现!"张老师不由分说,又是一通训斥,才宣布上课。

 理性剖析

生活中,我们在对人和对事两个方面都要有一颗包容的心。在教学过程中,宽容体现在对学生的教育上,老师处理问题要留有余地,但并不是无原则地放任自流,老师对有过错的学生要因势利导,要用宽容的心去教育学生。"人非圣贤,孰能无过。"学生在成长过程中犯错误是必然现象,从某种意义上讲,成长的过程就是不断犯错误的过程,宽容学生的错误是理解学生、爱学生的表现。宽容是一种无声的教育。因为宽容,老师给了学生足够的尊重,给学生留足了面子,更给了学生一个反省和改过的机会。

化解策略

学生的成长需要包容。只有包容,学生才有胆识直面错误、改正错误,尝试新的事物。对待学生所犯的错误,老师不能一味采取打压的教育方式,这往往容易引起学生的逆反心理,因为青春期的孩子都有叛逆的心理。为了更好地引导学生改正错误,我们提供以下几点建议。

首先,从心底接受。包容是一种理解。中小学生毕竟是成长着的人,还不太懂事,不太定型,还不成熟,意志力还不够坚强,抗诱惑力差,违纪犯错在所难免。打打闹闹、说说笑笑、搞些小动作、不按时完成作业甚至抄作业……这些违反纪律的现象,对于这些几岁、十几岁的孩子来说,是很正常的,绝非洪水猛兽。其实,回想我们做学生时,难道不曾像他们一样调皮捣蛋,违反纪律吗?所谓"己所不欲,勿施于人",现在我们倒过来,就是己所欲,容人欲。所以,作为教师,我们应该面对现实,客观地认识和对待学生。

其次,包容不等于纵容。法国教育家卢梭早在300多年前就说过,教育无非是要给学生"有节制的自由"。对于学生的错误和缺点,我们不可以视而不见,而是要尽最大努力地帮助学生克服困难、改正错误、提高学业成绩。同时,给予学生最大的信任,对学生的发展,哪怕是缓慢地发展也给予一种等待、一分期许。

再次，改变学生言行时要少用破坏性言语，多用建设性言语。对于犯错的学生，我们所做的一切事情的目的仍然是教育好他，而教育好一个学生最重要的是保护好他的自尊心与自信心。本案例中，张老师当着全班同学的面羞辱当事学生，这种做法极易让学生因为自尊受到伤害而失去自信。所以，教师在改变学生言行时要少用破坏性言语，多用建设性言语。

一是少用不利于沟通的无效师语。《中国教育报》在2011年曾以"教师的语言革命"为主题刊登过一组文章，提出教师要成为一个会说话的人，要少用不利于沟通的无效师语，包括：（1）大而空的语言。例如，对一年级学生说"我们要热爱地球"。（2）口头禅式的语言。例如，每句话停顿时总要说一个"啊""嗯"。（3）重复学生的发言。例如，学生发言后，总是重复一遍学生的话。（4）看似商量的指令性语言。例如，读完了关于四季美景的课文，教师问"你们想不想看四季的美丽景色？"（5）前后矛盾的语言。例如，教师前面要求读得响亮，读完后又评价学生说"齐读时，不要读得这么响"。（6）无意义的责备性语言。例如，"你怎么不把自己弄丢呢？""你就不能消停一会？"（7）苍白、贫乏的激励性语言。例如，只会说"你真棒""很好"，等等。

二是不用不利于沟通的粗暴师语，包括：（1）孤立式。例如，"同学们，他这是什么行为？"（2）挖苦式。例如，"就你那蠢样，还学钢琴？"（3）比较式。例如，"你和××简直不能比，一个天，一个地。"（4）告状式。例如，"我管不了你了，叫你爹妈来。"（5）预言式。例如，"我看你早晚会进监狱。"（6）结论式。例如，"全校再也找不出你这样的活宝了。"（7）记账式。例如，"毕业鉴定上见。"（8）谩骂式。例如，"你爸妈近亲结婚啊？"（9）呵斥式。例如，"我教了这么多年书，没见过像你这样的！"

三是多用学生爱听的阳光语录。《扬子晚报》在2006年广泛调查过中小学生，最后提出中小学生最爱听的有21条阳光语录，包括：（1）对自己要有信心哦！（2）这几天你进步了！（3）大胆做吧，做错可以改。（4）加油，赶上××。（5）你是很聪明的！（6）做得太好了，你真能干！（7）这事交给你，我很放心。（8）能帮老师这个忙吗？（9）我们班是最棒的！（10）老师喜欢你。（11）老师为你而自豪！（12）我很能体谅你现在的心情。（13）不舒服的话随时和我说。（14）有什么困难找我！（15）要注意休息呀！（16）办法总比困难多。（17）我喜欢你的笑容。（18）我对你很有信心。（19）相信你一定能赶上来，加油啊！（20）只要努力，不灰心，就一定行！（21）做错了没关系，重要的是认真！

四是常用"3＋X"个文明用语。教师要把"您好""谢谢""请"3个文明用语随时挂在嘴上，再根据不同的语境和"对不起""没关系""请原谅""再见""合作""感激""恰当"……搭配使用，形成良好的师生关系。例如，"同学们好！在我讲课之前，请大家把身体坐端正。我很感激大家的合作，谢谢你们。""小军，你好！老师需要你的合作，请你把书关上……（稍微延迟一下）谢谢（你）。""小明，你的做法（表达）很恰当，谢谢你。"

最后，以退为进，等待时机。很多时候，老师对于学生的过错，并不是一下就能找到合适的解决办法。这时候，我们如果急于求成，就可能像案例中的张老师一样口不择言，除了泄一时之愤，毫无收获，甚至可能激化矛盾，不可收拾。如果意识到自己没有处理好该问题，聪明的做法是以退为进。因为贸然强行处理学生，一方面会对学生造成伤害；另一方面也可能恶化师生关系，为以后对该生的教育设置障碍。老师可以密切关注，等待最佳的教育时机，在这一过程中，寻找可运用的方法、策略和能帮助自己的人，因势利导，对症下药，最终达到"治病救人"的目的。

案例 8　　　　　　　　　　**面子，没那么重要**

[矛盾回放]上午第一节课下课，我刚把茶杯拿在手里，打算休息一会儿，教导主任就冲进办公室对我说："临近毕业了，你们班几个男生还在踢球，一大早就踢球，上课都迟到了，太不像话了！"望着窗外的绵绵细雨，听着领导的告状，想着班级的学习成绩，我心中有些烦闷。第二节课上课铃一响，我直奔教室。我刚在讲台前站定，几个男生急匆匆地从操场奔回教室。其中一位穿着背心，手里拎着上衣，裤脚卷起老高。还有一个衣服上、脸上全是泥土……一个个脸上汗水掺和着雨水直往下流，那狼狈、滑稽样儿引起了全班哄堂大笑。我再也克制不住了，批评的话语像冰雹一样倾泻而下："你们冒雨踢足球的精神实在可嘉！巴西世界杯若有你们参加，中国足球一定能夺冠……"我越说越激动，瞄着那个穿背心的："××，你是体育委员，这个头带得好哇！请照照镜子欣赏一下尊容，看你那副德行！"不料他的声音突然提高了八度："老师骂人就行吗？"他的反诘使我简直受不了，他竟当着全班同学的面跟我顶嘴，我的面子丢尽了，我必须找回面子，维护尊严！我加重了语气："犯了错误，老师

就有权利骂你，你必须在全班检讨!"我不容他分辩，又把其他几个男生训斥了一通，才宣布上课。在紧张的氛围中，我艰难地上完了这节课……

理性剖析

当老师受到学生挑战甚至指责时，老师常常感到"丢面子""挂不住"，于是容易不冷静，方法欠妥，言语失当。这不仅不能让学生认识到自身的错误，而且很可能产生相反的效果，这就是本案中体育委员不肯承认自己的错误的原因。面子对于老师来说很重要，但对于学生来说同样重要。

化解策略

本案例中老师的做法为什么没能"压制"住学生，反而产生了相反的效果呢？关键是老师只想到了维护自己的面子，没有尊重学生的面子。要做到让犯错误的学生心悦诚服地承认错误，建议从以下几个方面做起。

首先，在师生发生冲突时(尽管有些事让老师下不来台)，最好是冷处理，不妨把事情先搁一搁，让双方都有缓冲的余地。要先通过调查了解事情的真相，找准问题的症结，不能不问青红皂白。我们教育学生，是为了他们能健康成长，而不是为了树立我们的权威，不是要制服学生，让学生成为绝对服从自己的奴隶。所以，当事件发生时，不要急于找家长告状，或到学校"上诉"，甚至与学生针锋相对，当场"开火"。而要静下心来思考，自己什么地方做得不好了，竟然让学生做出出格的事来。另外，在不良事件发生后，大多数学生的心理会很脆弱、敏感、害怕、恐慌，如果再把影响的范围扩大化、事态严重化，一旦超出学生的承受能力，就很容易发生更坏的结果。

其次，老师要敢于放下自己的架子，把学生放在平等的地位，尊重对方。魏书生说过："教师尊重学生的人格，就等于尊重了教育。"学生也是人，是有自尊的独立的个体。所以，老师如果因为没有忍住，冲着学生发怒了，言语失当，伤了学生的面子，也要想办法弥补，比如，单独向学生道歉。不然，就会在学生心中留下阴影，从而使学生对老师产生抵触心理，导致师生关系进一步恶化，致使对该生的教育无法进行。

再次，著名教育家苏霍姆林斯基说过："不要急于处罚学生，要好好想一想是什么促使他犯这种或那种过失的。"师生所受的教育不同，认识能力也不一样，对于某个错误的认识，老师已洞察昭然，学生尚朦胧昏然。犯了错误的学生如果一见老师就遭训斥，很容易产生逆反心理，形成抗教情绪，有时会出现"随你批，听你骂，大小错误不认账"的现象。这样，他们的错误思想或行为非但得不到及时纠正，反而会给老师带来教育上的负效应。所以，为了有效地做好学生的思想转化工作，无论学生犯了什么错误，老师都应该有意识地多留些时间让学生陈述、争辩和思考。

最后，老师加强学习，提高自身的涵养。轻易发火、冲动其实是一种修养不够的表现，它源于一个人的无知、无能和自我中心主义。一个人之所以发怒，是因为找不到更好的方法去处理问题，穷极之下的一种不良反应。所以，老师应不断加强学习，掌握新理论，研究新现象，解决新问题。通过学习不断提高内在涵养，对学生起到示范和潜移默化的教育作用。

一位哲人说过："不管是多么令人难堪的局面，我们也要忍耐；不管遭到什么样的挑衅，我们也要平心静气；不管处于什么样的令人厌烦的境地，我们也要心地坦然；不管面对多么嚣张和恼怒的人，我们也要心平气和……此时，我们的自制会使对方陷入窘境，进而改变自己的态度；我们的修养会赢得别人的尊敬，增添个人的魅力；我们的平和会使我们思想澄明，做出明智的判断与决策；我们的心无旁骛，会使我们专注于自己的目标，走向成功。"

案例 9　　　　　　　　　　不吃饭的女生

[矛盾回放]早餐时，小雅气势汹汹地带着班上同学将一锅菜径直抬回食堂。接下来，大伙儿又簇拥着小雅找班主任理论："我们只不过昨天晚上迟一点归还菜锅，今天食堂就只给一样菜，凭啥？今天我们就不吃饭，看他们咋处理？"还说要打电话到上级部门去告发学校食堂不给学生饭吃。班主任见此情形，非常生气，狠狠地训斥了小雅一顿："你平时就不守纪律，啥坏事都有你，带坏所有人，这次又妖言惑众……"一席话把小雅说得脸上青一阵白一阵，她甩下一句："我就是那样的人，也不关你的事，连我的爹妈都管不着！"说完头也不回就走了。老师也愤愤地说："看，啥态度，这样的学生好难教啊！"

理性剖析

学生不吃早餐，将菜抬回食堂，没有抬到校长办公室、班主任办公室，更没有将菜泼到校园任何一个地方，这说明她们还比较理性。学生来找班主任，希望班主任能理解，能帮助自己解决问题，没想到却遭到班主任的一通责骂，学生自然很不服气，耍起了脾气。

纵观整个事件的始末，学生正是由于心理偏差而变得任性、逆反、偏激。可是在处理这件事情上，教师的指责，打掉的不是学生的缺点，而是学生对教师的信任，以至于学生甩手而去，将教师晾在一边有气发不出。不难发现，师生都站在自己的立场上想事情，都很情绪化，学生要解决的是"早餐问题"，而教师却主观地"以人论事"，不是客观地"就事论事"。本来一个简单的就餐问题变复杂了，老师翻旧账，学生不服气，引发出更深层的矛盾。

化解策略

学生闹情绪属正常现象，我们应给予学生宣泄情绪的一定时间和空间。如果此时跟锋芒毕露的学生较上劲儿，必然会两败俱伤。因此，最好还是先让他们把话说完，以柔克刚，安抚学生的情绪。例如，可以这样和学生交流："你觉得这种态度能处理好事情吗？我们能不能坐下来心平气和地说，不管谁对谁错，我一定会处理好这件事的，相信我！"这样交流，多数人都能把态度缓和下来，因为任何人遇到困难都希望得到他人的理解和帮助。如果学生还是不听，教师也千万不要生气，从纪律的角度突破。整个事件的处理过程，可以找学校相关领导到场旁听或交由学校相关领导询问，教师旁听。可以这样问学生：(1)你们该不该按时将餐具归还食堂？(2)没有在食堂工作人员下班前归还餐具，是谁的错？(3)你们早上的行为已经违反了学校规定(如果学校没有这个规定，则是学校的缺失)，该如何处理？

总之，面对心理抵触的学生，切忌冲动，找准切入点，不要让整个事情跑题，更不要使学生和老师僵持在对立状态。教师在事前要有几种设想，估计一下自己的能力，可以求助于学校领导，让纪律约束学生。

案例 10　　　　　　　　　　　　　萌芽

[矛盾回放]"你们两个是不是要朋友了？老实回答！"张老师非常严肃地问班上的小鹏和小珊。最近，他们走得很近，同学反映他俩关系不一般，本来学习不错的俩人在这段时间学习成绩也直线下滑，让张老师不得不怀疑他们的关系。作为班主任，张老师不能允许这种情况的泛滥。"没……没有！"两人怯怯

地回答道。"啪！"张老师气得大拍了一下桌子，"还说没有？你看看你们两人整天黏在一起，成绩直线下滑，就你们这样，胸无大志，自甘堕落，早晚都会被学校开除。我看大学还是别考了，卷铺盖滚回家去算了！"话音刚落，一向内向的小珊同学竟然大喊："我们俩就要朋友怎么了？走就走，谁稀罕让你这破老师教了？谁稀罕留在你们这破学校，我们就是要在一起！"说罢，两人摔门而出，只留下张老师一脸的惊讶和办公室其他老师的愕然。

 理性剖析

苏霍姆林斯基说："要使年青一代正确对待爱情和婚姻关系，关键在学校教育！"中学阶段的孩子正处于青春期，也是叛逆期，对家长、学校本来就有反叛情绪，所以，教育需理智和耐心，需讲求方法。中学阶段早恋现象较为常见，教师在学生早恋问题上要多加引导，不是不问青红皂白地横加干涉。过于极端地阻止只会让处于反叛期的学生更加反感，只会适得其反。教师在言辞上要多尊重学生，多听取学生的一些想法，对症下药，引导学生走上正轨。

化解策略

西方有句谚语说："爱就像是炉火，关得愈紧，烧得愈旺。"言下之意就是不能强行遏抑，只能做潜移默化的教育，并采取一定的应对措施和策略。生活中，类似本案例中出现的中学阶段早恋影响学业的问题经常出现，建议教师做如下处理。

首先，正确判断，给予理解。作为教师，特别是班主任应该知道，青少年由于正常生理和心理发展而造成的对异性的爱慕是正常的。当发现有些男女学生之间交往密切时，教师一定要给予理解，并要分清他们之间的交往是一般交往还是早恋。事实上，许多男女学生间的交往只是正常交往，并无恋爱动机，如果对他们胡乱猜疑，捕风捉影，横加指责，动不动就扣上早恋的帽子，反而提醒了那些纯真的孩子而弄假成真。

其次，耐心倾听，谨慎处理。如果发现他们确有早恋现象，教师应该具有足够的耐心与宽容，把自己当作他们的朋友，耐心听他们诉说，了解学生最真实的想法。冷静、慎重地对待他们，理解他们的纯洁情感，尊重他们的人格，帮助他们具体分析早恋的原因，拒绝盲目地恋爱。一方面，让学生明白初恋是人生中最纯洁的感情之花，不论它开在什么时候都是应该珍惜的；另一方面，让学生明白异性间的接近是以倾慕为基础的，要想让对方注意自己，就必须让自己变得更出色，引导他们将关注点放到认真学习和追求理想上来。另外，教师可以安排早恋中的男女生各自多参加一些集体活动，教师也可以让他们多做一些班务工作，将时间和精力转移到紧张的学习和健康的业余爱好中，引导学生成为心胸开阔、抱负远大的人。

最后，家校联系，情感沟通。现在，学生的视听整天被"情""爱"熏染着，很多学生因为好奇而模仿成人恋爱。很多家长忙于工作、生意，和孩子交流的时间很少。就算抽出时间，关注更多的还是学习，对孩子心理、感情的变化毫不知情。孩子在家感受不到爱的温暖，就只有出外寻找爱了，这既有社会责任，又有家庭责任。因此，遇到青少年学生早恋问题，光靠学校教育，通常不容易很好地解决。教师私下里应该积极和家长联系，建议家长多和孩子进行心灵、情感方面的交流，加强感情沟通。例如，放假的时候一定要多和孩子一起运动或郊游，或一起做顿饭等，培养家长和孩子独处的机会；晚餐的餐桌上，家长可以问问学校有什么开心的事、不开心的事，和同学相处怎么样等话题，不一定非要谈论学习。只要学校、家庭相互配合，多给予学生关怀，加强有效的管理，一定会很好地处理此类问题。

案例 11　　　　　　　　　迟到风波

[矛盾回放]这学期我接任高三(2)班班主任，恰好转来一名新同学张浩，他学习成绩很好，也很有礼貌，但是他几乎每天早上都会迟到。不知道是他的带动作用还是什么原因，最近班上迟到的同学也越来越多。由于张浩同学整体表现较好，平时迟到我也基本上不说什么。但是面对越来越多迟到的同学，就不能不管了，我出台了一项规定：凡是迟到的同学晨读罚站，并且承担当天的清洁卫生。这个规定实施后，迟到现象的确有所改观，正当我窃喜自己在处理学生事务上很有方法时，却发现不少同学有了不满情绪：我上课的时候，很多同学都少了以前的热情，取而代之的是沉默；课后对我这个班主任也少了以前的亲热劲儿，见到我时只是面无表情地招呼一声或者直接装作没看见；还耳闻学生议论我偏心。难道这件事我真的没处理好？

理性剖析

学生迟到是学校很常见的现象。当迟到现象屡禁不止时，很多老师喜欢采取一些惩罚方式来达到禁止学生迟到的目的。其实，经过实验证明，单纯的惩罚式教育效果是很微小的，而且可能会扩大青春期孩子们的不满情绪，让他们跟老师对着干。最好的方法应该是加强心理疏导，跟他们阐明个人与集体的关系、个人迟到对集体的影响。本案例中对张浩同学的特殊照顾也是问题出现的关键，因而老师应该反思差别化对待的利弊。

化解策略

面对本案中体现出来的几个突出问题，建议做如下处理。

首先，查明原因，正确引导。就迟到的原因而言，每一个学生的实际情况是不同的，多数是因事而致，偶尔发生，例如，堵车了、车坏了、生病了等，当然也有少数是故意所为。故意迟到不仅反映出他学习上的问题，更多的是反映出他思想上的问题，班主任更要深入了解，弄清学生的行为、习惯、爱好及其原因，从而确定行之有效的对策，因材施教，正确引导。

其次，约定班规，以身作则。迟到作为一种常见的违纪现象，虽不至于产生严重后果，但教师如果视而不见，也是一种失职。因此，在制定班规时，一定要明确约定不允许迟到，不可避免迟到时，要主动向老师说明原因。孔子曰："其身正，不令而行；其身不正，虽令不从。"在班级管理和教育教学过程中，班主任的身教对学生的成长产生着潜移默化的积极影响和教育作用。要求学生不迟到，教师自己首先做到提前到教室门口等待，看似区区小事，实则细微之处做表率，从而使教师的教育达到无声胜有声的教育境界。

再次，赏识进步，及时表扬。俗话说："良言一句三冬暖。"喜欢被表扬是中小学生的显著心理特点，而且被表扬之后，下次犯错误的概率会相应减少。著名教育家魏书生曾经说过："在犯错误的学生面前，困难的不是批评，不是指责，而是找出他的长处；只有找到了长处，才算找到错误的克星，才能帮他找到战胜错误的信心。"当学生迟到时，许多老师恨不得马上要他来个彻底改正，要求学生"以后不准再迟到一次，否则就……"这种强制性的做法，很难让学生真正接受。一些脾气犟的学生甚至会有意不改，形成了对立的师生关系。因此，我们不妨突出学生身上表现出来的哪怕很微弱的闪光点、很微小的进步，在他不迟到时给予表扬和鼓励，告诉学生：你今天早到了5分钟，或终于不迟到了，老师很高兴！教师的赏识与鼓励一定会让学生的不良行为消弭于无形。

最后，家校携手，形成合力。加强家校的联系，了解学生在家的一些学习和生活习惯，家校携手帮助迟到的学生改正坏习惯。当然，这需要长期循序渐进，持之以恒。

案例 12 　　　　　　　　　　　　**误解**

[矛盾回放]2013 年 4 月 20 日，四川省雅安芦山县发生 7.0 级大地震。4 月 21 日，某校住校生返校，八年级某班班主任(50 岁左右)利用晚自习时间，想通过芦山地震赈灾事件对学生进行感恩教育。一女生顺口一句："老师，我们又要捐钱吗?"话音刚落，班主任勃然大怒，先是当堂数落该女生不懂感恩，只知道金钱，成不了大器，而后又在全班进行了一番思想道德说教。

后来该女生到我办公室诉说心声，她的本意是想问什么时候组织学生给地震灾区捐钱，没想到让班主任误解，还受到了严厉的批评，心里很是委屈。

理性剖析

教育一个学生，先要了解一个学生，教师要懂得抓住时机及时对学生进行相关的教育。本案例中，教师不了解学生的真实想法，未顾及学生的内心感受，教育手段简单、粗暴，造成学生的抵触情绪。

化解策略

尊重、理解学生，是处理师生矛盾的法宝。

首先，尊重、关爱是前提。高尔基曾经说过："谁爱孩子，孩子就爱谁。只有爱孩子的人，他才可以教育孩子。"爱是老师工作的基础，是通向教育成功的桥梁。老师批评学生是为了帮助、教育学生，而不是为了泄愤。所以，即使学生犯了错，批评时也要善意，要讲究艺术。只有满腔热情地去爱班里的每一位学生，老师才会以鼓舞和激励的方式去教育学生，才会保护学生的自尊和个性，才会观察学生情绪的微小变化，及时了解变化的原因，并做好疏导工作。

其次，真诚交流是关键。本杰明·富兰克林曾说过："在言谈中，用耳朵比用嘴巴得到的会更多。"如果老师先听学生解释，让他谈出内心感受，并与他进行真诚的交流，学生会放下戒心，对老师敞开心扉。案例中的这位老师显然没能很好地做到这一点，还未听完学生的话，就粗暴地打断学生的话，断章取义地曲解学生的意思，给学生心理带来伤害。如果他先了解学生的真实意图，再和学生一起商量，甚至可以组织一次爱心活动。这样，既支援了灾区又对学生进行了一次生动的爱的教育，可谓两全其美！

最后，方法引领是重点。中小学生作为成长中的人，犯错是很正常的事情。老师在帮助学生认识到错误的同时，更重要的是在了解学生的情况下，适时地、有针对性地进行指导，教给学生改错的方法和途径，给予学生改错的机会和时间。这样，学生就会将老师看作真正可以帮助自己的人，从而信任老师，接受老师的教育。

案例 13　　　　　　　　　　冲动是魔鬼

[矛盾回放]小林是一个性情孤僻、遇事冲动的孩子。不管是老师还是同学，只要有一句话不合心意，他就会大哭大闹甚至做出一些过激的行为。他家里，妈妈很早就患上了严重的风湿病，爸爸不仅要维持全家生计，还要照顾妈妈，对于小林的管教则只有简单粗暴的打骂，甚至孩子回家稍晚一点也会挨打。记得那一天，我正在上课，他突然站起来怒气冲冲地要冲出教室。我喊住他，问他为什么，他一个字也不说，只是把双拳握得紧紧的。我真的很生气，恨不得立刻把他赶出教室。可是为了不影响上课，我不得不克制自己的情绪。于是，我告诉他："小林，既然你现在不想说，那就请先回座位，有什么事等下课了，你想告诉我的时候再说。"可他还是一副怒气冲冲的样子，站在那里一动不动。看他没有往外冲的意思了，我决定暂时不管他，继续上课。几分钟过后，小林静静地回到座位上认真听课，还主动回答了问题。

放学后，我把他留在办公室，想要了解一下课堂上到底发生了什么事。可我还没开口，他竟然哭了起来。我十分纳闷，我到底哪里做得不对，让他如此委屈？他边哭边说："我要回家，我要回家！"我知道再说下去只能是让我更生气，让他更烦躁，于是，我决定让他先回家。

第二天早晨，我看到小林站在办公室门口，他没说话，伸手来帮我拿东西。这一次，他心平气和地和我交流，没有哭闹，没有喊叫，还告诉了我昨天发生的事情和自己心里的想法。

理性剖析

要管理学生的情绪，老师先要管理好自己的情绪。小林性情孤僻、遇事冲动，那是因为他不会管理自己的情绪，也没有能够效仿的榜样。当时，小林和老师的情绪对立，老师真的很生气，恨不得立刻把他赶出教室。可是，老师在遇到教育中的问题的时候，不应该让环境影响自己的情绪，应该冷静客观对待学生，不要只强调"师道尊严"，一味地老师说了算，而忽略学生的内心感受。要真正走进学生的内心，找到问题的症结，找到恰当的教育方式。于是，为了不影响继续上课，老师控制了自己的情绪，冷处理的方式不仅解决了问题，而且赢得了学生的信任和尊重。

化解策略

缓一缓，引导学生冷静思考。

首先，减少对立，缓和矛盾。刚一上课，小林就突然站起来怒气冲冲地要冲出教室，老师问他，他不仅一个字也不说，而且双拳还握得紧紧的；放学后，老师把他留在办公室，还没有说什么，他就号啕大哭，只想回家。此时，他的对立情绪已接近顶峰，就像一个充满气的气球，一旦再有一点刺激就会情绪失控。老师一直控制住自己的情绪，老师冷静、理智的态度让小林也很快平静了下来，不仅回到座位上认真听课，回答问题，而且第二天主动找老师交流，这正是老师的情绪调控让矛盾得到了缓和。

其次，给予关心，讲明道理。这一次，老师已经赢得了小林信任，但以后的小林会怎样呢？既然抓住了问题的关键，老师有必要尽量让小林学会管理自己的情绪。老师主动和他亲近，和他做朋友，"亲其师，信其道"。经常在课间找他谈话，帮助学生认清冲动的危害："冲动是魔鬼"，冲动不但会将小事闹成大事，给自己和周围的人带来危害，而且会让自己变得心胸狭隘，最终落得失去朋友、孤独寂寞的下场。生活中很多悲剧都是因为人们一时冲动而酿成的恶果，最终追悔莫及。

最后，改变家长，树立榜样。家校合力会使教育达到事半功倍的效果。小林爸爸肩负着照顾全家的重担，工作压力非常大，脾气也暴躁，对小林的教育缺乏耐心，异常严格，常常采用简单粗暴的打骂形式。要改变孩子，先得让家长有所改变。所以，一方面，老师和家长交流，指导家长改变简单粗暴的教育方式，让孩子能感受到家庭的温暖；另一方面，引导小林理解爸爸的处境和心情，学会感恩和担当，学习怎样勇敢地面对困难，冷静地分析问题、解决问题，巧妙管理自己的情绪，阳光面对自己的生活。

案例 14　　　　　　　　**喜欢"帅哥"的女生**

[矛盾回放]七年级刚开学，李老师班上的两名女生小张和小王就表现得与众不同：不到一个月，她们便把全校"帅哥"的相关资料搞清楚了。接着李老师就接连不断地收到来自八年级、九年级班主任的投诉：小张和小王又到他们教室门口"蹲点"找"帅哥"套近乎去了！李老师多次找她俩谈话，利用班会集体讨论、分析早恋的原因、危害，但收效甚微。与家长联系，得知一个孩子的母亲在外打拼，父亲溺爱，属于"唯我独尊"型；另一个孩子是离异单亲家庭，家长的管教不到位。她们的学习成绩从小学开始就很不理想。没过多久，小张把避孕套带到班里展览，同学们哄笑的同时，也渐渐开始疏远她们。她们不但没有收敛，反而更嚣张，常常暴粗口，甚至连老师也未被"幸免"。终于，两个女孩因严重违纪受到学校处分，班级也因此取消了评选先进的资格。所有同学愤愤不平，但两个女孩却一脸的不屑。李老师反思教育过程，决定改变策略，冷静地处理此事，积极与家长沟通，配合调整家庭教育策略；开展丰富多彩的教育活动，鼓励两个女孩积极参加，为她们提供表现及成功的机会；与科任老师达成共识，适时地表扬小张和小王的进步……通过一年的努力，两个女孩学习进步很大，行为习惯也明显改观。

理性剖析

处于成长中的学生犯错是难免的。其实，初中生渴望与异性交往的想法是正常的，也在情理之中。遇到问题时用理解、尊重、发现、赏识的态度对待学生，就容易找到解决问题的方法，可能把学生的犯错变为一个进步的起点。

小张和小王渴望与异性交往始于缺乏足够的亲情交流，再加上学习上持续的挫败感，使她们想把注意力转移到对异性的关注上，进而来展示自尊。一开始，老师把她们成绩不佳的原因归咎为想早恋，不专心学习，以为强调了早恋者自食其果的危害，就能达到让她们在内心深刻反省的目的。没料到反复强调危害反而刺激了小张和小王继续尝试并证明自己与众不同的逆反心，使老师的教育适得其反。老师反思和调整教育策略后，才让问题得到解决。

化解策略

首先，调整偏差，交流沟通。李老师建议小张同学的母亲回家照顾她；让小王同学离异的父亲参加家长会，并且周末抽时间陪她。亲情的交流使两个女孩一点点在改变。她们犯错时，老师尽可能避免当着全班学生批评、斥责，也不要在办公室没完没了地唠叨。家长到校也尽量避开办公室其他师生，到校园凉亭交流……渐渐地让学生感受到老师的关心与尊重，加强了学生对学校和班级的认可。

其次，转移兴趣，彰显长处。案例中的学生从小学到初中，都是所谓"后进生"，一直受到老师、家长的冷眼，对批评、指责早已习以为常，并且有很强的"抵抗力"了，但她们的内心深处其实极渴望得到大家的认同。案例中的老师没有歧视、放弃她们，在丰富多彩的教育活动中抓住每一个细微的教育良机，把小张和小王对异性的关注转移到学习和班级的活动中来，用"放大镜"去寻找学生身上的闪光点，既扭转了同学们对她们的不好印象，又让她们找回了自信和自尊。

案例 15　　　　　　　　　　抢书事件

[矛盾回放]课堂上，张老师正投入地讲着课，学生们也听得很认真。突然，张老师发现一个学生全然不顾课堂纪律，在偷偷地看与课堂无关的书。张老师提醒后，学生收起了书，但没过几分钟又拿了出来。张老师再次提醒，学生照例在下面偷偷看，被其他学生告诉了张老师。这一次，张老师很生气地强行要没收学生的书，学生不肯，两人争抢起来。在争抢的过程中，学生摔倒在地上，手掌擦破了皮。学生爬起来对着老师就是一拳，狠狠地砸在了老师的脸上……

理性剖析

纵观整个事件，学生在课堂上全然不顾老师的两次批评和提醒，看与课堂无关的书籍，违反了课堂纪律。老师在两次提醒无效以后采取没收学生的书的行为也是可以理解的，这是批评和提醒学生违反课堂纪律的教育行为。但后来张老师没有理智地控制自己的情绪，和学生争抢书本，变成了两人的意气用事，教师角色变成了争斗一方，导致事件变味。争抢书的过程中造成学生摔破了手掌，更是使事态恶化。所以，老师要有自我反省意识，要通过正常途径解决师生之间的摩擦，以自身的师德示范影响学生、赢得尊重。

学生对张老师的举动产生强烈的排斥和抗拒，当着全班同学的面公然和张老师争抢书本，并挥拳相向，确实令人不安。中国素有尊师重教的传统，甚至可以说是中国社会普遍遵循的核心价值之一。在当下的社会转型期，物质、精神多元冲击，尊师传统受到了一些挑战。其根本原因在于社会庸俗文化、功利文化对校园的侵蚀影响，使原本单纯的教育场所和师生关系发生了微妙的变化。尽管从该事件的性质来看，可能还上升不到法律的层面，但学生必须为自己的"戾气"承担违反纪律之"罚"。在老师对学生的教育越来越小心的时代，让学生认识自己的为生之"礼"，认识到自己行为的边界，给予学生一定的行为惩戒才是负责任的教育，这对他们的成长也是有益的。

化解策略

当发现学生的课堂违纪行为时，老师应该以提醒和批评的方式解决，尽量在不影响上课秩序的情况下妥善处理。

第一，在没收学生书本之前就要估计一下学生的个性，估计一下班风，估计一下自己的实力，看没收他的书能不能成功，然后再行动。如果学生个性倔强且态度恶劣，那就不要打算从"谁能争抢到书"的角度突破，可以先放一放，事后再找学生交流。

第二，坚持依法治校，以法治规范校园各方秩序，将"守规则"作为最重要的教育内容之一。该事件已经发生，老师应第一时间带学生到医务室处理伤口，主动请学校领导出面并联系学生的家长，共同对学生进行教育。首先，老师应态度诚恳地说明事情的原委，并且对自己的过失部分真诚道歉。其次，通过学校领导和家长对学生进行教育。学校领导可以当面问学生：你上课看课外书是否违反了学生守则？老师有没有权利教育你？如果你屡次教育不听，老师有没有权利暂时没收你的书？（学生如果说"没有权利"，学校领导需要肯定地说"有这个权利"。）你违反课堂纪律，不听老师劝告，还和老师对抗、打骂老师，应该如何处理？在教育学生时，要避开人际矛盾，不要在态度上做文章，而是要从纪律角度突破，"纪律"二字才是学生的"死穴"。

第三，教师工作中要提前"打预防针"，让学生从进入校园起，就清楚知道自己的行为边界，尊师爱师。班主任可以利用班会课、读报课加强对学生的思想教育，教育学生遵守纪律，理解老师，学会感恩。告诉他们人无完人，一个人在被别人批评中会成长得更快，不仅仅是学生，老师和家长在工作和生活中也会遇到批评，所以，在受到老师的批评时，要学会倾听，即使老师批评过于严厉或方式不当，甚至是冤枉了自己，也要学会高情商地处理问题，比如，课后解决，而当堂顶撞显然不是处理问题的最好方式。

　　总之，处理这类突发事件，行动之前一定要多设想几种可能，不要搞冒险主义，一旦发生顶撞，也不要情绪化，不要让事情跑题。首先要考虑的是维护纪律的尊严，而不是个人的面子。纪律有尊严，老师才有尊严。

案例 16　　　　　　　　　　　静待花开

　　[矛盾回放]接手新班时，李老师发现班上有个叫兰兰的女孩子，不仅学习成绩一塌糊涂，而且行为十分异常：她有时一个人长时间躲在厕所里发呆，有时离开座位挨个儿摸同学的头，有时无缘无故用指甲抓同学的脸，弄得学生、家长怨声载道……李老师逐渐意识到这个孩子出现了严重的心理问题，于是第一时间把自己观察到的情况告诉了兰兰的家长，希望他们能带兰兰到医院检查一下。但兰兰家长并不认同："老师，我的孩子成绩是差一些，那是她学习不努力。你说她心理有问题，那是不可能的。她确实是太调皮了，我会好好教育她的。"

　　李老师每找一次家长，兰兰就会挨一次打。于是，执着的李老师特地选了一个周末，约家长带着孩子到公园玩。他们一边喝茶，一边聊天，同时也关注着孩子的一举一动，孩子的异常行为也一览无遗。在确定家长有些动摇的时候，李老师把自己收集到的一些关于儿童心理健康的资料推荐给兰兰家长，并告诉他们，不管这个孩子存在什么样的问题，老师绝不会歧视她。一次又一次真诚的交谈终于让家长打消了顾虑。检查结果不出李老师所料，兰兰不但智力水平低于正常水平，还有严重的情感障碍。家长终于认识到自己对孩子的粗暴教育和过高要求严重影响了她的心理健康，并愿意积极配合医院的治疗。同时，李老师也和家长一同针对孩子的特殊情况，制定了一套行之有效的教育方法。后来，兰兰的情感障碍得到了彻底的消除，学习能力也有所提高，并顺利地通过了小学毕业考试。

理性剖析

本案例是典型的由于学生智力和心理发展异常而引发的冲突。分析本案例可以发现，导致兰兰产生情感障碍的根本原因是家长侧重关注孩子的学习成绩，忽略了她心理情绪的异常。兰兰本是一个智力稍微偏低的孩子，家长却对她寄予了过高的期望，提出了过高的要求。家长不切实际的要求和粗暴简单的教育方式使得兰兰长期处于压抑状态，最终导致了她的情感障碍。家长之所以对这些异常一次又一次视而不见，把这一切归咎于兰兰的调皮，第一是家长对心理健康知识的了解不够，第二是家长担心老师会歧视甚至抛弃孩子。

化解策略

呵护心灵，等待花儿慢慢开放。

本案例中的兰兰虽然只是特殊的个案，但每个学校、每个班级都不可避免地存在类似兰兰这样学习和行为欠佳的学生，我们经常称之为"问题学生"。在素质教育不断深入的今天，怎样才能以人为本？怎样才能行之有效地解决这一类问题呢？

首先，呵护心灵，唤起向上的信心。爱，是教育的前提。比起其他学生，"问题学生"犯错误的时候要多一些，我们很难做到不对他们发怒。但是，正如苏霍姆林斯基所说："一个好的教师，就是在他责备学生，表现出对学生的不满，发泄自己的愤怒的时候，他也时刻记着：不能让儿童那种'成为一个好人'的愿望的火花熄灭。"与其抓住学生的过失不停地指责他们，不如引导他们发现自己身上的善良之处、高尚之处，帮助他们树立"我是一个有缺点的好人"的道德自信，点燃学生心中希望的火花，使他们乐于接受老师和家长的教育，更重要的是进行自我教育。

其次，争取家长的支持，创立良好的家庭氛围。仔细观察，不难发现，"问题学生"的家庭教育方法大多有不当之处。要么溺爱，让孩子从小就在百依百顺的环境中娇生惯养；要么粗暴，使孩子在呵斥和棍棒中仇视一切教育；要么放任自流，使孩子在自由中养成了懒惰与散漫的恶习。在这样的情况下，与家长沟通，取得家长的支持至关重要。这个案例正是因为取得了家长的支持，家校结合，形成教育的合力，才让兰兰的成长向着良好的方向发展。

最后，宽容对待，争取在反复中前进。"问题学生"犯错误的概率极高，同时，反复性也很大，对他们的教育不可能一劳永逸，而是一个反复的、长期的教育过程。老师和家长千万不要灰心，更不能一味地责怪学生"屡教不改"，认为自己付出了很多的心血，学生为什么还要这样呢？我们要认识到"犯错—认错—改错—又犯错—又认错……"是"问题学生"普遍存在的规律。为防止学生反复，还可合理利用班队会、朝会、德育课程等时间，对全班进行教育，形成正确的集体舆论。

案例 17　　　　　　　　　"宽"与"严"

[矛盾回放]王老师是刚从大学毕业开始教书生涯的青年老师，他热爱教育，热爱孩子，总想与学生们成为朋友，从不摆"师道尊严"的架子，与学生打成一片，对学生非常宽容，原谅他们的过错，从不批评他们……但一段时间后，学生们在王老师面前就开始自由散漫了，对老师的要求有时也不当回事。

一天，王老师正在上课，有个细小而绵延不断的嗡嗡声不时传出，原来是坐在后排的王涛同学在用嘴轻轻地吹口哨。王老师发现后幽默地提醒："哪个同学在悄悄地谱写交响曲，不如唱出来听听。"

声音暂时停止了，王老师又继续讲着课。

没过几分钟，同样的声音又冒了出来。忍无可忍，王老师直接提醒："王涛同学，请让你的小嘴巴暂时休息一下！"

王涛同学瞥了一眼王老师，果然没有再出声。

但没持续多久，嗡嗡之声再度响起。王老师放下粉笔，严肃地看着该同学道："为什么提醒了你几次还是不改正，不知道在课堂上发出这种声响会打断老师讲课、影响同学学习吗？如此不礼貌的行为，你竟然进行了一次又一次！"

老师一说完，该同学不乐意了，马上脸一沉，眼睛斜向一边，一副愤怒的样子，气得王老师不知如何是好。

下课后，王老师找到王涛同学，质问道："你明明自己错了，为什么还要摆出那样的一副样子？"

学生也不示弱，反问老师："难道你骂了我，我还得对你笑？"

事已至此，王老师没再说什么，让学生回去了，但他心中一直闷闷不乐：为什么我那么爱他们，为他们付出那么多时间和精力，却得到这样的回报？我错了吗？错又错在哪儿呢？

理性剖析

这件事情的发生，表面原因是在课堂上老师批评了这位学生，让他的自尊心受到了伤害，课后老师又用质问的语气对他说话，在他本来就愤怒的情绪上点了一把火，学生情绪失控，说出了不该说的话。但细细分析会发现，一个学生能如此顶撞老师，和老师平常威信的建立肯定是有一定关系的，再联系到学生在课堂上三番两次不听招呼，也表明老师对学生的威慑力不够。反观老师平时对待这群学生的态度，在"宽"与"严"的把握上出现了一定的问题。与学生不亲，则会出现严重代沟；与学生过亲，则会威严不够。年轻老师为了拉近师生关系，往往会出现过亲的状况，在一开始时，学生觉得该老师好相处，慢慢地发现好说话，最后发展到轻视。老师为了"爱"学生，不计较他们偶尔犯的错误，长期下去，这种宽容就演变成了放纵，就会使学生形成"不知收敛"的习惯，最终导致与案例类似情况的发生。

化解策略

一是把握好"宽"与"严"的度。和学生交往，教师必须把握好"宽"与"严"的度，做到宽严相济。也就是在管理学生时，要以爱为核心，该严则严，当宽则宽，严格而不失格，宽容而不纵容。只有这样，才能既与学生打成一片，又树立教师威信。在学生平时犯错误时，老师要为其指出错误，并督促其进行改正，有较严重问题产生时，绝对不能姑息迁就。

二是和学生交往做到亲和而不亲热。在平常与学生相处的过程中，要时刻注意自己的身份，亲和而不亲热。要对学生亲切、和蔼，但不能过于亲热，过于亲热会和学生形成"零距离"，学生对老师什么都看得"清清楚楚、明明白白、真真切切"，老师难免会被学生"玩于股掌之中"，进而在学生中缺乏应有的敬重感，甚至给他们留下轻浮、虚伪、不庄重等不良印象，使之滋生藐视情绪。

三是师生产生了矛盾要及时化解。细想案例中学生所说的话，其实并没有错。"难道你骂了我，我还得对你笑？"这虽然是种顶撞，但其实也是心中最真实的想法。他能这么说出来，说明这是一个真性情的学生。抓住这一环节入手，更容易走进学生心中，让他认识到自己的错误，并认识到老师绝对不会姑息他的错误，使其明白这是对他负责的表现。所以，在后续处理过程中，打开学生心结之后就得严肃对待他所犯的错误，培养他对自己负责的习惯，这是对他的严，也是更深层次的爱。

第二章　教师与领导

概述

　　教师和学校领导之间属于上下级关系。虽然学校环境相对单纯，上下级之间相对平等且相互尊重，但在教师和领导之间，也会因为权力、荣誉、地位等差距而不可避免导致误解，产生矛盾。在学校工作的安排、考核评优的实施、对待学生的态度和方式等各种问题上，教师和领导都可能产生矛盾。这些矛盾或者表现为领导对教师某个方面的不满，或者表现为教师对领导产生一定形式的怨言或怨恨。

　　教师与领导之间的矛盾可能源自领导。比如，领导层管理不能形成合力，政出多门，教师不知所措，顾此失彼，导致工作出现问题，造成矛盾；领导的意识和思维方式不能随着教育实践的变化而变化，不了解新情况、解决新问题，导致指导工作的失误，与教师产生新的矛盾。当学校领导未起到表率作用、考虑问题不够周全、了解情况不够准确、对教师工作的评价不客观或不公正并采取不适当的评价方式时，教师工作的积极性就会受到打击，从而影响教师的热情等。

　　教师与领导的矛盾也可能源自教师。例如，教师过高估计领导，认为作为团队管理者的领导，必定才高八斗，学富五车，具有超过团队普通成员的能力与学识，处事公平、果断，具有大将风范和领袖气度，一旦达不到这样的心理预期，则产生不满、轻视、埋怨等挫败心理。当然，教师也可能过低估计领导，认为领导们已经落后于飞速发展的时代，年龄老化，技能、观念落伍，某些人甚至平庸无能，自己比起他们在某些方面（信息技术等领域）占据明显优势，一旦在工作中表现出来这种对于领导的轻视，很容易造成人际隔阂。

再如，教师自认为在工作上需要支持时，领导做得不好，在生活上有困难需要帮助时，领导关心不够，就采取一些不合适的方法对学校领导妄加非议，或者把教师与学校领导的矛盾扩大化，促使学校的内部矛盾复杂化，从而使学校领导的威信降低。教师对于学校领导在工作中出现的失误袖手旁观，不闻不问，或者对于学校领导的指导意见采取不服从、不尊重、自作主张或消极抵制的态度，也会导致矛盾产生。

教师与领导之间的关系紧张，时常会使教师自身产生职业倦怠，心理负担加重，精神疲惫不堪；也会使领导工作无法顺利开展，进而影响到学校整体工作的推进。这可能会造成矛盾的双方在行为上的不配合、不支持，甚至是相互拆台，出难题，进而导致学校内耗的发生，降低工作绩效。所以，教师和领导之间一旦产生矛盾，应及时沟通，消除分歧，统一行动，维护学校利益，提高学校教育教学质量。本章选编了教师与领导交往中常常遇到矛盾的17个案例，提出了学校领导和教师有效化解矛盾的基本策略。

首先要不断学习，提升素质。学校领导和教师要加强学习，多读书、读好书，"和大师对话，与书本拥抱"，只有如此，才有工作中的胜任，才能变得自信和从容，也才能树立良好的威信。学校领导和教师在学习方面要做到"十多十少"：多一点勤奋，少一点懒惰；多一点反思，少一点浮躁；多一点总结，少一点忘却；多一点谦虚，少一点骄傲；多一点用心，少一点分心；多一点期待，少一点等待；多一点主动，少一点被动；多一点聆听，少一点表达；多一点创新，少一点守旧；多一点远见，少一点短识。

其次要牢记使命，爱岗敬业。学校领导和教师要带头践行社会主义荣辱观，既要有脚踏实地、乐于奉献的工作状态，又要有淡泊明志、甘为人梯的精神境界，树立爱岗敬业、无私奉献的好榜样，以自己高尚的人格教育和影响学生。学校领导和教师在工作方面要做到"十多十少"：多一点魄力，少一点无力；多一点责任，少一点特权；多一点实干，少一点空话；多一点合作，少一点单干；多一点指导，少一点指责；多一点包容，少一点纵容；多一点主动，少一点被动；多一点信心，少一点灰心；多一点付出，少一点计较；多一点计划，少一点随意。

最后要是非分明，重情尚义。学校领导和教师要互相尊重，对工作中出现的缺点和失误，应抱着对工作负责、与人为善的态度予以指正。在遇到困难和矛盾时，应从大局出发，多换位思考，充分发挥个体的主观能动性、积极性，通过自我调节和控制情绪，提高自己的心理健康水平。学校领导和教师在情感管理方面要做到"十多十少"：多一点微笑，少一点忧愁；多一点沟通，少一点伤害；多一点表扬，少一点批评；多一点理解，少一点误解；多一点珍惜，少一点放弃；多一点感恩，少一点索取；多一点尊重，少一点漠视；多一点倾听，少一点倾诉；多一点相聚，少一点相思；多一点激情，少一点沉闷。

学校是一个大系统，学校领导和教师都是系统中的成员，如果相互之间脱离核心，成为游离分子，就不能形成一个具有凝聚力的整体，学校就不可能办好。学校领导和教师要获得发展，都需要和谐的人际关系。智慧的领导和教师一定善于处理好相互之间的关系，为自己的工作创造更好的氛围，取得最佳的助力和支持，提升工作的幸福指数。

案例呈现

案例 18　　　　　　　　　不如人意的体检

[矛盾回放]早晨，张老师常规巡视后回到办公室，正在为班级常规井然有序、学生精神十足而感到欣慰。不料，打开电脑一看，学校办公平台发来一则通知：各位老师，请于本周三上午 9:00 到××医院参加体检……看完通知后，张老师心情一下子就由晴转阴，在办公室大喊大叫起来："星期三啊，我有 4 节课，怎么调课啊？××医院好远哦！还是一个区级卫生院！为什么学校把我们弄到那么小、设备那么陈旧的医院做体检？校长是怎么当的，居然把兢兢业业、呕心沥血的老师们弄到那儿去体检？他心里有没有愧疚？"

张老师的牢骚不知怎么就传到了校长那里，校长找张老师进行了交流，解释了体检是上级统一安排，学校只是负责传达和组织，建议张老师有什么意见可面谈，背后发牢骚不能解决问题。张老师觉得自己没有错，说的都是实话，差点和校长吵起来，回到办公室又发了一通牢骚。

理性剖析

课程多、调课难，路途远、耗时间，医院小、设备差，这些都是实际情况。校长应该换位思考，理解老师的心情，老师发发牢骚是正常的事情，换位思考和冷处理也许是最好的办法。换位思考是人对人的一种心理体验过程。人们常说的"将心比心""设身处地"就是换位思考。设身处地为他人着想，能促进人与人之间的互相理解、互相信任。要善于借助他人的情感体验、思维方式来思考问题，从而与对方在情感上得到沟通，为增进理解奠定基础。案例中的张老师缺乏换位思考，在狭隘的自我立场中思考问题，导致矛盾不断升级。

化解策略

换位思考，增进理解。

案例中的张老师应该换个角度考虑问题，好好反思自己的言行，否则只能错上加错，导致矛盾不断升级，甚至无法化解，不利于自己的职业形象的塑造，也不利于工作的开展。

首先，张老师要认识到自己的问题，这是化解矛盾的前提。

张老师不能一味地指责他人，如果能平心静气地反思，才有可能真正认识到自己错误，才会愿意找校长做好沟通交流，化解矛盾。

张老师的理由有几点：课程多、调课难，路途远、耗时间，医院小、设备差。这些都可能是事实，但是由此质疑"校长是怎么当的，居然把兢兢业业、呕心沥血的老师们弄到那儿去体检？他心里有没有愧疚？"就非常不合适了。

其次，张老师要理解校长的想法，这是化解矛盾的关键。

体检是上级统一安排的，路途远、医院小、设备差、课程多等问题都不是校长的原因，被老师误解，校长有点冤！

说不定校长已经安排了教导处协调调课，说不定医院小但设备并不差，说不定体检医院小一点还没有大医院那么拥挤，说不定校长也想做好体检工作，还在多方协调。现在却听到老师大发牢骚，校长可能还有点怨！

校长是学校的领导者，肯定乐意化解和老师的矛盾，妥善地处理这个问题。只要老师真诚地和校长沟通，反思自己的不当言行，理解校长的冤和怨，就一定能形成和谐的干群关系。

案例 19　　　　　　　　　　　考核风波

[矛盾回放]某学校教务处为了加强教学常规管理，提高教学质量，制定了教学常规管理考核方案，每学期评估一次。考核分四个等级：优秀、良好、合格、不合格。方案中的每一项都有评分细则，并与奖金挂钩。期末考核评为不合格的廖老师(一位教学经验丰富的老教师)对教务处意见很大，他找教务处唐主任理论："教学质量好坏的衡量标准是看考试成绩，而不是靠教案、听课、论文、科研的检查，在中学搞什么科研，我只要上好课就行了，你们教务处几位主任的科研水平也不怎么的，评价的指标也不科学……"尽管唐主任耐心、冷静地给他解释，但廖老师不依不饶，一直闹到校长办公室。

理性剖析

此类情况在学校经常发生。教务处为推进工作，制定一些规定或考核方案确实无可厚非。案例中的廖老师站在自己角度，对考核结果提出异议，找学校教务处理论可以理解；案例中的教务主任一直耐心、冷静地和廖老师沟通解释，处理恰当，这样就可以避免矛盾的升级，防止教师与学校的对立。

化解策略

民主决策、严格执行是避免此类矛盾发生的有力武器。

首先，从学校角度来说，在制定相关考核方案时必须程序合法。第一，广泛宣传为什么要制定相关考核方案，让大家了解制定方案的必要性；第二，在教职工中广泛征求解决问题的方法和意见，让大家了解情况，发挥教师的主人翁精神；第三，考核方案制定好后要交由教代会表决通过，体现学校的民主决策；第四，考核方案通过后还要找可能会抵触的教师进行沟通，事前做好他们的工作，取得他们的支持。

其次，规则一经制定并讨论通过，就要严格执行。面对个别无理取闹的教师要管在理上、严在格内。领导存在的价值就是要把管理之"理"和严格之"格"转变成普通的游戏规则，领导要履行职责，认真负责，坚持原则，维护规则，以身作则。不履行职责叫失职，不认真负责叫渎职，不以身作则就没有威信，不坚持原则就突破底线，不维护规则就丧失公正。裁判一定是要得罪人的，关键是看你得罪谁。为了多数人而得罪少数人，这叫正义；为了进步的人而得罪落后的人，那叫公平。

最后，教师应该理解并支持学校的规定，不能强词夺理，无理取闹，因为学校制定考核方案的目的在于规范学校各项工作，促进教师的成长和推动学校的发展，而不是针对某个教师或者损害教师利益。当然，如果学校制定的考核方案确实有问题，教师也不能得理不饶人，而应该有理有据地反映问题，才有利于问题的解决。沟通也要讲艺术，不能无原则地服从，同时又不能让矛盾激化，那就要采取有理有利有节的策略，心平气和地谈话，有理有据地分析，能说服最好，说不服就广泛收集意见，提交群众讨论，用集体的力量、舆论的力量、程序的力量来解决问题。

案例 20　　　　　　　　　**不想当班主任的老师**

[矛盾回放]学校安排有六年教龄的方红老师担任某班的班主任。方红老师认为，自己的学科教学已是满工作量，还要当班主任，就拒绝接受这项工作。为了解决这个矛盾，学校有关领导再次进行认真的研究，还是一致认为让方红老师担任某班班主任比较合适，一是因为她曾经有多年班主任工作的经历，而且曾被评为"市级优秀班主任"，管理班级的经验比较丰富；二是因为她教这个班的科学课；三是因为学校由满工作量的科任老师担任班主任已有先例，而且效果很好。

方红老师最后只好服从组织，但在工作中领导和同事都发现方老师并没有全身心地投入班主任工作。只要学校不考核、不检查的工作，她就尽量不做或少做；只要有实习老师，她就把班主任工作全部推给实习老师完成，自己完全不管；当别的老师反映她班上的学生疯打疯闹的时候，她甚至说："让他们闹，闹得越大越好，我正好可以不当这个班主任了。"这让别的班主任觉得很不公平，领导也为这事伤透了脑筋。

理性剖析

这是学校中经常出现的由于工作安排引发的教师与学校领导间的冲突。方老师本来是一位十分优秀的教师，以前无论是承担班主任工作还是教学工作都认认真真，工作十分出色，而且无论是学科教学还是班主任工作都受到学校领导、同事、家长、学生的一致好评。现在为什么与之前判若两人呢？个人主观原因：第一是缺乏个人发展方向。年轻教师在职业发展中容易缺乏规划，不清楚教师专业发展该做哪些准备，不清楚自己发展的方向，容易迷茫，容易停滞不前。第二是缺乏内需力。方老师经过六年的努力和学校培养，被评为"市级优秀班主任"，在赛课活动中也取得了优异的成绩，在学校也是屈指可数的人物，可能有一些满足，缺少了进一步提升的需要和动力。客观原因：第一，教师工资实行绩效考核后，工作量的大小与绩效工资差异不大，没有教师愿意承担超量的工作。第二，绩效考核虽然单独考虑了班主任工作，但相对于教师在烦琐、复杂的班主任工作中的付出来说，远不成正比。资源分配不当、考核评价不合理、教师工作负荷重等，让方老师选择了消极怠工。

化解策略

困难可以沟通解决，责任不能随意推脱。

首先，教师要认真制定个人发展规划，明确发展方向。教师的工作关系着每一个学生的全面发展和个性发展，教师的工作不应该一成不变，教师应该根据时代的要求、学科的发展和学生的需要制定个人发展规划，明确自己的目标和发展方向。青年教师更应该分析自身的优点和不足，分析自身教育教学能力，准确把握自己的成长历程，以适应时代对教育的要求。

其次，教师要积极参与课题研究，为自身的发展注入活力。教师缺少了发展的动力，就不能适应不断变化的时代，不能适应个性发展的学生，不能适应不断更新的教学理念和教学方法。教师参与课题研究，可以促进自身不断总结反思，发现问题，促进自身主动学习，寻找解决问题的办法；参与课题研究更能得到专家的指导引领，积累更多更优质的成果，这些都是教师在发展道路上的动力源泉。

最后，学校应该知人善用。"知人"不仅要知道他的长处，更要知道他的需要和困难；"善用"不仅要用其长处，更要选择恰当的时候把他放在适合的岗位。本案例中，方老师在勉强接受工作后又消极对待，其根本原因是工作不符合她的需要，自己家庭、身体等方面的困难和工作的压力让其顾此失彼、疲于应付。虽然方老师教学效果好、班主任工作优秀，但人的精力是有限的，不可能无限制地使用。同时，既然绩效考核有其不合理的方面，那就要充分听取教师的意见，完善绩效考核办法，充分调动教师的工作积极性。

案例 21 校长的苦恼

[矛盾回放]元旦前的一次全校工作例会上，王校长宣布了本年度绩效考核计划和一大堆工作安排。老师们听后心生不满、议论纷纷。会议结束，大家气鼓鼓地离开了会场。

一群年轻人回到办公室，忍不住发起了牢骚。

甲：凭啥王校长说怎样考核就怎样考核？为啥不公开所有行政人员的绩效？

乙：他说没有条件可讲，照他的安排做，比武则天还武断！

丙：新年了，不说句祝福的话，道声辛苦，只会强行安排工作，啥子校长哦！

老师们的牢骚愈演愈烈，群情激奋，平时较沉默少言的丁老师也骂了一句脏话。

丁老师话音未落，王校长推门而入，正好听见了最后一句话。一瞬间，偌大的办公室，只有尴尬充斥着整个场面，就像是一个快要爆炸的火药桶。王校长没想到自己尽职尽责、掏心掏肺，一群小年轻还在背后这样恨他。

理性剖析

以上矛盾事例，其实在有些学校或多或少都会存在。我们暂不更多评价绩效的考核方式是否科学与合理，就校长的言行和老师们的反应简单分析一下。发牢骚的主体是一群年轻教师，说明学校方案关注和肯定年轻人工作不够；发牢骚的内容中"没有条件可讲""只会强行安排""为啥不公开""骂了一句脏话"等内容说明校长管理武断，"家长制"现象明显，校长和老师对立；"新年了，不说句祝福的话"，说明校长管理缺少情感；出现尴尬局面后，整个场面像是一个快要爆炸的火药桶，说明校长与教师之间的矛盾急需化解。

化解策略

有容乃大，急中生智；因势利导，化不利为有利。

首先，王校长应在学校建立一种民主、开放、集中的制度，做到制度管事、文化管人；改变自己的风格，力求做到知性与优雅，以礼克己，收放有度。教师也要建立一种集体荣誉感，把学校利益放在首位。

其次，王校长与教师之间要更好地沟通与交流。沟通是信息的传递，是情绪的转移，是感觉的互动。充分地做到理解与信任，对推动整个学校的工作和发展的作用是不可估量的。王校长在布置工作的同时不要忘记新年的问候、温馨的关怀。教师也应当通过正面合理、有理有据的方式和校长交谈。

最后，当王校长听到被骂的脏话，尴尬局面已经形成时，教师要善于采取一些化干戈为玉帛的技巧，以机智、幽默化解尴尬，而不是让现场僵持下去，演化成更严重的矛盾。

案例 22　　　　　　　　突如其来的任务

[矛盾回放]李老师是一位年轻的班主任，对工作认真负责。临近期末考试，李老师都利用课余时间为学困生辅导。一天放学后，李老师正在办公室辅导学生，突然接到学校德育处的一个电话，德育主任要求李老师准备一节班会课，两周后参加市里的班主任德育赛课。放下电话，李老师内心特别矛盾，班会课自己上得很少，要在两周的时间里拿出一节高质量的公开课并且代表学校进行赛课，对于年轻的自己确实很困难。况且期末临近，学生辅导工作和学校布置的各种期末任务都特别多，时间冲突也是一个问题。如果课没上好，那可是丢了学校的脸，想到这些，李老师倒吸了一口冷气。不敢再过多考虑，马上给德育主任回了一个电话要推掉公开课，谁知主任挺生气地责备了李老师几句。第二天，这件事又传到了校长那里，李老师听说校长也很不满意自己，内心更加忐忑不安……

理性剖析

年轻教师接到学校的赛课任务，其实是一个很好的锻炼和提高的机会。从学校的角度出发，将这样一个难得的机会和任务交给李老师，是对她的肯定和信任，当然希望李老师积极地承担下任务，认真备课，赛出好成绩。但是另一方面，从李老师的个人情况来讲，作为一个年轻人，要在两周时间内准备好高质量的公开课参赛，况且又是自己不太熟悉的班会课，可以说是"临危受命"。内心有矛盾和退缩也是很正常的表现。最后，李老师掂量了自己的实力而推掉了公开课的任务，造成主任的不悦，还传到了校长耳朵里，事态的扩大当然让李老师非常忐忑不安。

化解策略

首先，从学校方面来说，在布置任务的时候就应该考虑周详。如果只有短短两周的时间，还是代表学校去参加市级的赛课，选择参赛人选时应充分考虑教师的承受能力。如果时间比较短，任务又比较重，可以选择经验较为丰富的老师参赛。或者公开竞选，发出通知看是否有毛遂自荐的老师。如果像案例中那样，指派的老师自己没有信心也不愿意的话，就是俗语所说的"强扭的瓜不甜"，就算这位老师最后勉强参赛，其结果也就可想而知了。

其次，学校将任务指派给相应的老师，就应该预想到该老师可能面临的实际困难和问题，学校方面应该提供大力的支持和帮助。例如，成立一个有经验的赛课团队，帮助李老师一起备课；收集一些往年赛课的成功经验，让李老师学习。毕竟对于年轻老师来说，这方面的资源是比较匮乏的。另外，也适当减轻学校期末的一些事务，为备课赢得更多的时间。学校的帮助会让李老师感觉自己不是一个人在战斗，有了这么多的支持，自然会信心倍增。

再次，从教师方面来说，接到学校这样的任务应该是荣幸和欣喜的，这是学校对自己的肯定和信任。消除抗拒心理，积极接受任务，主动和学校沟通自己的实际困难，说出自己的想法，提出希望获得哪些具体的帮助，可以尝试用"我试一试"来代替一味拒绝的态度。

最后，如果如案例中那样，李老师的拒绝引来了领导的不悦，李老师也不用太担心，主动去找学校领导沟通，实事求是地说出自己的困难。如果学校可以给予帮助和解决这些困难，自己也可以勇敢地承担下任务，就算是对自己的一次挑战。如果学校已经指派了其他的老师，也要表明自己的态度，对学校工作一直以来是绝对支持的，这次的拒绝确实是对自己的实力没有自信，担心在赛课中让学校的荣誉受损，而并非考虑自己的利益。相信李老师晓之以理、动之以情的沟通，一定可以得到学校的谅解。

案例 23　　　　　　　　　　**看电影遇上考试**

［矛盾回放］周四下午，学校安排四年级有个电影专场。按照计划，下午2：00，四年级的全体班主任把学生带到指定地点观影。

大队部的老师早已在观影教室做好准备，等待学生们的到来。但是，时间已经是下午2：05，观影教室里一个人都还未到。怎么回事呢？

大队辅导员张老师立刻电话联系四年级的年级主任，对方未接。时间一分一秒地过去，大队辅导员着急地跑上教学楼，来到四年级语文办公室，只见好几个班的班主任都在，正埋头忙着。大队辅导员来到年级主任张老师面前，着急地问："张老师，今天下午是你们年级的电影专场，怎么你们都没带学生下来呢？现在都过了 10 分钟了。"张老师面露难色地说："我们知道，但是今天下午有几个班要数学考试，所以我们就不下来看电影了。"大队辅导员听了，更加着急地说："看电影是 3 天前就通知了的，为什么要把数学考试安排在这个时间呢？还有，你们有考试不能来看电影，怎么没有提前与我们沟通，我们也好临时调整啊？你看现在怎么办呢？一个半小时后三年级还要来看电影。"大队辅导员说得在理，张老师回头看看依然埋头忙着的其他老师，尴尬地笑了笑，没再说什么……

理性剖析

这一事件，表面看是大队辅导员和年级主任之间的不愉快，实质上是四年级的班主任团队与学校德育团队之间在看电影这一工作上产生的分歧和矛盾。

学校提前安排了周四下午整个四年级学生观影，但是时间到了，班主任却未按时把学生带到指定地点。而且，在大队辅导员及时沟通的时候，班主任却以学生要数学考试为由推诿责任。

这是学校矛盾中典型的行政与教师之间的矛盾，突出地表现为对具体工作的不执行，推诿责任。这样的矛盾需要全面地了解，找出相关原因，综合地协调解决，才能化解矛盾。同时，让矛盾成为促进工作的有效动力，促进学校人性化管理的进步以及行政团队与教师团队的良性互动与合作。

化解策略

首先，及时沟通，了解事件因果。在学校管理中，管理者与被管理者往往因为缺乏有效沟通而产生分歧，引发矛盾。在这一案例当中，学校德育处希望通过观影这一活动方式，对学生开展生动有趣的教育活动，丰富学生的学校生活，陶冶学生的艺术情操，促进其身心健康发展。但在实施过程之中，采用的方式是通知各年级的班主任，请他们带领学生参加。这样的沟通方式下，班主任不知道活动的真实目的，仅仅把事情作为一件增加工作的项目来看待，势必产生沟通不畅的矛盾。

作为组织方，学校德育处在矛盾产生后，第一时间约请四年级班主任团队开会，在轻松、平等的氛围下，与大家沟通对这一活动的意见和建议。年级组的班主任认为，下午本来大部分语文老师都没有课，结果学校安排学生观影，班主任带队就必须一直监护到观影结束，等于是上了一下午的课，增加了工作负担。同时，科任老师本该下午上课，却不到现场组织学生，等于是休息，这样安排，显失公平。所以，班主任对这一活动相当抵触，继而了解到有一两个班数学老师要安排考试，正好成为大家推诿、不带学生下来的借口。

其次，个性疏导，善待教师诉求。在第一步的沟通中，德育处的老师看到，虽然矛盾的起因在于沟通和安排上的欠缺，但是四年级班主任团队的擅自决定，最终导致整个四年级学生无法观影，同时也影响到全校的观影秩序和工作。

通过与年级主任张老师的单独沟通和交流，德育处了解到，王老师作为老教师，第一个提出全年级都不下来看电影的意见，大家纷纷附和，最后，年级主任也无法做工作，造成全体不作为的结果。

找到了矛盾的节点，德育处与王老师做了进一步的沟通和交流。作为经验丰富的老教师，王老师丝毫未回避自己最初的提议，她认为自己年龄已大，身体欠佳，班主任和语文教学工作已经让她备感压力，德育处经常开展的这些活动均由班主任组织协调，让她觉得不堪重负。

王老师作为老班主任，没有积极支持德育处工作，有所欠缺。但根据她的实际情况，虽为矛盾的起始者，如果她的合理诉求能在矛盾的解决中得到妥善的处理，这不仅对王老师本人是一个福音，更是对整个四年级团队的积极鼓舞。

在此类事件上，团队中起了决定性不良影响的老师，有必要单独交流，开展个性疏导。

最后，人性管理，提升团队协作。矛盾得到化解，但是矛盾所反映的问题亟待解决。

德育处在处理矛盾的同时，也在认真地思考管理过程中的纰漏，认识到人性化管理、充分沟通和达成共识是促进工作顺利进行、提升团队协作能力的前提。

因此，在以后的工作中，德育处的每项工作，只要涉及团队合作的内容，都在工作之初，召开集体通气会，在活动目的和实施方式上与每一位参与者进行充分的沟通，最大程度上达成共识，把一些隐性矛盾消解在工作之初。同时，在工作实施过程中，把团队进步和发展与个人工作推进紧密结合，让老师个人与团队在工作中都能实现自我成长和发展，提升团队的整体协作水平。

案例 24　　　　　　　　　换老师的烦恼

　　[矛盾回放]暑假结束，全校教职员工第一次集中开会，校长宣布了本学期的人事安排。八(3)班的班主任王老师坐不住了，班上的科任教师一下子变动了 3 位，有新增的物理学科教师，有因调动不得不换的教师，还有合作很愉快、学生很喜欢的数学张老师。会后，王老师找到校长说为了班级的稳定，希望不要换掉张老师。校长从学校工作需要角度要求王老师理解、支持，王老师十分不情愿，带着情绪离开了。开学不久，八(3)班的学生就抱怨了：新的数学老师夏老师教学风格与张老师迥然不同，学生不太适应；夏老师性格温和（原来教数学的张老师很严格、很幽默），对学生要求比较宽松，不爱学习、调皮的学生无所畏惧，数学课课堂秩序很不好；学生们留恋张老师，对夏老师有抵触情绪。数学是初中的重要学科，八年级是学生学业容易分化的阶段，班上的学风不及七年级浓厚。班主任王老师不敢怠慢，"惩治"数学课课堂上捣乱的学生。王老师委婉地希望夏老师严格要求学生，但夏老师觉得学生挺好的、没什么问题。王老师几乎每天都要处理有关数学课的问题，但是只能治一时，时间长了，王老师也厌倦了。半期考试，曾是年级第一的八(3)班一下子变成了倒数第一，家长反应很强烈，找校长要求换老师。王老师在校长面前也唉声叹气：教育学生、和夏老师交流、与家长沟通，但收效甚微，自己也很累。

🎯 理性剖析

　　"一个好汉三个帮"，一个班级的好坏与班级的教师配备有密切关系。班级的建设、学生的成长，不能只靠班主任单打独斗，还要发挥科任教师在建班育人方面的作用，通过科任教师影响学生、带动学生，增强师生互动，形成教育合力。如果一个班的任课教师强强结合，通力合作，就容易达成共同建设优秀班集体的美好愿景，班主任的管理工作也会轻松不少。

　　八年级学生正值青春期，叛逆、多愁善感、情绪不稳定、烦躁、易冲动，增加了班级管理的难度；八年级的课程难度加深，学业负担加重，班级学生学业出现两极分化。这时大面积变动老师，对班级的稳定、发展是巨大的挑战。

众所周知，班主任最不愿意自己的科任教师变动太大，在刚接班的师生磨合期，师生容易发生冲突。稳定学生情绪、协调各种关系、营造积极向上的班级氛围等，是需要花大功夫的。

🔖 化解策略

第一，学校行政处在班级教师配备上考虑周全，尽量减少中途变换教师的情况。如果学校整体工作需要变动教师，尤其是大面积变动教师，可以提前通知班主任，及时沟通，让班主任有思想准备，未雨绸缪。案例中，班主任王老师突然得知老师变换，内心十分不情愿，有情绪，必然对以后班级管理工作的开展有一定影响。

第二，班主任要积极发挥在班级中的主导、桥梁作用。案例中，在刚接班的师生磨合期，师生容易发生冲突，班主任要格外加强与科任老师的联系。首先，班主任可以隆重介绍夏老师，让学生、家长对夏老师产生亲切感，并知道班主任与夏老师关系很好。其次，班主任应指导学生尽快适应新老师的教学风格，也要听取学生、家长的意见，善意地提醒科任老师。最后，班主任还要主动积极、真心实意地与科任教师商量班级事宜，加强沟通交流，调动科任老师参与班级工作的热情，形成工作共识，并全力促进班集体的建设。

第三，有不少科任老师认为，建班育人是班主任的事，不愿管；现在学生难教，不会管；少数学生家长蛮横，不敢管。这样的认识是对工作的懈怠、不负责任。科任老师也有建班育人的责任，协助班主任管理班级、教育学生、指导家长，是助人，也是自助。案例中，夏老师中途接手班级，要迅速让家长、学生接受自己，应积极主动与班主任联系，得到班主任的鼎力相助；关注全体学生，对学生宽严相济，发挥情感和评价的激励作用，学生"亲其师"，才能"信其道"。另外，科任老师一定要上好自己的课，要以精彩的课堂吸引学生，以出色的成绩征服家长。

案例 25　　　　　　　　　我的电话我做主

[矛盾回放]全校教职工大会上，校长又一次强调"务必保持通信畅通，会后每个人到行政办公室核对自己的电话号码"。老师们积极响应的不多，有的是确定自己的电话号码没问题，有的觉得没必要，少数老师则不愿意修正电话

号码。

　　学校经常通过短信的方式发布通知，通过电话联系教职工。刚开始，大家觉得很正常，可是，渐渐地，有些老师不愿意收到短信或拒接电话。据了解，短信发布频繁，有的内容与自己有关，有的内容却没有关系，占了信息空间，容易漏读；短信表述有时候不明确，容易让人误解；短信措辞有时候生硬，让人读了不舒服；有的短信、电话就是额外的工作，影响了自己的节假日安排；有时是紧急通知、临时变动，让老师无所适从。所以，有个别老师说："看到学校的短信、电话，就没好事情。"曾经在暑假快结束时，学校领导临时通知王老师到校加班，但王老师短信不回复、电话没信号，领导很生气，事后严肃地批评了王老师，还多次在全校教职工大会上提及此事。王老师很不服气：节假日是自己的时间，临时加班应尊重老师本人的意愿，多做事又没好处；电话信号不好不是自己的过失；电话是自己的私人物品，电话费也是私人支出，自己有权选择接还是不接。有不少老师也认同王老师的观点，即使自己的电话号码变动了也不到学校更改，时常以"没收到短信""没接到电话"来回答领导，领导批评也没办法。

理性剖析

　　在今天通信高速发展的时代，人与人之间的联系既方便又快捷，电话功不可没。但人们的信息安全意识也在加强，电话号码属于个人信息资料，保护个人隐私是可以理解的。

　　案例中的教师过分强调私人利益、不愿意承担额外的工作，是责任感、归属感不强的反映，是一种负面情绪。逃避、抱怨、不满、敌意等负面情绪与需求不满足、不信任有密切关系。在学校，教师的成就感既有来自社会、上级、学生对自己的充分肯定和尊重，还有物质上的体现和激励。如果物质上没有回报、精神上缺乏鼓励，教师工作积极性会消失，取而代之的是内心的不平衡，对领导的不信任，工作上只满足分内事。因此，案例中的教师认为"多做事又没好处"，对学校的临时安排有抵触情绪。

化解策略

　　从学校管理角度讲，学校管理要体现以人为本的思想，岗位设置、工作安排尽量科学、公平，尽量体现多劳多得、奖优推先，保护、调动教职工的工作热情和积极性；尊重教职工工作之余的私人时间和空间，不应随意地临时安排，影响教职工的家庭生活和休息；当教职工对学校工作安排有不满情绪时，学校领导要及时和他们沟通，找到问题所在，然后再决定是采取个别教育还是在全校大会上批评。如果学校领导一味地强调集体利益、大局观念，忽略了教师个人的感受和需求，自然会出现不和谐的声音。案例中，学校领导"严肃地批评了王老师，还多次在全校大会上提及此事"，缺少深入的沟通交流，没有情感上的共鸣，教师的不理解、不满情绪势必蔓延。换位思考、尊重理解是取得教师理解和信任的重要策略，真诚沟通、达成共识是处理此类矛盾最好的办法。

从教师角度讲，关注学校发展、爱岗敬业是职业道德的体现，应该尊重学校的纪律、规章制度，理解、遵从学校的合理安排。当个人利益与学校工作发生冲突时，多从大局出发，平衡个人与集体的关系；当付出与收获暂时没有成正比时，不抱怨、不懈怠，相信付出终究会有回报，也可以向学校相关领导提出合理化建议，以饱满的工作热情、阳光的生活心态感染、影响学生。

案例 26　　　　　　　　　　　　**赵老师变了**

[矛盾回放]赵老师是一个让领导非常头疼的教师。他很有思想，也有较强的工作能力，但在学校总是喜欢找领导的"麻烦""不是"，给学校工作的正常开展带来了极大的负面影响。曾经在排课中因为不顺他意而把教导主任发给他的课表给撕了，并且不去课堂上课。他工作不务实，平时不会认真去备课，不会去研究教学，也不会主动参加任何教学评比，只是拿着书本教，简单批改作业，在学校里是个得过且过的人。在这样的情况下，学校领导班子经过反复研究，决定用制度加上人性管理来改变他。例如，学校对《教师工作手册》进行了修订，有意识地邀请赵老师作为教师代表参与讨论，完善了学校相关工作制度；学校领导专门找赵老师进行面对面的沟通，肯定他有思想、能力强的优点，同时也指出他的问题所在，并向他提出了希望和要求；学校多次给赵老师提供外出学习机会，让他开阔眼界，进修提高；当知道赵老师母亲生病的时候，学校领导第一时间到医院看望；学校安排一位和他关系较好、教学经验丰富的老师与他结成对子，一对一地指导他、帮助他。两个学期之后，赵老师开始转变观念，工作态度和工作能力也有了较大的起色。

理性剖析

学校管理不是简单地约束，而是激励；不是管住人群，而是凝聚人心。强硬的制度管理只会扼杀人的创造性，丰富的情感管理也只会赢得短暂的热情。所以，学校管理应当高扬人性与制度评价相结合，注重制度管理与人性关怀相结合，充分激发教师的职业自尊，发扬教师的自主性、创造性，激励教师为实现人生价值而投身于教育事业。

案例中的赵老师的行为有个人因素的影响，也可能有学校在管理方面存在的问题。在面对类似赵老师这样的情况时，学校应该多从赵老师的角度出发，想想为什么会这样，做到换位思考，从对方的角度想问题，了解他们的实际想法，对症下药。

化解策略

首先，多一分制度管理。坚持依法治校、治教，以严格的制度进行管理。无规矩不成方圆，学校不稳定、不和谐的现象，有相当一部分问题出在学校没有规矩，没有严格地依法办事。因此，为了规范教师的行为，学校要依据相关的法律、法规和上级教育行政主管部门的精神制定学校的管理制度。

其次，多一分情感管理。学校管理呼唤感情，呼唤德治。李善富于2003年在《教学与管理》第22期提出的"三情管理法"无疑可以给我们很好的启示。

一是热情管理。黑格尔说过："没有热情，就不能完成世界上的伟业。"学校领导用爱岗敬业的精神鼓舞人，用高尚的品质感召人，用人格的力量吸引人。这是一种无形的力量，在工作中能产生巨大的作用。

二是真情管理。真挚的情感比金子更可贵，也更能开启任何锈迹斑斑的感情之锁和紧闭的心灵之闸。学校领导用真诚管校，用真诚兴教，拿真诚助师，不虚情假意、矫饰做作、耍小权术。天不言自高，地不言自厚，真情越是自然地发酵，也就越甘越醇，越醉人，越具有感染力。领导和教师之间由于看问题的角度不同，难免在工作中产生一些分歧，这是很正常的现象。领导如果不从问题产生的根源去分析问题，而只是一味地拿条条框框去责怪老师的行为，不但会使老师不满，还容易把矛盾激化。这时的领导应该站在教师的角度，学会换位思考，少一分责怪，多一分关心，用自己的真情和行为去感动教师，融洽学校领导和老师的关系，从而让老师更有激情，无负担地投入到自己的工作中去。

三是深情管理。深情管理是爱的孜孜不倦的播种，是义不容辞、不讲代价的服务，是细腻入微的体贴。学校领导以服务为先导，以质量、安全、稳定为目标，不断释放情愫，不断沉淀和堆垒，坚持不懈地努力，从而产生情感效应，就能和教师建立起亲密无间、和睦融洽的关系，就能形成高度的向心力和凝聚力。在深情管理中要做到"三到场、四必访、五祝贺"，即：学校领导在教职工节假日加班、家中有大事、生活有困难三种情况下要到场；在教职工生病、出现意外事故、家庭不和、工作受挫四种情况下要进行访问；在教职工结婚、生子、工作取得成绩、子女上大学、退休五种情况下要采取不同的方式予以祝贺。

四是多一分人格管理。学校领导要尊重教师人格，注重挖掘教师的创造力和想象力，实现学校领导和教师在价值观念、生活情趣、生命意义等最高层面共同追求上的人格管理。每一个人都希望得到别人的尊重，教师常把受到尊重作为一种精神支柱。学校领导尊重教师，是调动教师积极性和主动性的根本。教师工作十分繁重，生活也比较清贫，在这种情况下，他们更需要得到领导的信任和理解。因此，学校领导要尽力尊重教师的劳动和主人翁地位，政治上对他们关心，工作上对他们支持，业务上对他们培训，生活上对他们照顾，使他们的合法地位、权利、利益不受侵犯，人格不受侮辱，让他们心情舒畅，奋发向上地投入到教书育人中来。

案例 27　　　　　　　　　**这奖金该不该扣**

[矛盾回放]年初，学校决定采用"满勤给奖"制度来加强管理，出满勤的发奖金 200 元，如果上课、教研组活动、政治学习一次缺席、两次迟到者，该月就没有奖金。这种办法实行后第一个月效果很好，无人缺席、迟到，教学秩序趋于正常。两个月后，工作一直认真负责的张老师，因患病请假 2 天，病未痊愈就来上班了，却被扣发了当月的奖金。于是张老师去找校长理论："校长，我平时积极教学，这次只是请假缺席，事出有因，为什么还扣我奖金？而陈老师经常是小病大养，自由散漫，实行'满勤给奖'后，人是来了，课也上了，但教学效果差，学生反映大，奖金却照拿，您不觉得这很不公平吗？"校长一脸不耐烦地答道："制度既然已经是学校领导研究决定的，就要严格执行，没有什

么公不公平的，对大家都一样。"此后，张老师只要迟到两次，后几周的工作就随随便便了，在他看来，一个月的奖金已经没有了，何必准时来上班呢？

 理性剖析

该校"满勤给奖"制度的出发点是值得肯定的，但"满勤给奖"的激励方式对于教师工作来说并不完全适合。第一，不符合教师工作的特点和实际。教师工作有其自身的特点，例如，松散化和弹性化相结合等。以全勤奖激励教师，不会起到真正的激励作用。第二，激励教师应关注教师对职业成就的需要，也就是鼓励教师搞好教学工作本身，而出全勤的教师并不能说明教学工作就是优秀，激励方式要适合教师工作的性质。

化解策略

首先，制定"满勤给奖"制度要考虑教师工作的客观性质，与教学效果、教学成绩等方面结合考核，不搞一刀切。让制度更加完善，更加人性化。

其次，考勤制度只应是辅助管理手段，不应作为判断教师好坏的唯一标准，更重要的是对教师业务水平的考核。学校可以建立教师业务档案，促使教师更加关注工作本身，增强责任感。设置合理竞争机制，应根据任务性质和教师状况确定教师工作目标结构；在竞争的同时，提倡教师间的合作，适当交替采取合作与竞争的方式。

最后，如果出现案例中张老师的情况，在张老师表达不满后，学校领导应充分尊重教师意见，采用民主管理方式，以共同讨论、集体决策的方式来解决问题，而不是不耐烦地以领导身份压制、忽视教师意见，这样不但不能解决矛盾，反而会使矛盾进一步激化，最终影响学校工作的开展和教育教学质量的提升。

案例 28   **"成长大片"带来的压力**

[矛盾回放]又到了每年的家校共育活动时间，从一年级的"新生入队"到二年级的"家长开放课"再到三年级的"拍摄成长纪录大片"。这些都成了老师们每年工作的惯例。今年轮到三年级的老师做"成长大片"，三年级的全体老师和学校行政领导聚在一起开会商量。一阵沉默后，老师们开始发表自己的意见："'成长大片'为什么要放在三年级做，六年级毕业做不是更完整和丰富吗？"马上有很多声音来附和这位老师的意见："为什么非要做'成长大片'，不可以用

其他的形式来展示孩子们的成长吗?""'成长大片'最好是专业人士来进行拍摄,但成本太高;老师自己拍摄,工作量又很大。"又有很多老师小声地抱怨。意见不能达成一致,校长宣布散会,择日再开……

理性剖析

学校希望丰富家校互育的活动,记录学生们的成长和进步,于是开展拍摄"成长大片"的活动,这个出发点是非常好的;家长们也可以通过家校互育的活动更好地了解学生们在校的情况,参与到学校的活动中来;学生们也在活动中获得了锻炼和成长。当然,学校开展活动的主力军肯定是工作在教育一线的老师,所以,采纳和接受老师的建议就十分重要。老师本身的教学任务就比较重,还要开展正常教学以外的工作,内心有抱怨也是可以理解的,并且老师们的一些意见和建议也是可取和有意义的。因此,学校在处理这类问题时就应该在将学生的利益放在首位的前提下,理解教师,尽量说服教师与学校达成共识,这样才能将活动开展得更好。

化解策略

学校和教师的意见在一定程度上不能达成一致,这是在学校工作中经常遇见的事情。当遇到类似情况发生时,我们应该更加智慧、民主地处理问题,达到最大程度上的意见统一。

第一,当面对教师和学校的意见不统一的时候,学校行政方面应该先统一意见,再次确认活动的可行性,针对教师提出的意见和建议进行分析和商讨,制定出更合理的活动方案。

第二,当学校领导意见统一了后,活动就一定要开展。至于以什么形式来组织,就可以多听取老师的建议。学校可以先召集学科组长、年级组长和部分老师开会,表达学校开展活动的目的和实施办法,先获得这些老师的支持和理解,再通过他们去做其他老师的工作就更容易一些。

第三,学校可以通过介绍其他学校的成功案例,让老师们充分认识到开展此项活动的价值和意义。例如,深圳市蛇口育才第二小学(以下简称"育才二小")就成功地拍摄了一次学生的成长记录大片,获得了很好的效果。育才二小的很多家长曾向学校提到,他们希望了解孩子在学校的真实学习、生活情况,并希望能够将他们成长期间的一些珍贵镜头保存下来,制作成记录孩子成长的视频资料。根据学生家长的建议，育才二小专门聘请专业人员，为学生拍摄并制作成长纪录片，真实记录学生在校的学习、娱乐、活动等各种生动画面。通过一张小小的光盘，家长了解了孩子们在学校的学习生活情况，亲眼看见孩子在学校的成长片段。学校也为在校学生建立了完整的视频档案。这种活动可以请上个年级做过该活动的老师介绍经验和方法，让再次做这项工作的老师有章可循，有法可效，畏难情绪也可得到消除。

第四，学校可以更加民主地采纳老师们的建议，以多种形式开展家校互育活动。除了做"成长大片"，各班也可以提出体现自己班级特色的方案。当然，如果所提方案不能达到或超越"成长大片"的效果，还是建议采取拍摄"成长大片"的形式。

第五，再次召集老师们开会，拿出商议以后的可行方案。学校可以先阐述自己的想法，同时再考虑老师们的建议，对老师们提到的问题全力解答并提供帮助，争取意见统一。

案例 29　　　　　　　　周末又有任务

[矛盾回放]经过一周紧张的工作，老师们都盼望着周末能好好地休整和放松一下：有的计划出游，有的计划走亲访友。正当大家沉浸在对周末的无限憧憬中，学校的一道会议通知在办公室里炸开了锅。原来又是学校安排的周末自考监考任务！自从学校被教育局设置为国家规范考点以后，类似的监考任务就经常会有。老师们作为监考员除了周末两天不能休息以外，还需要提前开考务会议，参加监考员培训，布置考场等。突然多了这么多的工作量，老师们都怨声载道。下午的考务会议要开始了，老师们才姗姗来迟，满脸挂着不悦。学校领导刚说了几句监考工作的纪律，很多老师就在下面窃窃私语。有的抱怨：我身体不好，周末需要请假看病；有的说：我家里有重要的事，必须周末去处理；还有的直接提出：不愿意监考，要休息！面对这么多不和谐的声音，会议一时陷入了僵局……

理性剖析

当学校领导和老师面对这样的问题和矛盾时，处理起来确实非常棘手。一方面，监考的任务不得不完成；另一方面，老师的正常休息也需要得到保障，怎样兼顾双方的要求，其实最关键的还是需要大家相互的体谅和理解，尝试站在对方的角度来思考问题，站在对方的立场找到最佳的平衡点。对于老师来说，平时的工作确实非常辛苦，不仅有来自教学任务的压力，学生的安全更是重中之重。紧张的工作过后确实需要及时休整和恢复，再加之各家都有各家的情况，因而周末的时间确实非常宝贵。对于学校来说，上级部门下达了监考的任务，每年国家都有这么多的学生需要完成自学考试，总是需要监考老师和场地的，学校已经被选作了考点，这些工作就是大家不得不完成的。所以，在处理矛盾时就一定要讲究方法，使得双方达成一致，获得最佳的平衡点。

化解策略

首先，从老师们自身来讲，应该树立一个正确的认识，培养良好的心态。即使心里再有不痛快和委屈，也要冷静下来思考。国家教育部门安排的高等教育自学考试，学校并没有选择权，是必须完成的任务，有多少莘莘学子为了这个考试而挑灯夜读。作为老师的我们认真完成监考任务也是对所有考生负责，对教育工作的支持。我们需要站在高处对待问题，先把个人的得失放次要位置，胸襟也就会变得宽广。

其次，老师们针对这些额外的工作量，就如何保证自己的休息时间可以向学校提出一些切实可行的建议。例如，对周末监考的老师给予调休和补休的政策。这样，有事情的老师就可以利用补休的时间去做了，相信这个办法可以从根本上解决老师没有时间休息的问题。

再次，老师们在承担监考的任务中，如果确实有时间冲突的问题，可以先发挥自己的主观能动性，试着先和同事商量调整，如果实在不能处理再上报给学校领导。毕竟处理一个人的问题要相对容易些，如果都将困难扔给学校，学校的工作困难会很大，效率也相对较低。

最后，学校的领导对老师们辛勤的付出应给予最大程度的保障，对于个人情况特殊的老师积极地做出协调和帮助，做好老师们的后勤保障工作：提供可口的工作餐，并且有正常的加班和监考补贴等。相信这些人性化的安排，一定能提高老师们的满意度，更加配合学校的工作。

总之，双方都应该给予对方理解和支持，站在对方的立场来考虑问题，矛盾就会迎刃而解。

案例 30　　　　　　　　　　　**公开课出了意外**

　　[矛盾回放]某中学一年一度的家长开放周，九(3)班物理老师王老师正在上课，教室里除了学生还有他们的家长。学校分管教学的刘校长也坐在教室里听课。王老师为了这堂课认真做了准备，除了课本和学案，她还专门打印了题单，题单上有这一课的重要知识点。刚开始上课的时候，学生还在认真地听讲，和王老师互动，可是，随着课程的进行，学生们渐渐不再回答问题了，王老师提问时，学生们都低着头，没有一个人举手回答。王老师只好点名了，结果学生的答案错误不断，王老师也越来越急了，说话的声音越来越大，开始不停地追问学生，而学生们更是沉默不语。授课几乎停滞下来了，刘校长的脸色也越来越难看了。终于下课了，家长们从教室走出，边走边小声议论着："这个课怎么这么沉闷啊，这个老师的水平……我家孩子怎么办啊!"课后王老师郁闷地坐在办公室。这时，有同事报信说："刘校长请你去他办公室交流一下这节课的情况。"王老师回答："等一会儿我还有课，明天再去。"刘校长久等不见王老师，就直接找到了备课组长，委婉地提出了自己对这节课的意见，他认为王老师的态度还是很认真的，课前准备了大量的资料。效果不好的原因是王老师在备课的时候对学情考虑不充分，在教学设计中过高估计学生水平，导致课堂中学生由于基础训练不扎实，听讲出现障碍，老师最后没能够完成教学任务。刘校长希望备课组长能够和王老师沟通一下，争取在今后的教学中避免再出现这样的状况。当备课组长刚刚和王老师一提，王老师马上情绪激动地说："我的课就是上得再不好，他也应该直接和我说，为什么要让大家都知道，太不给我面子了! 我知道家长开放周的课很重要，所以辛辛苦苦准备了好多天，课件都改了好几次，平时我们班的学生不是这个样子，上节课状态突然不好，也不能全怪我，凭什么这么说我!"

理性剖析

　　在这个案例中，学校组织家长开放周的目的很明确，就是希望家长了解学校，通过展示教师的工作状态和能力让家长认可学校的工作，对孩子的学习生活放心。老师在这样的背景下，压力其实是比较大的，所以才弄巧成拙。在日常的教学工作中，一线教师绝大多数是积极上进的，但他们内心往往也有一些痛苦，例如，教学成绩的压力、师生矛盾、渴望上进……在这样的情况下，他们急切地想得到各方的肯定和鼓励。如果他们的教学质量得不到相应的肯定，很容易引发和激化矛盾。在这个过程中，除了校长对于不同性格、不同脾气的教师，采用不同的方法交流，教师也要学会正确面对他人对自己的评价。

化解策略

首先，教师要正确认识公开课后他人对这节课的评价。一个成熟的教师上完一堂课后，不要讳疾忌医，不要怕别人说问题。因为通过他人真诚的评课，能够从新的视角审视自己的课堂，愿意知无不言地说出问题的评课者才是真正关心我们业务水平提升的人。只有虚心接受他人的意见，才会真正提升自己的教学水平。刘校长和备课组长对王老师提出的意见是中肯的，如果王老师能够认真地听取他们的意见，相信她在今后的教学中一定不会再出现类似问题。

其次，客观看待、理性分析领导的评价。一个成熟的教师必须有较强的心理承受能力，当领导提出批评意见时，要做到以工作为重、面子为次。要客观分析是不是自己的工作确实存在问题，有则改之，无则加勉，把思想、精力集中到教学工作的重点上来。王老师可以主动地找领导交流，虚心听取别人的意见和建议，毕竟课没有上好，老师应该首先积极地找原因，找出教学的软肋。积极地思考和总结问题才是最重要的。

最后，领导的评价不是唯一的标准。领导的评价固然是衡量一个教师工作好坏的标准，但不是唯一标准。况且我们的工作难道仅仅是为了得到领导的赏识吗？显然不是。因为我们当初选择教师这项崇高的职业时，就已决心要把教育教学作为我们自己实现人生价值的途径，甘心奉献，所以，我们完全可以用另一种心态去面对领导的评价。领导表扬自己，只能说明自己的工作在某一方面达到了学校的要求；领导批评自己，如果的确是自己错了，就心平气和地接受，尽可能地改正便是了。首都师范大学田国秀教授指出："教师的使命是教育，而教育的本质是'生命影响生命的过程'，教师在课堂上的一切，是对学生生命的影响。"因此，教师保持一个良好的教育心态，不仅是教师的个人问题，而且是一个教育问题。工作中难免有差错，无所谓丢面子。换一种心态看待表扬和批评，宠辱不惊，笑对生活的每一天，要学习古人的那种"不以物喜，不以己悲"的心态，以一种平常心去对待领导的评价。

案例 31　　　　　　　**第四次迟到**

[矛盾回放]李老师又迟到了，这已经是这个月的第四次。年级组长一得到消息，就急忙安排其他老师调课。

临近初中毕业的孩子们，对于调课非常不满。做好学生安抚工作后，年级组长和匆匆赶来的李老师撞了个满怀。"你怎么又迟到了？李老师，你弄得我手忙脚乱，让学生们白白耗去 10 分钟！"年级组长很不高兴。

"对不起，对不起，我赶紧去上课！"李老师道歉。

"这节课已经安排王老师上了，你到办公室跟我谈一谈。"说完，年级组长头也不回地朝办公室走去。

没想到，在办公室，年级组长和李老师都上了火，越谈越僵。"李老师，正是因为你的业务水平出众，我们才决定由你带毕业班呀！""是啊，我明白领导用心良苦，是对我的信任。可是，在我带班期间，学生的成绩下降了吗？学习热情不高吗？我孩子还小，早晨需要我照顾，我可以说是忍痛把他丢给老人！""李老师，你班上学生的确在学习上不落后，但是，一个月来你已经迟到 4 次，影响很不好啊。我们也知道你家中的情况，不过你再三再四迟到，让大家为难啊！""既然为难，您可以提议把我从毕业班换下来。"两人的谈话不欢而散。

理性剖析

从以上场景，我们可以获得以下信息：焦点在于李老师迟到现象与学校管理制度的矛盾；李老师迟到的原因在于，家中的确存在客观困难，迟到绝非律己不严、做事拖拉所致；李老师的业务能力较强，学生的认可度较高；年级组长和李老师的工作目标一致，但在交谈过程中，没有把握好话语。

综上所述，我们可以看到李老师其实相当敬业，但由于人近中年，孩子尚幼，父母年迈，正处于人生的紧张期；而本人业务能力较强，事业也处在上升期。

迟到，实际上是李老师人生紧张期和事业上升期之间的矛盾反应。换句话说，此时的李老师，需要别人的理解、支持和帮助，同时她也应该意识到自己遇到的这些困难是具有普遍性的，人到中年将不可避免地面临，既不能耽误正常的工作，还要处理好家庭事务。

化解策略

调整心态、学会统筹安排时间是解决这类问题的关键。

首先，李老师自己要明白应该怎样做。要调整心态，正确看待工作和家庭的关系，到学校必须遵守相关制度，不能因为个人原因影响全校的教学秩序。同时，要学会提高效率，缓解矛盾，比如，第二天早上，孩子的生活尽量提前安排好，尤其不能因为自己是教学骨干而置学校纪律于不顾，如果确实家中有急事，一定要提前打电话告知班主任或年级组长，不要让学生空课。如果自身确实存在困难，应该和学校主动沟通。例如，调整自己的课表时间，尽量不在上午第一节课安排课程，可以给自己上午紧张的课程一个缓冲期。老师应该以遵守学校制度为前提，不能挑战制度的权威，但同时，制度是"死"的，人是"活"的，可以适当调整自己的时间安排。

其次，学校管理者必须在管理中体现人性关怀。由于李老师迟到的主因，在于她处于人生和家庭发展的紧要期，所以学校管理者必须充分理解，妥善协调，给予她实实在在的帮助，才能避免李老师在业务上升期失去工作热情，让学生和学校遭受损失。从这个角度看，处理好李老师迟到问题，就在于协调李老师家庭生活和学校教学管理之间的关系。这里有个大前提：学校管理制度既然颁布，任何人都应无条件地遵守。但在维护学校刚性管理制度的前提下，应尽力维护李老师的个人利益。学校将李老师安排为毕业班的任课老师，应是出于对李老师工作能力的认可，李老师没有拒绝这个工作也是她的事业心和职业道德使然。因此，在维护学校刚性原则的情况下，学校管理者也要以人为本，统筹安排，例如，将李老师的课程适当调整，少排或不排第一节课，实实在在帮助她解决实际困难。

总而言之，迟到看似一件小事，但因李老师的特殊状况，也不是一句话就能轻易处理好的。而学校领导的管理能力和水平，恰恰要在敢于触及矛盾、积极妥善地解决矛盾中体现。只有这样，才能有效地避免负能量的激增，做到"为之于未有，治之于未乱"。

案例 32 校长的顾虑

[矛盾回放]本周教师例会刚一结束，马校长就把年级组长王老师叫到跟前说："王老师，有个事儿想跟你商量商量。"王老师一看马校长神情，便接过话

说："是不是上次我申请给我们年级教室配备多媒体的事?""是呀,王老师,我们也知道你一心扑在学生们身上,给整个年级都配备的话,量确实还是很大的,我们相信你肯定会使用,但其他班的老师会不会都像你一样呢?所以我们还是要再考虑。""校长,你这话就不中听了,我作为年级组长,代表我们整个年级向学校提出这样的要求,肯定是我们需要才提的呀!怎么可能配了又不用!"王老师颇有些生气。马校长连忙解释:"王老师,别着急,这不正找你商量嘛。学校以前确实也发生过给老师配备了教学器材,最后束之高阁,完全没发挥作用的情况,更何况你也清楚学校的办公经费紧张。""哦?搞了半天是学校舍不得钱,那你还找我商量什么?领导说什么就是什么!"

🌀 理性剖析

看似一件服务老师、学生的好事,王老师却没能和马校长谈判成功。表面上看问题主要在马校长身上(舍不得花钱),而王老师却不怕得罪领导、据理力争。其实最根本的问题是王老师只懂"向下"管理,而不知"向上"管理的魅力。王老师在学校担任年级组长,直接负责本年级的各项事务,关注老师们的教学需求,并将这种需求及时传达给马校长,这是"向下"管理。另外,当他面对马校长时,只是一味地提要求,而不去实施"向上"管理,谈判失败。管理既需要对下级进行"向下"管理,更需要对上级进行"向上"管理,才能获得事半功倍的效果。

📖 化解策略

首先,给领导提供解决方案是"向上"管理的先决条件。下级所提出的要求大多局限在自己特定的范围,上级领导对下级所提出的要求会站在更高、更大的范围来考虑。所以,考虑问题的范围大小不同,必然会产生一定的矛盾。就像文中王老师站在一个年级组的立场认为每个教室增设多媒体仪器是正当要求,是必要的,而这一点也是马校长认同的,不然他不会主动和王老师商讨此事,唯一不同的是马校长观察到整个学校存在配备了设备而不使用的现象,因此产生犹豫。如果此时王老师给马校长提供几种方案进行选择,效果就可能大不一样了。一是建议学校开展调查,看哪些老师确实需要多媒体设备,会怎么使用或使用频率为多少;二是在部分年级先行试点,分层推进;三是本年级内部制定相关的使用制度,杜绝配备而不使用的状况发生。

其次，做了什么比你要什么重要得多。在对领导进行"向上"管理之前一定要对自己提出的要求做足工作，不是为提要求而提要求。文中的王老师要求很合理，却没为这个"合理要求"做好充分准备。王老师可以这样开展工作，效果可能会更好：一是事先请领导到本年级听课、评课，让老师们共同表达心声；二是带领本年级的老师积极参加相关的计算机学习，掌握多媒体运用技术，而不是等到多媒体安装好了，再来花时间学习；三是采集本年级老师的多媒体课件等资料，分类装订成册，形成成果，让领导看到本年级组为此做的准备及取得的成效。相信老师们共同的努力可以打消马校长的顾虑，切实地做到为老师们服务。

案例 33　　　　　　　　　　被忽略的排查

[矛盾回放]上体育课时学生猝死的新闻时常见诸报端，因此，学校特别重视，要求班主任排查不适宜上体育课的学生。李老师是五(3)班的班主任，他觉得这件事没有那么巧，哪有那么巧就发生在自己的班级呢？而且学生看上去也没有问题啊！另外，锻炼身体本身就是好事，不是要求"每天锻炼一小时，健康工作五十年，幸福生活一辈子"吗？况且身体不好，就更应该上好体育课啊！由于没有引起重视，加上工作很忙，李老师把这事抛到了一边，等到要交资料了才想起，于是随便填了些数据交上去。

理性剖析

李老师的做法显然是不正确的。一是不认真完成学校布置的任务。学校布置这项工作，是为了摸清情况，让学生科学锻炼，增强体质，防止事故发生，是一种积极的行政干预措施，每位老师都应该认真应对。二是存在侥幸心理，没有把学生安全放到首位。锻炼身体未必就是促进身体健康的，错误的锻炼、不恰当的锻炼可能带来运动损伤，甚至危及学生的生命。

化解策略

首先，学校重视学生安全，开展排查工作很有必要。但是制定制度开展工作，不应该只是一纸通知，就将责任一股脑全部推给老师，而应开展相应的宣传和督查工作，向教师讲明此项工作的重要性和必要性，以督查促进教师将此项工作落到实处。如果学校领导在工作开展前就全面考虑到工作开展可能会存在落实不到位的问题，防患于未然，那么就能引起"李老师"们的重视，不会出现案例中的情况了。

其次，作为班主任的李老师，也应该具备相应的班主任素质和责任感，将学生安全问题放在首位，认真落实学校的要求，积极主动地协助体育老师了解班级每一位学生的身体健康状况，每学期提供成长记录表，记录学生的身体发育及病史，了解家族病史等。如有需要注意的学生，班主任要提供名单，与体育老师做好沟通。同时，和体育老师配合，引导学生科学参与各类运动，帮助学生制订锻炼计划，对学生每天的运动时间、强度、项目选择等给予指导，还要注意天气状况、场地选择等，提醒学生不要参加超出其体力的运动项目。

最后，如果班主任处理类似工作的精力和时间有限，完全可以借助家长委员会（以下简称"家委会"）的力量。家委会成员可以分组，一人负责几个学生，和学生的父母取得联系，以便及时、准确地了解学生的身体情况。家委会的成员多，可以帮助李老师将这件工作做得更细致和全面，也可以让更多家长了解到学校此项任务的重要性，感受到学校对学生的关怀。

这样，学校领导、班主任、科任教师和学生家长明确责任，各司其职，让工作得到有效、高效的实施，相信一定能保证学生安全的万无一失。

案例 34　　　　　　　　"分内"与"分外"

[矛盾回放]这周一学校例会，张校长总结完上周工作后，就开始布置本周的工作。张校长微笑着说："本周有一个教育代表团要来我们学校参观，我们要热情接待，各部门做好相关准备。另外，赵老师形象气质很好，举止大方得体，在前几次的接待工作中为来宾介绍学校情况，得到一致好评。这次，我们还要辛苦赵老师继续做接待讲解工作……"张校长话音刚落，赵老师就急匆匆地说："不可以，校长，这段时间我家里有事情，我的身体也不好，无法胜任这项工作。"

"有什么事情学校可以帮忙解决啊，有困难说出来嘛。"张校长也有点不悦。

"不行就是不行，我应该履行的职责已经做了，额外安排的工作我有权不做。"赵老师还是寸步不让。

理性剖析

不管有多么充足而且正当的理由，赵老师都没有处理好这件事。在全校工作例会上，校长微笑着布置工作，态度和蔼，并且对赵老师高度评价，寄予厚望。赵老师却很生硬地拒绝，让校长很尴尬，下不了台，让人感觉赵老师是一个不懂得尊重人、不通情理的人，影响了自身的形象。

化解策略

首先，冷静处理。案例中的赵老师因为某种原因，当面拒绝校长分配的工作，这样做不合适。赵老师可以在会后，找个时间与校长沟通，说明自己的想法和困难，取得校长的理解和认同；如果赵老师能对此项工作提出合适的人选，让校长重新安排工作更好。这样做既能达到目的，又尊重了校长，保持了和谐的人际关系。

其次，做好预防。如果提前知道学校有接待工作并且自己可能会参与其中，赵老师可以在开会之前，先私下找校长了解自己可能会被分配什么工作，陈述自己的困难，提出自己的看法，让校长在布置工作时予以考虑，避免尴尬。

最后，认真做事。如果校长没有采纳赵老师的意见，赵老师也不能意气用事。接待工作虽不是常规的教学工作，但也是学校工作中常有的事情，是学校与外界交流、向外展示形象的一件重要工作。赵老师作为学校的一员，有责任和义务在学校需要时承担起这一任务。意见可以保留，但是事情必须做好。赵老师要认真了解接待工作的情况，做好接待预案，并及时记录工作的流程及体会，整理出学校接待工作的完整资料，为以后其他老师接手此项工作提供参考。

第三章　教师与教师

概述

在一个学校中，良好的人际关系有利于提高教师在教学过程中的合作效率，有利于教师之间优势互补，加速教师的成长，改进教学实践，提高教学质量。但教师与教师之间在长期的交往中，也难免会产生矛盾，若不及时予以化解，必将会削弱教师的工作积极性，从而影响到学校的稳定。因此，我们必须对教师与教师之间的矛盾给予高度的重视，分析原因，并采取相应措施，予以有效化解。

一、教师与教师之间的矛盾产生的原因及表现

一是教师职业的特殊性引起的矛盾。首先，教师对待职业的态度不同会导致矛盾的产生。例如，有的教师热爱教育事业，苦其所苦，乐其所乐；有的教师仅仅把它当作一个谋生职业，工作应付，得过且过。两种截然不同的态度在日常教学过程中会有两种不同的表现，在相交的工作情况下就可能会有矛盾的产生。其次，教师教育观念的不同也是矛盾的隐患所在。例如，有的教师坚信"严师出高徒"，制定出严格的班级规定，无论是课上还是课下都非常严格；而有的教师喜欢轻松的学习氛围，不拘小节，这样两个教师在一个班级里就会有对立的感觉。再次，教师之间因教学方式存在差异而导致矛盾的产生。例如，学校为了统一进度，改进教法，提升教育质量，常常组织教研活动，集体研究教材、教法。但对于同一个问题，每个教师都会有自己的理解和处理方式，在

研讨中比较容易引起冲突。最后，教师因时间问题产生矛盾的情况比较常见。在竞争激烈的现行教育体制下，时间是有限的，学生、班级是固定的，课程表是固定的，如果一个教师想要提高所教学科学生的成绩，他只能争取更多的时间让学生学习自己所任学科，这样不同学科教师之间就会产生矛盾。

二是个性差异引起的矛盾。每个教师都是独一无二的个体，其生活背景、教育经历的不同导致每个人的内隐文化不同，也造就了不同性格、气质的个体。教师中有的沉着稳重，有的急躁冒进；有的豁达大度，有的心胸狭窄；有的勇于开拓，有的因循守旧……不同的个性势必会影响其为人，影响其对问题的处理方式，也就容易存在意见分歧，工作和交往中的矛盾也就会频繁发生。

三是利益分配引发的矛盾。此类冲突一般发生在任务选择、职务晋升、福利待遇、考核奖惩、进修机会等方面，其起因主要来自客观或主观因素导致的"不公平"。在一个以"人"为中心的关系圈内，或者说"僧多粥少"的环境中，想要达到绝对的公平是不可能的。许多教师十分关心自己的利益，希望自己的付出能取得相应的报酬，但在横向比较后，倾向于过低评估他人和过高评估自我，"利益分配不公"的想法随之而来。当一些教师感到利益受损时，容易产生冲突局面。

四是沟通因素造成的矛盾。虽然教师与教师之间沟通直接，空间距离短，但同样存在着一些障碍。比如，一些教师自视甚高，看低他人，造成教师与教师坦诚交流的概率降低，相互之间难以融洽，并引起冲突；一些教师"好为人师"，常常用教训人的语言，不知不觉挫伤了别人的自尊；一些教师过分圆滑，表达过于婉转或模棱两可，造成相互之间理解失真，也容易造成误解，产生矛盾。

二、教师与教师之间矛盾的化解策略

教师在众多繁杂的矛盾中找到症结所在，就能找到处理问题的切入点和平衡点。本章选取了日常教育教学生活中发生的 16 个案例，提出了处理和解决教师之间矛盾的两大基本策略。

一是学会尊重，工作中相互理解，相处中真诚相待。首先，教师之间要相互尊重。在日常教学工作中，教师要学会客观评价自己和别人，懂得宽容和理解。不同学科之间的教师，由于对彼此领域不太熟悉，就要做到不妄自评价，在肯定自己的同时也不能贬低他人。对待优秀的教师要虚心学习，不可有嫉妒之心；对待暂时处在后进状态的教师，也要在尊重的前提下给予适当帮助，不可嘲笑和看不起他人。对待持不同学术观点和教育思想的教师，学会自省，不可偏执，如果对方的观点是正确的，要虚心接受；如果对方的观点是错误的，要注意自己的沟通方式。年龄较大、经验丰富的教师不能轻视年轻教师；而年龄较小的教师也不能狂妄，应该主动向有经验的教师讨教，学习他们多年来积累的优秀的教育方式、方法。

二是团结协作，加强职业修养，提倡团队精神。教师自己要有良好的个性素养和较强的情绪控制能力，让许多矛盾的因子在事前就得到有效控制。因此，教师要加强自身学习，努力提高服务能力和管理水平；要充分认识自己，加强优良心理品质的培养，努力提高自身修养；要加强实践反思，不断改进自己的工作方式，注重听取各方意见，争取别人的理解和认同。教师要能够团结他人，形成一个有合力和活力的集体。这既是教师自身素养的反映，更是教师良好协调能力的体现。在育人这个总体目标下，对领导要做到敬上而不唯上，工作中既尊重上级，履行职责，遵守规章制度，但又不唯命是从，不唯唯诺诺，不畏首畏尾；对同事做到圆通而不圆滑，从诚信出发，灵活变通，协调全局；对自己做到稳固而不顽固，工作、生活中增强全局观念，不左右摇摆、忽冷忽热、时严时宽；对自己的缺陷及时调整、修正，将个人的追求融入团队的总体目标中去，发挥最佳整体效益。

案例呈现

案例 35　　　　　　　　我的地盘谁做主

[矛盾回放]隔壁教室传出刺耳的嘈杂声，有哄笑声，有说话声，还有东西敲击桌面的声音。"一定又是语文课。"班主任李老师在办公室皱着眉头，自言自语地说道。自从换了年轻的王老师，语文课的纪律一直都不太好。每当李老师站在教室门口，学生瞬间安静下来，可是李老师离开不到几分钟，教室里就又恢复了原状。有时候，李老师还会从后门悄无声息地走进教室，敲一下说话和睡觉的学生。这次，李老师又站到后门口，一听才知原来王老师在上课之初，先批评了两位没有完成家庭作业的同学，其中一位是经常不完成作业的刘浩。王老师质问他为什么没完成作业时，他说了一大堆没完成作业的理由，逗

得全班同学哈哈大笑。王老师气不打一处来，一时冲动就说了一句："你真是不守规矩！"刘浩马上顶了回去："你才是！"王老师怒火攻心就又说了一句："我不允许你上语文课，你给我出去！"王浩也毫不示弱地说："我不出去，你凭什么让我出去！"看到事态发展越来越严重，李老师再也忍不住了，走进了教室，低声委婉地对王老师说："王老师，要不先上课吧，这两名学生下课再处理，底下还有那么多学生等着呢！"谁知道平时一向好说话的王老师竟红着眼睛说："他们老不完成作业，我不应该及时处理吗？"李老师听了心想：我们班其他学科纪律都不错，就只有你这出问题，尽给我找麻烦。于是口气也冷了起来："可是这样侵害了其他学生的权利！"话音未落，王老师拿起书本冲出了教室："好！他不走我走！有他在，我就不上你们班的课！"

 理性剖析

这是一起班主任与科任老师之间的矛盾，案例中的语文教师严格检查学生的作业无可厚非，只是相对来说经验少，对学生心理状态的把握能力欠佳，现场处理突发事件的经验不足，于是导致了课堂冲突的产生。案例中的班主任对本班语文课的情况颇为关注也是情理之中，所以才会多次出现在教室门口或直接走进语文课堂干预纪律管理。但是在无形之中篡夺了语文老师在语文课堂的主导权，将原本是师生之间的矛盾转化为了教师与教师之间的矛盾。

化解策略

班主任和科任老师之间"统一联盟"的缔结，是整个班集体团结协作、不断发展的重要战略。

班主任和科任老师的和谐相处是班级良性发展的必要条件之一。只有班主任与科任老师关系协调，感情融洽，才能心往一处想，劲往一处使，形成一个团结而强大的教师集体，建设和管理好班级。

在教师团队中，班主任应起到凝聚和协调作用。首先，班主任应该在学生面前宣传科任老师，树立科任老师的威信，比如，介绍科任老师在赛课中的优秀表现、曾经所带班级的优秀成绩、科任老师在大学的优秀表现等。

其次，班主任作为班集体的主要负责人，与学生和家长有着更多的接触，对学生有着更多、更深的了解。因此，为了使科任老师了解学生，班主任要主动地向科任老师介绍本班学生的情况和存在的问题，让科任老师了解不同学生的性格特征和处理方法，注意听取他们对学生的看法和意见，及时向科任老师反映学生的意见和要求等。这样既尊重科任老师，又能激发科任老师关心班级工作的热情。本案例中，语文课纪律出现问题之初，班主任就应该及时和语文老师沟通，研究问题出现的原因，商量策略，而不是站在教室门口或直接进入科任老师的课堂纠错。

最后，在本案例中，如果为了尽快让课堂恢复正常，非进教室不可，班主任也可以换个方式，比如，可以对语文老师说："王老师，这两个学生让我来处理吧，不能让他们干扰你的正常上课。"然后将学生带离，先缓和现场的气氛，再进行后续处理。或者直接批评学生，指责他们不完成作业已是不对了，再耽误全班宝贵的期末复习时间更是错上加错。这样既对其他同学起到了教育作用，可避免类似的事情再次发生，同时也能提醒语文老师抓紧时间完成教学任务。

案例 36　　　　　　　　　变味的教研活动

[矛盾回放]例行的数学教研时间，上课铃响已过了 5 分钟，负责组织教研活动的数学组教研组长还没有到。"开不开教研会啊？"几位数学老师在办公室议论着。"抱歉，我来晚了，今天的英语课上又出了问题，忍不住多说了两句！"教研组长匆匆走进办公室，"这样，我们今天任务也不多，就在办公室教研吧。""好！正好我把两本作业先勾了。"大家纷纷回到自己座位，有拿出作业开始批改的，也有拿出教材开始备课的。"大家还是先把手里的东西放一放，我们本周完成第一章'勾股定理'的教学研讨，大家看有哪些重点和难点？"回应教研组长提议的是一片沉默。教研组长看到这种情况又提议："那我们还是把周练、周末作业安排一下，要不这周，李老师你来完成？""平时练习册那么多题都做不完，没必要又出。"李老师笑眯眯地答道。"就是，要不我们去买一套现成试卷复印，出题好麻烦。""周末，学生本来就不认真，哪有必要那么认真出题？"大家七嘴八舌地附和着。组长无奈地笑笑，计划就此搁浅。

理性剖析

这是教研组长与组内教师之间的矛盾。教研团队要具有凝聚力，严格的教研纪律是必要前提。我们要让教研活动有效，乃至高效，教研组织者就应该有详尽的计划和严格的制度管理。本案例中，首先，教研组长未安排确定的时间和地点，让教师在心理上已经认为教研活动可有可无，只是一种形式。其次，教研组长图省事，随意选择办公室作为教研地点，当然也就无法营造严肃的会议氛围。教研组长作为学科教学及教研工作的引导者和组织者，要有自身的引领示范作用，组长迟到，无有效的会前计划安排，缺乏该有的工作调查及问题研究，自然会造成工作安排无法落实，团队纪律涣散，缺乏团队精神。

化解策略

周密的教研计划，是教研活动成功的前提条件。如果每位参与教研活动的老师都清楚此次活动的时间、地点、主要内容和形式，那么大家必然感受到教研活动的有效性和必要性。

首先，教研组长应提前安排本周教研活动时间、地点、内容，告知每一位参与活动的老师，并要求老师们在教研活动前对收到通知及参加情况做出回复，以免出现临时请假、无故缺席的情况。教研组长如能做到这一点，就不会因有老师随意请假或缺席，而给其他老师造成教研活动可参加可不参加的印象。

其次，提前确定教研活动主题和主要内容，安排多样化的教研形式，例如，主题式备课、个性化备课、单向式说课、沙龙式议课等，提高教研活动的针对性和实效性，提升教研质量和效率，让参与老师确有所获，有兴趣和动力按时参加每次教研活动。

最后，教研活动前一定要明确本次活动的中心发言人，对要安排的工作提前做计划，对存在的问题有预设、有调查。本案例中，大家已发现平时作业量大的问题，教研活动就可以以此为议题，找到解决问题的方案。

案例 37　　　　　　　　未经允许的借鉴

[矛盾回放]小林老师是一位刚大学毕业的年轻老师，在小学担任英语学科的教学，非常热爱自己的教育工作，干劲也特别足。小林老师发现大量听课是提高自己教学水平的有效途径，所以除了听英语课以外，她还经常穿梭于其他学科老师的课堂。最近，小林老师正在准备一节全国性的赛课，在听了一节课题为"怎样画各种各样的鱼"的美术课后，小林老师突然有了自己的想法：美术

老师笔下的那一条条各种形状的鱼，不正可以运用到自己所上的英语课"shapes"（形状）中去吗？在试讲以后，小林老师的英语课"shapes"得到了英语教研员的肯定和赞赏，富有创意的设计是这节课最大的亮点。小林老师心里美滋滋的，准备拿这节课去参加全国的赛课。谁知第二天小林老师得知了这样的事情：美术老师听说了这件事很不乐意，认为自己的创意被"盗取"，事情居然还传到了校长那里，并且美术老师不希望小林老师拿这节课和自己参加同一个比赛。这对年轻的小林老师来说犹如当头一棒，满腹委屈，忍不住潸然泪下……

 理性剖析

　　这是教师与教师之间相互学习和借鉴引发的矛盾。小林老师在听了一节美术课后，借鉴美术老师的创意，将其变成自己课堂上最大的亮点。在小林老师看来，这是学科渗透和学科整合的成功例子。年轻老师在教书初期还没有形成自己的教学风格，最初的课堂往往需要模仿和借鉴。从小林老师的角度来看，是自己的勤奋和聪明使两节毫无关联的美术课和英语课结合得如此巧妙，但自己不仅没有获得鼓励，还遭受这样的对待，不由得感到满腹委屈。然而，对于美术老师而言，从别人嘴里听说这样的一件事情，感觉自己的课堂创意被"盗取"，何况还要和小林老师参加同一个比赛，虽说不是同一个学科，但总还是有所竞争，内心不平衡也是正常的。

化解策略

　　"独乐乐不如众乐乐。"不同学科教师相互学习借鉴，共同准备赛课，小林老师和美术老师将取得双赢的效果。

　　小林老师的学科整合和渗透，借鉴了美术课的创意，使一节"老课新上"获得成功。这是小林老师主动学习和积极思考的结果，但不可否认其课堂创意的来源毕竟是一节美术课。如果小林老师在使用美术课创意前，能和美术老师有一个良好的沟通，将自己借鉴的想法提前告知美术老师，并且征求美术老师的意见，相信就不会有"盗取"一说了。

　　在试讲的时候，小林老师可以邀请美术老师一起来听自己的课，谦虚、认真地听取意见和建议，这样的处理方式一定比案例中所描述的美术老师从其他老师口中听说这件事要好得多。

如果事情已经发展到如案例中的状况，小林老师也可以主动找美术老师谈一次，坦诚地表达自己的想法，将自己的课件和教案给美术老师看，以消除误会，也可以邀请美术老师观摩自己下一次的试讲课。

假设最后还是不能和美术老师达成一致，小林老师可以再大气一点，放弃这次赛课，毕竟这节课最出彩的部分来源于美术老师的创意，既然是一节好课，以后赛课的机会还有很多，又何必因为一节课而伤了同事间的和气呢？

总之，只要智慧地处理问题，多站在对方的角度考虑，就一定可以妥善地解决问题。

案例 38　　　　公开课，学生都去哪了

[矛盾回放]清晨，第一节课的铃声刚刚响过，课表显示，第一节课是数学，班主任兼语文老师严老师在办公室里备课。突然，音乐学科王老师急匆匆地跑进来，眉头紧锁地问道："严老师，我的音乐研究课，听课的老师们都在多功能教室坐满了，怎么学生还没下来呢？"严老师也很诧异，她并不知道有音乐研究课。一看手表，上课已经3分钟了，来不及细问，严老师立刻和王老师赶到本班教室，看到数学老师正在上课。王老师脸色立刻铁青，他不满地说："陈老师，说好这节课我上音乐研究课的，你怎么还在上数学呢，课都开始几分钟了！"事先说好的？这是怎么回事呢？班主任严老师也不解地看着数学老师。陈老师看着王老师，毫不客气地回答："你什么时候找我调了课呢？我什么都不知道，这节课本来就是数学课！"音乐老师一听急了，说："我怎么没跟你说呢？昨天……"

眼看两位老师当着学生的面要争执起来，想到下面还有一群老师等着听课，严老师连忙拉着王老师的手，看着陈老师说："上课要紧，陈老师。有可能是误会，我们下来再协调。因为很多老师在等着听课，可不可以让我把学生先带下去上课，回来再想办法补您一节数学课，行不？"

陈老师见班主任这样说，也暂时作罢不语。王老师这才和班主任一起将学生带到多功能教室上课……

理性剖析

这是两位科任老师在调课安排上处理不当引发的矛盾和争执。究其原因，是缺乏有效沟通。沟通不是单向的，音乐老师认为自己在调课一事上已经与数

学学科陈老师做了沟通，但从陈老师的回答来看，陈老师并未确认收到了这一信息。有效的沟通是要在交流的基础上达成共识的。案例中，王老师认为自己在调课一事上是做了交流的，但是否达成共识，成为这个案例中的焦点问题。另外，在处理和协调教师间的矛盾的时候，需要遵循一个基本原则，那就是"以维护正常教育教学秩序为先"。任何矛盾的处理，都要以不影响正常的教学活动作为前提。

化解策略

教师间的矛盾，多因工作的分工、合作与协调不当引发。解决好此类矛盾对于优化教师间合作、促进教师自我发展和最大化发挥教师的潜能有非常积极的意义。对于案例中的矛盾解决，可遵循以下几个步骤。

首先，撤离矛盾现场，保障教学秩序。

本案例中数学和音乐两位科任老师之间因调课而引起矛盾，矛盾发生在数学课堂上，几十名学生正在现场。对于学科教师之间的关系，学生是敏感而关注的，如果两位教师当着学生的面发生争执，会在学生群体中造成不良影响。所以，案例中的班主任在矛盾双方发生争执的第一时间要求两位老师以大局为重，稍后再澄清事实，是非常有必要的。

同时，事情发生在第一节课上课几分钟后，无论是什么课，已经对学生的正常学习活动造成了不良影响。在参加研究课的老师都在教室等待听课的情况下，班主任迅速组织学生就位上课，把影响降到最小，维护了正常的教学秩序。

其次，双方有效沟通，消除矛盾症结。

在第一时间解决直接矛盾后，班主任还应该及时跟进，尽可能减少矛盾引发的影响，以及协调矛盾双方教师及时、有效沟通，彻底消除矛盾产生的根源。

本案例中，班主任随后全程协助音乐老师组织学生上好本堂研究课，在研究课顺利结束后，又主动协调，把音乐老师和数学老师叫到一起，交流调课一事的来龙去脉。原来，学校音乐教研组把音乐研究课定在了上午第一节，但班上的第一节课是数学，这就涉及调课的问题。昨天下午，音乐学科王老师多次电话联系数学学科陈老师，陈老师都未接电话，王老师随后又到办公室找陈老师，恰巧陈老师不在，他就给陈老师留了一张字条，说明调课一事。他认为有字条，陈老师肯定能看到，就一定清楚调课一事了，今天早读结束，就会请学生下楼上音乐课。没想到的是陈老师昨天下午因为请假没到学校，也就没有看到字条，不知道调课一事。另外，由于王老师没有去教导处备案，学校也没有及时通知陈老师。

事实基本清楚了，王老师作为年轻老师，临时遇到要上研究课，难免着急紧张，涉及调课任务，一直没联系上当事人，仅仅留个字条，也没有找到陈老师确认。陈老师办事严谨，调课要通过教导处备案通知，他没有接到通知，所以按照课表上课无可厚非。年轻的王老师主动表达了自己做事不严谨的歉意，也积极地表示要向陈老师学习，陈老师也表示宽容。

最后，建立沟通机制，促进愉快合作。

本案例中，虽然调课矛盾暂时化解，但是学科教师间因为诸多原因，调课是常常发生的情况。虽然学校有对老师间调课的具体要求，但遇到特殊情况，难免给老师带来困扰。作为班级的主要负责老师——班主任，为学科教师的沟通搭建桥梁很有必要。班主任应未雨绸缪，在平时就与全班的科任老师做好交流，关于调课等需要沟通合作的工作，除了在教导处备案之外，只要他们有困难，有需要，都可以跟班主任说，由班主任来协调，形成班级老师团队的沟通机制，帮助解决科任老师的后顾之忧。这样就避免了紧急情况下的不畅沟通所造成的困扰，能促进教师间的愉快合作。

案例 39　　　　　　都不想上的公开课

［矛盾回放］为了提高教师的教学水平，促进教研组教学研究，学校要求每个教研组必须展示一节公开课。五年级教研组长回到办公室传达了这一指示，和组上老师商量公开课上课人选。没想到，一石激起千层浪，办公室一下子开始骚动起来："烦死了，又是公开课，有什么好公开的！""就是，公开什么，一点用都没有，还不如改改本子！""我都快退休了，上公开课是你们年轻人的事。""我的身体不好，我可不上公开课。"……老师们七嘴八舌，不住地抱怨、推脱。教研组长十分为难："这也不是我想的，这是学校布置的任务，每个教研组必须完成，和绩效挂钩的。""你是组长，你上好了。"球一下子就踢给了教研组长。教研组长委屈地说："我都连续上了三期了，再由我来，学校也不同意呀！这次，学校特别要求要尽量给更多老师机会，不要总是那几个熟面孔在公开课的讲台上跳来跳去。"在大家你一句、我一句的争论中，五年级教研组最终以抓阄的形式才选出承担公开课的人选。

理性剖析

这是教研组内老师将公开课当作负担，因为不想承担公开课，相互推诿而引发的矛盾。这种情况看似好笑，其实在现实中十分普遍。每个学校虽然都设了教研组或备课组，但真正起到作用的并不多。很多教研组虽然一般都能按照计划开展教研活动，但大多流于形式，效果并不好。造成这种情况的原因很多，具体来讲，大致有以下几个方面。

第一，学校缺乏有效的教研管理制度和教研氛围。第二，教研组缺乏自主权。以本案为例，学校教研工作是由学校领导安排，教研组处于被动接受的地位。教研组长只是执行学校安排的教研计划，几乎没有自己的教研主张。久而久之，教研组长作为学校教研工作的组织者和领导者的地位和作用便不断被削弱，在教师中的威信也逐渐丧失，致使学校的教研组形同虚设，教研工作推动困难。第三，教师教研与教学实践经常脱节，很难做到"用研究指导实践"。教师们在"完成任务""轮流示范"模式下的教研活动与其教学实践相去甚远，"通过教研解决教学问题"更是空话一句。由于实际效果的缺失，所以教师参与教研的积极性不高，甚至有些抵制。第四，缺乏必要的专业引领，教研活动低水平重复的现象十分严重。多数教师只是就课论课，难得就某一教学问题展开深层次的探究，因此，教研成效低下。

化解策略

教研组发展水平是学校管理水平的重要体现，也直接影响学校教学质量的高低。要解决教研组建设中的问题，可以从以下几个方面着手。

第一，学校要建立行之有效的教研管理制度，让每一位老师都找准自己的角色；学校要改变对教研组的管理方式，要抓住教研、教改的方向，而不是抓具体细节；要发挥教研组长的引领作用，用制度管理并激励每一位老师参与教研组的建设，以研促教，教研相长。

第二，选好教研组长。教研组长是一个教研组的灵魂，选择一个好的教研组长就能建设好一个教研组，就能带出一批好的教师，就能提高学科教学质量。一个好的教研组长应该是教育观念与学科基础知识的示范，是实干与巧干的表率，是创新与基础教研的先锋，是个人修养与组织协调的中坚。

第三，学校管理者要充分尊重教研组的自主权。尤其在制订教研计划、确定教研主题、推荐优秀教师、教师业务考核等方面要有教研组的积极参与，维护教研组的权威性，让教研组的声音成为学校教学工作的强音。

第四，"同课异构""全员参与"。之所以全年级老师对公开课避之不及，就是因为谁都知道，这个事情落在谁的头上就是谁一个人的事情。只要指定了上公开课的老师，等于解放了全年级的其他老师。所有的教案设计、教具准备、试讲等繁重的工作就让原本忙碌的老师喘不过气来。因此，问题的关键不在于谁来上，而在于课怎么上。因此，"同课异构"能很好地解决这个问题，全年级老师共同钻研一节课，共同写教案，共同进行教案的修订、确立，然后分工试讲、准备教具。一切准备就绪以后，谁来上都不是问题，因为谁都可以上。

案例 40　　　　　　　兼打杂的实习老师

[矛盾回放]张波是学校今年新招进来的教师，小伙子为人忠厚老实，干事儿也特别有精神。由于还在实习期，不是正式员工，因而平日里也有不少老师仗着自己是老教师的身份叫张波做这做那。张波呢，也并不在意，还乐呵呵地去做。看着张波每天劳累的身影，同一个办公室的李老师心里实在过意不去。一天，邱老师又在叫张波："小张，明天我要在班上做个测验，你帮我去把这份试卷复印一下吧！""好的！"正在忙着写课堂教案的张波一口答应道，说着就要去拿试卷……"慢着，张波！"李老师实在看不下去了，叫住了张波。"邱老师，张波虽然还在实习期，但他也是老师，也有自己的事情需要做，你这整天叫他干这干那的不是明摆着欺负他吗？""李老师，你这说的什么话？我不就叫张波帮个忙而已，你怎么说话这么难听？"邱老师一脸不满。"没事，李老师，我闲着呢！不碍事。"张波说着就准备去复印。"张波，算了，我自己去。"邱老师带着不满的脸色对张波说。就这样，接下来的几天，李老师一直没和邱老师说话，办公室此后也再没人随意叫张波干这干那。

理性剖析

"新人多锻炼"，这在好多行业都是不成文的规定，即使是教书育人的学校，也还是会发生这种事情。在面对这种事情时，老师首先应找准自己的位置，不能因为自己是正式编制、别人是临时聘任教师就觉得高人一等。而同事在提醒有这种想法或者做法的老师时也应该注重方法，既要达到劝导的目的，又不能伤了当事人的自尊。处在人民教师这个特殊岗位上，老师们更要随时提醒自己摈弃这种和教师身份相违背的做法。所谓"学为人师，行为世范"，一名教师要有树立"学高""身正"的形象的意识，因为教师这一身份的特点，让我们的行为对社会整体价值观的转变都可能产生影响。

化解策略

严于律己，和谐相处，共同维护教师整体形象。

第一，从教师本身来说，面对新来的教师，我们应该做到尊重，应该将他和现有的同事同等对待，而不应该萌生欺负别人的念头。因为我们每一位教师都是从新教师成长起来的，都有这样的成长经历，有些明明可以自己做的事情，没必要麻烦新同事来做。因为你在不断麻烦新同事的同时，也会给自己带来不好的影响。

第二，从同事的相处角度来说，如果看到同事刁难新来的老师应该私下提醒，避免老同事和实习教师两者的尴尬。现在的同事会认为你自己想摆高姿态，不给他留情面，反而造成相互之间的矛盾；而实习教师就算心里再不愿意，此时也"退也不是进也不是"，不知道该怎么办。

第三，从管理者的角度来说，如果发现这种现象，应该对相关责任人进行批评教育，避免类似事情再次发生。

案例 41　　　　　　　自习课之争

[矛盾回放]五月，高考进入冲刺阶段，学生紧张复习。最后一个多月，学生需要足够的自我支配时间来梳理、消化三年来学习的知识，也需要平衡各学科的时间分配。因此，学校研究决定：任何老师都不得占用自习课来讲课。这样的要求坚持两周后，高三某班的数学学科杨老师终于忍不住了。杨老师责任心极强，凡自习课几乎都用来讲题或发习题给学生完成，已养成了抢占时间的习惯。而该班的英语学科李老师责任心也很强，也有抢占时间的习惯。她们常常同抢一节自习课，起初还能互相谦让，可多次撞车后，不但不谦让，而且争执起来，矛盾爆发了。李老师对杨老师说："我对你有意见，你常占用自习课讲习题，布置作业，学生没时间看英语。"杨老师说："我对你也有看法，这次模拟考试数学成绩下降了，完全是由于学生在你的英语学科花的时间太多了，你们英语背一背就行了，我们数学在高考中占很大分量，不练不行。"李老师一听，火气上来了："数学考不好，怎能怪我？是你教导无方。高考中，你数学重要，难道我英语不重要吗？"此时，杨老师更激动："我教导无方，我哪点比

你差？你肚子里有多少墨水谁都懂，无非是整天压学生背你的英语……"争吵火药味越来越浓，谁也不服谁，直到由校长出面调解才解决。

 理性剖析

这是科任教师为争抢教学时间而引起的矛盾。案例中，李老师与杨老师争抢同一节自习课，由于冲突双方互不相让，言辞激烈，出口伤人，造成了杨老师与李老师关系紧张。他们抢占自习课既违反学校规定，又违背教育规律，剥夺了学生消化知识的时间，不利于学生全面发展。一方面，靠抢时间的方式来提高教学成绩不是最有效的办法，提高课堂效率才能达到事半功倍的效果；另一方面，双方互相攻击，出言伤人，既有损教师形象，又造成同事之间关系不和，影响了工作。

化解策略

既然不能"合二为一"，那就干脆"化整为零"。两位老师的行为本质上来说，是敬业精神的体现，只不过表现的方式不正确，因此引起矛盾。两位老师在处理矛盾的问题上方法也欠佳。处理类似问题，可参照以下解决措施。

首先，学校教学管理者在教学方面要提倡学科之间协调配合，不能有所谓"重点学科"的自我中心主义思想，引导教师将关注重点放到提高课堂教学效率上，不能打时间战、疲劳战。

其次，两位老师之间的矛盾其实正反映了老师高度的责任心和对自己学科的认同感。两位老师争抢自习课如果采用"化整为零"的方法，不仅能解决两者的矛盾，还能让两位老师各归其位，发挥最好的学科优势，这才是学生之福。两位老师都要上自习课，都没错，如果实在协调不开，就将班上的同学"化整为零"，因为在一个班不可能每个学生都同时需要补英语和数学，学校规定了自习课不讲课，那就对需要补习英语和数学的学生进行分类。两位老师都进入教室，对学生分类后进行有针对性的个别辅导，这样的一对一或者一对多的辅导效果可能会更好。

案例 42　　　　　　　　　　**排课引发的矛盾**

[矛盾回放]王老师是一名英语老师，他认为英语课应该尽量安排在早上，因为"一日之计在于晨"。早晨对一个人来说是至关重要的，是人头脑最清醒的时候，也是记东西最快的时候。而英语是一门记忆性较强的科目，不仅仅注重

课后的复习、背诵，更重要的是提高课堂效率。将英语课安排在头脑最清醒的早上，可以让同学们在课堂上较为快速地记住更多的语法和单词，掌握更多的知识。这样不仅能够提高学习效率，也能使英语这门学科不显得那么枯燥无味。

这学期开学看到英语课表时，王老师大吃一惊。他的英语课并未按照惯例安排在早上，而是排在下午。这让王老师很生气，也很不理解。于是，王老师急匆匆地赶往教务室：“李主任，这是怎么回事？为什么英语课全安排在了下午？你让我怎么教？排课时能有点智慧不？”可能是王老师一时心急，也忘了礼貌。李主任见状，顿时不乐意了：“小王，你怎么能这么说话呢？我这么安排固然有自己的想法和苦衷，难道我不知道英语课很注重早晨的时间？但是，我们考试只考英语吗？你英语重要，其他科目就不重要了？要多站在别人的立场上想想问题啊！”“对，站在别人的立场，请问李主任，你站在我的立场上了吗？”还没等李主任回答，王老师就破门而出……

事后，王老师经过冷静思考，觉得自己不应该那么冲动，排课本来就是一件复杂的事情，每个科目的老师都想将自己的科目安排在最好的时间段内，都认为早晨对自己的科目更为重要。李主任的话也不无道理，想问题、办事情要多站在别人的立场上想想，不能以自我为中心。

理性剖析

对于教育教学来说，“晨”是一个特别重要的字眼，长期以来，语文、英语等背诵类科目占据了早晨的“半壁江山”。因此，不少教师认为，早晨就是专属于这些背诵科目的。其实并非这样，每个科目都是十分重要的，每个科目都或多或少需要背诵。所以，“晨”是学习的黄金时间，需要每个科目都能够享受到黄金时间带来的特殊效益，而不仅仅只是一科或者某几科。应该做到均衡发展，全面发展。众多老师的不理解，更加考验排课者的智慧，不仅仅是合理地安排课程，更重要的是合理化解老师之间的矛盾。任课教师则更加需要理性，需要转变固有的思维，体谅排课者。

化解策略

首先，一切以学生为本。排课应本着人性化、资源合理有效应用的原则，要考虑学生的上课效果，以保证学生良性的、可协调的发展。

其次，完善教务管理系统。目前，很多学校虽然已使用教务系统软件进行排课，但由于学校自身资源、教师等因素的限制，只靠计算机排课难以将课表合理编排，所以，还需要使用者结合计算机合理编排课表，即"人机交互排课"。另外，可以进一步开发更强大的教务管理系统，提高排课的效率，使课表的编排更为合理。

再次，健全信息反馈制度。教务处应组织定期或不定期的教学检查或抽查，充分听取教师的意见，并结合某些科目的特殊性，进行合理的排课。对排课不满意的老师要耐心听取他们的意见，并对他们做出解释。同时，教务处需树立"一切为教师和学生服务"的理念，认真听取教师和学生的相关反馈意见，使教师和学生以主人翁的精神积极地参与到学校的管理与建设中来。

最后，准备再充分的排课在实际教学中都会遇到这样那样的问题，因此，在广泛征询教师意见后制定的排课表，推出后给老师们一到两周的"试运行"期，相当于每一位老师都是排课者，遇到问题及时向教务处反映。在交流的过程中也让每一位老师感知排课并非一件容易的事情。在经过两周的试运行后，一般的问题都会暴露出来，再予以调整，这样就可能更科学，更符合教育教学实际。

学校的排课工作不仅涉及教师、教室、器材等资源，还受到是否有利于学生健康成长的影响。所以，要注重在实践中总结经验，注重一切以学生为本，统筹安排各方面的因素，从而积极探讨出一个更为高效、科学、合理的排课模式，建立良好的教学秩序，以促进学生的协调发展。

案例 43　　　　　数学老师惩罚学生，班主任该不该管

[矛盾回放]张老师是八（3）班的班主任，星期二的早上，她和往常一样早早来到学校，在教室例行巡视，直到教数学的李老师进了教室才回到办公室。

张老师刚到办公室坐下，年级组长赵老师进来说："张老师，快去看看你班教室外面壮观的场面！"张老师匆匆来到教室门口，只见十多个学生被赶到了走廊外面，估计是因为没完成作业，又被李老师赶了出来。这些学生有的趴在墙壁上奋笔疾书，赶作业；有的耷拉着脑袋，垂头丧气；也有的嘻嘻哈哈，若无其事。办公室的老师和相邻教室的老师都被惊动了，纷纷走出来查看情况。

年级组长赵老师对张老师说："你们班的学生怎么老不完成数学作业啊？你去管管吧！"

张老师说:"我已经把不完成数学作业和课堂被老师批评等现象都列入了我班的奖扣分制度中了,而且平时开班会也跟学生强调要尊重老师,要主动学习……"张老师觉得心里很不是滋味,越说越生气:"我做班主任已经做得很不错,但不可能连数学的课堂都要去管吧?你为什么不去跟数学老师说说,让他对学生严格一些,另外,没完成作业的学生也不要赶出来……"

结果,年级组长赵老师很生气,去找李老师把学生叫进了教室。后来李老师听说了,觉得张老师说他不会管理学生,也很生气。

张老师也很委屈:我哪里做得不对啊?

🎭 理性剖析

班主任张老师生气的原因有三:一是从"早到""例行巡视"等不难看出张老师是一个负责任、要求严格的老师,因此,班级学生被撵出教室让她觉得自己的努力没有成效;二是学生没完成数学作业,班主任已经从教育(班会)和管理(奖扣分制度)两个方面采取了措施,尽到了责任;三是她认为这件事是数学老师教育不当造成的,数学老师的事不该推到她的头上。

年级组长赵老师的话"你们班的学生怎么老不完成数学作业啊?你去管管吧!"这句话可以从两个不同的角度来理解。一是八年级中,只有八(3)班有不少学生不完成数学作业。如果是这样,说明张老师的班级管理可能存在问题,需要找出原因,予以改正。二是八(3)班的学生不完成数学作业不是第一次了,总是有类似的情况出现,数学老师已经没有办法了,已经开始采用大家都知道不对的撵学生出教室的笨办法了,所以,让班主任帮忙管管。无论从哪个角度讲,张老师都不应该生气,而应理解赵老师对自己班级管理提出的建议。

🧱 化解策略

首先,在交流中化解矛盾。建议张老师主动和赵老师做好沟通,交流自己的想法,取得赵老师的谅解和工作支持。

交流时,第一,认同赵老师找班主任的做法,班主任做工作有班主任的优势,有些问题,班主任出面解决比科任教师解决更事半功倍。班主任先表明态度:"我是这个班级的领头羊,出现这样的问题,我觉得班务工作方面肯定还是存在问题的。"第二,诚恳地请赵老师帮助剖析原因,商量该怎么做。第三,感谢赵老师的帮助,并再次致歉。第四,请赵老师出面解释,缓和与李老师的矛盾。

其次，在解决问题的过程中化解矛盾。建议张老师观察一段时间，看看八(3)班其他学科的课堂纪律和作业完成情况如何，若和数学课堂差不多，肯定是班风有问题，张老师要迅速找李老师道歉，并牵头和各位科任老师分析情况，寻找对策。

如果只是数学课有问题，张老师要让孩子去适应老师，一定要让孩子认识到自己的错误。让他们知道数学老师的目的不是惩罚而是为了学生的利益，让学生学好。

让孩子理解老师，尊重老师，关键还要让他们落实到行动上来。比如，上课前主动帮助老师拿东西，把黑板擦得很亮，讲桌一尘不染，课间遇到老师一定要真诚而热情地打招呼等。慢慢地，学生就会喜欢数学老师和上数学课，李老师也能感觉到张老师的善意和帮助，矛盾自然化解。

案例 44　　　　　　　　越俎代庖

[矛盾回放]学校要举行广播体操比赛，每一位体育老师都在认真地训练，争取能有个好成绩。四(3)班的班主任李老师对比赛的事情特别重视，希望本班能在这次广播体操比赛中取得好名次。于是，每次体育课时，她都去指指点点。一会儿说这个同学的手没有拿起来，一会儿又说那个同学的脚没抬起来，一会儿又说队伍不整齐了，像你们这样，只有在后面赶鸭子了，根本不顾及体育老师王老师的感受，惹得王老师心里很不是滋味。

理性剖析

学校的广播体操比赛是对体育老师的一次考核，他们肯定会很认真、谨慎地对待此事；班主任李老师希望在比赛中取得好名次，也可以理解和肯定，学校的发展离不开这样负责的优秀教师的努力。在学校里，每个人都有不同的分工，遇到特殊情况要懂得相互补台，相互帮忙，具有团结合作的团队精神。但是，每位老师分工不同，也应该各司其职，不能越俎代庖。案例中的李老师明显就有越俎代庖的嫌疑，干涉了王老师体育课的正常教学，引发王老师的不满情绪，影响了同事之间的团结。

化解策略

尊重、理解、支持、协作是团队发挥最大效能的有力保障。

班主任要处理好与科任老师的关系。首先，尊重科任老师的课堂。相互尊重是处理好同事关系的基础。任何一位老师上课都有自己的目标与任务，体育课也不例外。体育老师已经在为此次比赛取得好成绩而努力，班主任应该相信、理解和支持体育老师的教学工作。

其次，"支持"而非"指手画脚"。同事之间的关系应该是合作关系，各自恪尽职守，协作共事。李老师可以深入体育课堂，但不应该对体育课堂指手画脚。这样不但影响学生的课堂注意力，更重要的是容易让王老师觉得班主任不是支持他的工作，而是拆台，从而心生不满。如果是遇到一些小心眼的同事，更会影响班级最终目标的实现。

最后，共同商量，取得好成绩。鉴于两位老师都有一个共同的出发点，那就是在比赛中取得好成绩。两位老师可以一起讨论"怎样才能做到最好"的办法，案例中的班主任应该和体育老师共同商量有效措施，只有意见达成一致，相互配合，才不会在王老师的心中留下隔阂，更要紧的是达到了互利互惠的目的，保障学生课堂训练效果。

"只有老师之间融洽、和谐相处，朝着同一个目标，才有利于学校的发展。"请老师们谨记这一点。

案例 45　　　　　　　科任老师和班主任的"PK"

[矛盾回放]年轻的小林是三（2）班的班主任和语文老师，任教该班数学的古老师有十多年教龄，同时也是该班的副班主任。小林老师因为年轻缺乏教学经验，因而事事都听古老师的安排。但是日子一久，古老师的强势作风让林老师难免心生不快。一天语文课上，林老师请语文科代表抱作业本，科代表却迟迟没有行动，其他同学告诉林老师，科代表被古老师换掉了。林老师心里很不舒服，生气地对换掉的科代表说："科代表还是你，我才是语文老师，并且是你们的班主任。"全班顿时鸦雀无声。

理性剖析

有十多年教龄的古老师比起年轻的林老师经验更丰富，再加之作风比较强势，所以，在很多事情的处理上难免喜欢掌握决定权。而林老师虽然年轻却是班主任，也有自己的想法和干劲，并且副班主任的任务更多地应该是协助班主任工作，古老师的"反客为主"让林老师心里不舒服也是情理之中的。当得知自己的科代表被古老师随意换掉以后，心里生气也是可以理解的，但林老师没有控制好自己的情绪，在全班同学面前否定古老师的决定，并且强调自己才是班主任的行为肯定是不妥当的，聪明的学生还会看出端倪，在私下议论，如果此事再被古老师知道了，一定会扩大矛盾，造成更加不良的影响。

化解策略

给对方多一些理解和信任才能达到共赢的效果。

首先，林老师要有年轻教师虚心、谦和的心态。年轻人多做事，吃点亏，碰钉子是正常的，有好心态才能更好地控制和调整自己的情绪，才不会在课堂上当着学生的面显露对其他老师的不满，引起学生的无所适从。

其次，在平时的工作中多一些自主性和主动性。可以多采取古老师的建议，但不能事事完全听从。以自己的能力和果敢向古老师证明，也让古老师认识和了解自己。

最后，事情发生以后，应该在课后找个机会和古老师心平气和地谈一谈。一方面，需要真诚地感谢古老师对自己的帮助和对班级的付出；另一方面，要诚恳地告诉她自己内心的真实想法和感受，委婉地告知对方你也希望拥有一些自主权的想法。也可以就事论事地告诉古老师，待被换掉的科代表改正以后，自己会重新宣布恢复科代表的决定。相信林老师动之以情、晓之以理的沟通，一定会让聪明的古老师心领神会。

案例 46 　　　　　　　　　　早自习

[矛盾回放]某校早上的时间安排是8:00开始住校生自主学习；8:20全班同学分学科安排早自习，由相应的学科教师进行辅导。李老师是七(3)班的班主任兼数学老师，在教学中，他发现学生的计算方法和运算习惯掌握得不是很好，于是每天早早来到学校，一是想看看学生的表现，规范学生的自主学习习惯；二是想利用早自习之前的时间好好巩固一下学生的计算知识。坚持一段时间后，学生的自主学习习惯确实好了起来，数学的计算能力也明显提高。

周二这天安排的是语文早自习，李老师一如既往提前来到班上，让学生在早自习前练习几道计算题。正在这时，教室门被推开了，教语文的王老师也提前来进行早自习辅导了。王老师看到学生在做数学题，脸色一下子沉了下来：

"李老师，以后语文早自习前你不要让学生做数学，不要扰乱学生的思维！"说完，王老师转身离去。李老师在学生面前尴尬不已，只好苦笑着让学生收起数学练习，阅读语文课本。因为此事，李、王两位老师都在心里不愉快了很久……

理性剖析

在这个案例中，两位老师责任心强、爱岗敬业，出发点都是为了提升学生的学习质量。产生矛盾的主要原因是班主任和科任老师之间对于学生自主学习时间的处理没有事前做好沟通，没有达成共识。这种因工作而产生的矛盾，只要处理得好，完全是可以避免和解决的。

化解策略

同事之间相处，沟通很重要。首先，班主任应主动与科任老师沟通，征求大家的意见后统一规划，合理安排习时间。

其次，教师之间要加强合作，若要占用其他老师的自习课时间，应事先与对方沟通，征得对方的同意后再实施自己的教学计划。本案例中，李老师应先告诉王老师关于学生数学学习的近况，得到王老师的理解；告诉王老师自己的解决办法（利用早自习前的时间训练学生的计算能力），得到王老师的同意后再实施自己的措施，这样就会避免矛盾了。

最后，教师之间相处应该互相尊重。当看到李老师利用学生阅读前的时间做数学时，王老师应该把李老师叫到一边，避开学生，再向李老师提出自己的意见，而不是当着学生的面态度生硬地表达不满，致使矛盾进一步激化。

案例 47　　　　　　　　都想参加的赛课

［矛盾回放］一年一度的数学赛课又在如火如荼地进行中，面对这样高质量的比赛，很多老师都摩拳擦掌，精心准备着自己的课例，希望能在此次比赛中有所收获。按照往年的惯例，参赛学校只能选出一名优秀的老师代表学校赛课。究竟选哪一位老师呢？学校领导决定在老师中开个会共同来商议。小李老师是学校中的年轻老师，虽然教龄不长，可是在教学上很有自己的想法和特色，是学校重点培养的苗子。赵老师是一位有近十年教龄的老师，平时工作就就业业，现在正面临教师职称的评审，也非常希望获得此次赛课的机会。因此，在整个会议上，究竟让哪位老师参赛，成了大家讨论的重点。小李老师首

先表明观点：自己非常希望能获得这次锻炼和成长的机会。赵老师也不甘示弱地表态：自己现在处在评职称的关键时期，这样有含金量的赛课对自己评职称很重要，也必须全力争取。两位老师的坚持使会议的氛围逐渐尴尬起来……

理性剖析

面对这种高质量的赛课，两位老师都有如此强烈的参与积极性是非常值得肯定的。看似是两位老师之间产生了矛盾，实质是大家共同争取进步的良性竞争，因而在处理类似问题时就一定要注意方式、方法。既要保护老师的工作热情，又要选出一位实至名归的参赛者。综合考虑两位老师的情况：小李老师年轻有干劲，希望把握住这次锻炼和提升的机会，在教学道路上更进一步；赵老师更有赛课的经验，并且面临评职称的关键时期，这样的机会也非常难得。如果问题处理不得当，不仅会影响到此次赛课的质量，而且会打击老师们工作的积极性，也让两位老师之间产生不愉快，因而处理这类矛盾就更加讲究方式、方法。

化解策略

公平、公正、公开的方式、方法是解决老师之间因为竞争而产生矛盾的关键。

首先，面对这样的矛盾时，两位老师需要有一个正确的心态，此次赛课的意义重大，大家不应该把个人的得失放在首位，而应该具备全局概念，毕竟是代表学校参赛，就应该是代表学校的最高水准，排除其他客观的因素，就老师个人素质的高低和能力的大小作为选择的首要标准。每位老师都有自己的特点，有的属于科研型，有的则属于授课型，所以更需要综合、全面地考虑。

其次，处理矛盾必须公平、公正。两位老师可以就此次比赛做一个公平的竞争，先进行一次校内的评比，例如，"同课异构"，让其他老师作为评委。如果时间有限，也可以以说课的形式来呈现，大家客观地评价哪位老师的准备更充分，构课更精彩，这样的处理结果会让每位老师都心服口服的。

再次，选上的老师应该表现得更为主动和低调，谦虚地向另一位老师表达自己的感谢，并且肯定对方的能力和课堂的亮点，好好珍惜这次难得的机会，努力准备，全力以赴。

最后，没有选上的老师当然也应该表现出应有的风度和豁达，真心诚意地向对方表达祝贺。毕竟，这样公平的选择方式是让每一个人都易于接受的。相信这样的大气也会在将来为自己赢得更多的机会。

案例 48　　　　　　　　　师徒结对

[矛盾回放]年轻的小王老师因工作关系调到了新的单位，经单位领导安排，与教学经验丰富的张老师"师徒结对"，并签订了目标责任书，由张老师指导、帮助王老师成长。一开始，师徒关系很和谐，张老师为小王老师的发展制订了一系列的计划。经过一段时间，小王老师适应了新环境，工作逐渐开展得有声有色。而且随着时间推移，小王老师成长迅速，在本学科领域有了一定的名声，渐渐有压过张老师之势。也因为工作中的一些分歧，这对师徒之间不知什么时候产生了隔阂。张老师开始疏远并限制小王老师的发展，小王老师受到屡次压制，也对自己的工作感到困惑和茫然，二人关系日益紧张。

理性剖析

案例中的这种情况，在很多学校、部门之中都时有发生。教师间的关系微妙而复杂，俗话说：同行是冤家。师徒常常是任教同一学科的教师，他们位于同一个教研组甚至同一个办公室，由于在一起共同做事，例如，共同批改试卷和作业、共同备课和听课等，低头不见抬头见，相互间交往多，接触频繁，再加上其阅历、观念、能力、地位和待遇等方面有差异，因而很容易发生摩擦和冲突。很多老师在遇到这种情况的时候常感苦恼，并由于一时冲动造成相互之间的关系无可修复，导致工作不好开展，带来很多负面影响，其实这对双方都不是好事。

化解策略

首先，学校领导要切实转变观念。学校的"师徒结对"不同于民间手艺场中的师徒关系。师徒之间其实各有所长，相互结对也是一个相互学习的过程。所以，学校要制定新型的教师合作制度，充分调动二者的积极性，真正达到"以老带新，以新促老"的目的；要建立新型的评价制度，使教师树立一种"一荣俱荣，一损俱损"的新型合作关系，淡化竞争，强化合作。

其次，师傅应主动帮助徒弟。一是在工作上热情指导徒弟。多表扬，多鼓励，少批评，批评时应注意场合和分寸（例如，尽量单独谈话，语气温和），以增强徒弟工作的自信心。不在暗地里说徒弟的坏话，伤害其自尊心，在别人面前多为其说些好话，增加别人对徒弟的好感。自己在工作上取得什么成就和荣誉，勿自高自大，应保持谦虚，并向徒弟毫无保留地介绍自己成功的秘诀和经验。二是在生活上帮助徒弟。在吃、穿、住、行上指导徒弟养成一种健康的生活方式，经常和徒弟一起聊天、交流，沟通情感，增加彼此之间的信任。

最后，徒弟必须完善自我。徒弟常常头脑灵活，办事效率高，所以应多分担工作量，在力所能及的范围内多替师傅做其他事情，例如，复印试卷、收集材料等，须知这是赢得师傅好感的最快、最易做的办法。要认真对待批评，虚心听取师傅对自己工作上特别是课堂教学的批评，这些批评能帮助自己改正缺点，促人上进。

总之，师徒之间由于是同一个学科，在工作上的竞争与合作不可避免，但总的来说是合作大于竞争，只有双方和睦相处和取长补短，才能共同提高教育教学水平。

案例 49　　　　　　　　"名师"的炼成

[矛盾回放]金秋九月，丹桂飘香，硕果累累，对教师来说，九月更具有特殊的意义，因为他们将迎来自己的节日——教师节。

李老师心里美滋滋的，按以往的惯例，区教育局在教师节会评选、表彰一批区级"名师"。不管从职业道德还是业务成绩来看，李老师今年获此荣誉都是八九不离十了。在过去的一年里，李老师早出晚归，兢兢业业，爱学生就像爱自己的孩子一样，家长们都因为有这样一位班主任而感到幸运。李老师的教学成绩在学校绝对没说的，同时李老师还承担了学校的市级科研课题，经过持续几年的研究，李老师和她带领的团队研究的课题总算快结题了。结题前为了查询资料、写论文，有时忙到凌晨才躺下，可她从未因此而耽误上班，清晨依然最早到校迎接学生的到来。看着学生们的笑脸，听着他们琅琅的读书声，她的疲惫消失了。目前答辩已经结束，所有的研究成果已经上报，论文也在某国家级刊物发表，就等着结题那天为学校捧回一等奖的奖杯了。看着自己耕耘后的收获，李老师感叹过去的几年虽然过得辛苦，可是很充实。

这天快下班时，办公室小张通知说校长找她谈话，李老师一阵欣喜，走进校长办公室前默默地告诫自己要"低调、冷静、宠辱不惊"。德高望重的校长对李老师做出的成绩高度赞扬，说得李老师很不好意思。就在这时，校长话锋一转："可今年区级'名师'名额只有一个，学校领导班子研究来研究去……"校长吞吞吐吐的，李老师忽地一下什么都明白了……"方老师每年都带着奥数班，每年都为学校赢得金牌、银牌无数，每年集训期间几乎没有周末。同时手把手地把他的教学经验教给年轻人，任劳任怨，从没有给学校提过任何要求，这次学校再不考虑他实在说不过去了，就只有请你谅解了，我们也……"校长的话仿佛还在耳边回响，李老师不知怎么走出校门回家的，她盼这一天已经盼了很久，却得来这样的消息。

李老师回到家里，在自己家的小花园里给花儿们松土、浇水、施肥，将枯叶慢慢地扫去。这一晚，李老师睡得很不踏实，校长的话时时回荡在耳边。拖着疲惫的身子，李老师还是伴随着清晨的第一缕阳光走进校门，透过教室的窗户，她看到方老师已经在检查学生的学案了。单薄、瘦弱的方老师正弓着腰给学生一遍又一遍地讲题，丝丝白发随着晨风散乱地耷拉在他的头上。一丝感动和不安涌上李老师的心头。是啊！方老师和自己一样在这三尺讲台上就就业业、年年如是地奉献了无数个春秋，辛苦和劳累让皱纹过早地刻上了额头，青丝变成了白发。李老师内心忽然间变得平静了，这时方老师也看见了她，看得出来，方老师非常不安，他尴尬地叫了声："李老师……"李老师上前紧握着方老师的手感动地说："老方，你真早，我们好好配合，让这届毕业班成绩再创新高。同时祝贺你获得了'名师'称号，这是对你多年辛苦付出的回报。"李老师和方老师的眼睛都湿润了，这是同事间相互理解后的感动。

期末，李老师负责的科研课题结题了，使区教育科研上了一个新的台阶，为学校争得了荣誉，区教育局破格表彰了李老师，李老师也因此获得了"名师"称号。经历了这件事，李老师变得更成熟了；也因为这件事，李老师获得了同事们的信任和尊重。

理性剖析

李老师和方老师都是优秀教师，在自己工作中尽心尽职尽力，按理说，他们评上"名师"都是应该的。可学校只有一个名额，评给谁都容易让老师产生情绪。李老师在工作中付出了汗水，做出了成绩，但是没有得到应有的评价，内心应该是苦闷的。李老师能冷静克制自己的情绪，设身处地，胸怀宽广，从同事角度考虑问题，赢得别人的尊重。如果李老师当时没能控制好自己的情绪，不仅会让同事尴尬，让自己心里难受，还会让自己在同事中处于被动的局面。

化解策略

以冷静、豁达、谦让的态度处理与同事之间的获奖名额之争，赢得尊重，也最终获得应有的荣誉。在本案例中，李老师的处理方式值得我们借鉴。

首先，给自己独处的时间，平静自己的情绪。

事情发生后，虽然李老师内心极不情愿，可她没有爆发出来，也没有将这种不满情绪四处宣泄，而是回到家一个人静静地思考，不把这种负面的情绪带给他人。回家后，她把这种情绪转移到花草上，寄情于花草之中，暂时转移了个人的注意力，也让自己能冷静地思考问题。尽可能地把特殊事件看成平常事，让自己以平常心来对待此事。经过一晚的休整，李老师变得更冷静了，时间是医治一切伤口的良药，她处理起这件事也就更稳重了。

其次，修炼个性，让事业取得成功。

卡耐基曾提出过一个公式：一个人事业的成功＝15％的知识和专门技术＋85％的人际关系和为人处事的技巧。将心比心，胸怀宽广，以德服人，李老师的豁达其实就是给自己开辟了一条阳关大道。你待人谦和，与人为善，别人就会从内心接纳你，你的人格魅力就会对他人产生强烈的吸引力。李老师在整个事件中，能将心比心，看到同事的长处，体会到同事的辛苦，以礼相待，表现出李老师品德高尚的一面。如果李老师据理力争，决不罢休，即使她再有理，她的话都可能伤害方老师，使其尴尬，下不了台，甚至恼羞成怒，弄得大家都很不愉快，给工作造成重重障碍。这里给老师们推荐个性修炼的六个"ABB"。一是羞怯怯：谦虚、谦让，好合作就有好团队；二是疯癫癫：执着、职业，好机会带来好命运；三是笑眯眯：亲和、乐观，好心情做出好事情；四是傻乎乎：憨厚、宽容，好人缘就是好资源；五是雄赳赳：精神、自信，好心态产生好状态；六是情深深：热情、真情，好关系就有好效应。

案例 50　　　　　　　老教师与新教师

[矛盾回放]廖老师最近在办公室心情特别不好，忍不住找对门的老同事倾诉："你说现在这些年轻人怎么回事？办公室清洁都要等我这个老大姐来做。

哪像以前我们刚上班，每天一大早赶到办公室烧水、打扫卫生，生怕有闪失。"刚说完，廖老师看见小李进来："小李呀，你办公桌都堆成山了，廖大姐可要教教你……"没等廖老师说完，小李应声说："没事的，我习惯了。"说完头也不回地走了。"哎！"方老师接过话，"廖老师，你别生这些闲气，现在这些孩子可不比我们以前，这些独生子女在家就娇惯了，你为他好，想教他，人家还不领情呢。""这可了得，作为一名人民教师，怎么去教育好我们的孩子？"廖老师说，"我去找校长好好说说他们。"

 理性剖析

这是一起老教师和新教师之间的矛盾冲突。老教师看不惯新教师的一些不良习惯，尝试着教育新教师，却没有得到足够的尊重，碰了个"软钉子"。现在的新教师多数为独生子女，有的教师自我意识太强，不会换位思考，这导致新老教师之间的同事相处更像是教师与学生的相处，这种角色定位的错误导致矛盾不能得到圆满解决。

化解策略

首先，新老教师的定位是同事而非师生。廖老师之所以刚开始每次都肩负打扫办公室的任务，是在无形中把办公室新来的老师当成了自己的学生来疼爱。廖老师的这份疼爱没有得到回报时，就拿出老教师对学生的姿态对青年教师进行说教，从而遭到了青年老师的抵触。青年教师认为她倚老卖老，凭什么要听她的，完全感受不到廖老师对他们的关爱。

一个办公室的老师是一个集体，廖老师可以采用一些办法让小李老师感受到自己作为集体一员的责任和义务。比如，廖老师可以这样说："小李呀，我们办公室这次要争取拿"清洁标兵"，我们大家要一起努力，缺一不可。"以此激发小李老师的集体荣誉感，主动承担起办公室清洁的工作。

其次，同事的问题尽量内部解决，不要随意上升到校级层面。当廖老师感到没办法改变小李老师这样的年轻老师时，没有内部化解，而上升到校级领导层面，这是很不可取的。这次廖老师虽然没有将小李老师的工作做通，但随着大家的进一步相处，会有一些解决矛盾的契机。一旦上升到校级层面，矛盾激化了，要想再和同事和平地相处就变得很难了。

第四章　教师与家长

概述

教师与家长，因为"学生"这一角色的存在而产生"短期教育联盟"关系。这种关系伴随学生的入学而形成，随着学生的毕业而逐渐淡化，期间双方会因"教育学生，促进学生成长"这一共同目标而达成共识，也会因为两者角色的不同而产生矛盾。

"关系"一词在汉语中解释为：人或事物之间相互作用、相互影响的状态。教师与家长之间"短期教育联盟"的关系必然也存在相互作用、相互影响的状态。当两者平衡时，教师与家长之间的共性因子与个性因子相互产生积极的作用和影响，让两者的关系更加和谐，达到良好的教育效果；当教师与家长之间的关系因某一方的作用或影响大于另外一方，导致平衡打破，共性因子和个性因子产生冲突，从而产生矛盾，影响教育效果。

教师与家长之间的矛盾是两者关系中不容忽视的一部分，一旦矛盾激化，且没有得到及时沟通与解决，受影响最大的就是学生，学生个体乃至整个班级的发展都将受到这种矛盾的影响。教师与家长之间由于存在特定关系而导致矛盾不可避免，究其矛盾产生的本质缘由，主要有以下三个方面。

一、教师的个性因子的作用和影响大于两者间的共性因子的作用和影响

首先，教师与家长两者对待学生拥有共同情感——都希望学生学有所成、

健康成长。但因为所站角度不同，以及感性认识和理性认识的差异而对学生的
认知有所不同。家长对孩子侧重于个体的骨肉亲情和护犊之爱，往往感性重于
理性；教师则侧重于班级团体的培养，根据职业道德、职业要求以及班纪校规
而"公事公办"，理性大于感性。流传在教育中的一个段子：一个学生拿着书睡
熟了，家长看见后，就赞叹："我的孩子太乖了，睡熟了都拿着书！"而教师看
见了就会叫醒孩子批评："你怎么回事？大家都在读书，你拿起书就睡！"教师
的理智和家长的情感对同一个孩子的同一行为产生了不同的看法。这时，假如
教师不理解、不尊重家长对孩子的感情，轻率地责怪家长过于溺爱孩子，一味
让家长接受其理智之情，教师与家长之间的矛盾就产生了。

其次，教师与家长对学生的了解不一样，对其评价的侧重点也不一样。教
师主要看学生在校的表现，更多注重课堂行为和全面发展。家长则主要熟知孩
子在家的表现，更多关注孩子的身体健康和考试成绩。学生在校与在家的表现
有时存在不连续的现象，有时甚至是鲜明的反差。这种情况下，如果教师与家
长都只从自己的角度评价学生，当评价的结果又被学生消极传播时，双方就可
能产生心理冲突。

二、家长的个性因子的作用和影响大于两者间共性因子的作用和影响

在学校教育中，经常发生的问题是家长不了解教师工作的状况，不知道影
响教育因素的复杂性，特别是不了解许多因素是教师难以控制的。因此，每当
学生的成绩不能使他们满意，或学生表现不好或受到委屈时，家长自然将矛头
指向老师，逐渐形成了社会对教育界、教师群体的曲解和挑剔之风。此风导致
家长个性因子的不断膨胀，激发教师个性因子的反抗，双方相互责备，缺乏教
育配合，从而产生矛盾。

**三、家长的个性因子和教师的个性因子相互冲突和碰撞，无法达到一
致而产生矛盾**

首先，教师与学生家长各有不同的工作，而且都繁忙、紧张，双方客观上
由于工作时间重叠、空间距离阻隔、沟通渠道不畅等原因，以及主观上也可能
由于各自身体状况、性格差异等原因而产生沟通交流障碍。这些障碍也往往成
为矛盾产生的根源。

其次，在学生产生问题时，教师与家长常常充当"消防员"角色。在很多情
况下，只有当孩子出了问题，犯了错误，教师或家长才会主动与对方取得联

系，希望对方帮助"灭火"。这种"救火式"的联系方式由于缺乏人与人之间应有的感情色彩而使双方产生对对方的不满情绪。

再次，缺乏对对方角色的深入了解而引起矛盾。由于学生的转述失误，引起教师和学生家长对对方印象的失真，形成双方在直接交往前的首因效应，因而产生一定的心理距离。例如，由于孩子的诉苦，家长误以为教师对自己孩子不喜爱，不负责；或由于学生表现出任性、散漫、满不在乎，使教师认为家长对孩子过于娇生惯养，没有家教，从而形成了心理上先入为主的感知。

最后，情感障碍会引发矛盾。有时教师与学生家长由于学生进步不够明显，或者后进生出现反复，或犯了错误，双方情绪不冷静，甚至互相指责，伤了彼此的感情，教师与家长的矛盾由此产生。

怎样化解教师与家长之间矛盾？我们采集了教师与家长矛盾的 17 个典型案例，辅以理性剖析和化解策略探究，希望能对大家处理类似矛盾有所裨益。

当教师与家长之间因为彼此教育观念不同而产生矛盾时，除了常见的沟通、交流、信任外，还可以采用"求同存异、尊重差异、多元包容"的策略；当教师与家长之间因为解决学生问题而产生矛盾时，教师除了换位思考，在理性中融入爱的情愫，用关爱学生化解矛盾外，还可以采用"批评和自我批评""农村包围城市"的方法，找到和家长相同的话语，从而化解矛盾；当教师与家长之间矛盾不断升级，除了让问题"冷"下来，教师更要"急家长之所急"，深入了解学生个性，把握时机，群策群力，予以化解；当遇到个别破坏秩序的强势家长，除了要坚守底线、不畏强权外，还可以依法执教，以柔克刚，智慧处理。在教学过程中，教师和家长的矛盾不可避免，教师只要运用正确的策略，就能化干戈为玉帛，与家长携手并进，取得事半功倍的教育效果。

案例呈现

案例 51　　　　　　　　　　家长会

[矛盾回放]星期四下午，学校将召开家长会，班主任李老师按惯例将会议通知提前发给学生。几个学生拿到通知后小声嘀咕着："唉！又是家长会，世界末日就要来临了。""老师肯定会在家长会上告我的状，等待我的不知是男子单打，女子单打，还是男女混合双打。""每次家长会后，我妈都会对我大发脾

气。我妈也不愿意参加家长会。"……于是家长会前一天，几个学生哭丧着脸对李老师说："我妈今天不能来参加家长会了，她没请到假，要上班。""我爸出差啦。"……李老师听了，生气地说："你们学习本来就不好，家长还不来参加家长会，真是不负责任！是你们的学习重要，还是赚钱重要啊？你们的家长明天必须到学校来！"可第二天，还是有两个学生的家长没有到校，李老师和家长联系，得知学生回家根本没提及家长会的事，又将这两个学生批评了一顿。

理性剖析

这是教师和家长对于家长会的作用认识存在偏差引起的矛盾。家长会是家校沟通的重要途径之一，家长和老师可以全方位了解学生的思想动态和校内外的表现，及时发现学生学习生活的进步与不足，有助于家校携手，帮助学生健康成长。有的教师恨铁不成钢，把家长会开成了告状会，过多地分析学生学习的问题和不足，忽略了对学生进步的充分肯定。家长会结束，成绩好的学生家长喜笑颜开；成绩差的学生家长垂头丧气，回家后就将负面的情绪转嫁到学生身上，导致学生害怕家长会、埋怨老师，产生强烈的逆反心理。家长百忙之中参加家长会，每次得知的都是孩子的问题和不足，渐渐地会丧失对孩子的信心，这违背了家长会的宗旨，没有真正发挥家长会应有的作用。

化解策略

家长会是教师与家长双方交换意见、综合了解学生、促进学生成长的联谊会。

首先，家长会要带给家长希望，多提学生的潜能和可以发展的地方，要多肯定学生的进步和成长。林肯说过："人人都爱被表扬。"每一位父母都认为自己的孩子是优秀的。即使孩子的成绩不理想、表现不太好，家长也希望自己的孩子受到老师的关注和肯定。家长会上，可以展示班级风采，让家长立体地感受孩子在学校的生活，通报学生的进步，不当众点名批评孩子，从孩子成长的各方面分析教育管理的得失。孩子被肯定，既表明老师对孩子的喜爱，又是老师对家庭教育的尊重，家长也会因此尊重、信任老师，乐意接受老师的教育建议，当然，家长、孩子就不会反感家长会。

其次，教师应有主题、有目的地精心准备家长会，在有限的时间内让家长享受一次"教育的盛宴"。每次家长会都要有鲜明的主题、充实的内容，不仅介绍学生的学习情况，展示班级风采，也可以介绍学校的教育理念和自己的教育策略，还可以与家长交流教育心得，帮助家长提高教育能力。这样，在家长会中家长不仅收获了孩子成长的快乐，也增加了教育技巧，还强化了对学校、老师的信任和信心。

最后，让家长感受到尊重。不能无端指责家长，更不能把负面情绪发泄在孩子身上。如果个别家长确实不能参加家长会，教师也要理解，进行正面引导。例如，某老师第一次开家长会时，当着家长的面对孩子们说："你们的家长为了参加你们的家长会，放下手中的工作，有些家长要为此请假，有些要关闭店铺，而这些是不可以用金钱来衡量。所以，今天的第一件事情是请你们面对你们的家长深深地鞠一躬，同时大声对他们说'感谢爸爸（妈妈）'。"这样的做法让家长非常感动，想必下次再有家长会，家长定能积极准时参加。

案例 52　　　　　　　　**新班主任的苦恼**

[矛盾回放]秋季开学，五年级某班除了美术、计算机老师，其余五科老师全部换完，班主任也调离了，家长们十分不满。该班原来的班主任推行个性化教育，孩子们个性鲜明，十分活跃。同时，家长对孩子的期望很高，对老师的要求也很高。所以，新班主任面临一个十分严峻的局面。

开学不久，家长们不断到学校，直接找到领导，反映情况，表达不满：新教室太吵、不安全，要求调换教室；外教上课纪律差，要求停上英语课；对科学课老师的教育方式不认同，要求换科学老师；对新换的班主任也有异议……很多信息都是孩子向家长传达的。一时之间，家长和老师、学校之间的矛盾非常突出，新班主任也十分苦恼。

理性剖析

这是中途上任的班主任与学生家长之间的矛盾。每个家长都希望自己的孩子获得最好的教育资源，最不愿意更换已认可的教师，尤其是班主任。新班主任和孩子之间的情感连接还不到位，孩子有事不向班主任反映，而是与家长说，带有主观性。家长与新换的老师没有情感基础，缺乏彼此的信任与依赖，没有考证孩子话语的真实性，于是事事找学校领导。主要原因在于新班主任与家长的交流、沟通不到位。

🔶 化解策略

中途接任班主任，与家长良好沟通、取得家长信任是顺利开展工作的有效助力。

首先，班主任要让家长了解到自己的班级管理理念和班级管理策略，通过各种渠道让家长了解学生在校的学习、生活情况，向家长传递学生持续进步的信息，赢得家长的理解和支持。

其次，班主任要公正、公平地对待每一个学生，全身心地热爱班级每一位成员，精心设计丰富多彩的班级活动，引导学生在活动中感受班主任的关爱与欣赏，逐步增进教师与学生之间的情感。同时，把学生取得的成绩和家长分享，用爱心和真诚感化家长，得到家长们的认可和信任，有利于班主任工作的开展。

最后，班主任要善于与家长沟通。尊重家长的意见，不断调整和完善班级管理，或协助学校做好解释工作。对不同类型的家长采取不同的沟通技巧。对于知识型家长，一般要如实向家长反映情况，主动请他们先提出教育措施和处理意见；对于溺爱型家长，班主任要在肯定中提出要求，在要求中透着婉转；对于脾气暴躁型家长，要以柔克刚，晓之以理，动之以情；对于放任不管型家长，多报一点喜，少报一点忧，决不夸大问题，使家长认识到孩子的发展前途，提高家长对孩子的期望，主动参与到孩子的教育活动中来。如果与家长沟通无效，首先要冷静分析沟通失败的原因，然后采用以诚相待、日久见人心和迂回的策略。

总之，只有得到家长的理解和支持，教育工作才能顺利展开。家校携手，有助于学生更好地成长。

案例 53　　　　　　　　　别让冲动激化矛盾

[矛盾回放]数学课上，唐老师正在评讲练习，孩子们听得很专心，并且按照唐老师的要求用红笔在每道题旁做标注和笔记。但是最后一排的小冬却埋着头在抽屉里玩着什么。唐老师很生气地走到小冬旁边，发现他正在抽屉里玩一把直尺和一些小碎片，而练习册上一道题也没有改。唐老师顿时火冒三丈，一把夺过小冬手中的直尺，折成了两段，重重地摔在地上。小冬呆呆地坐着，流

着泪。唐老师认为这是对小冬违反纪律的小小惩罚。第二天，小冬的父母气急败坏地找到唐老师，质问唐老师昨天为什么"简单粗暴"地对待自己孩子，导致孩子晚上做噩梦，家长认为是唐老师粗暴的教育方式让小冬心灵受到了伤害，要求唐老师立即向小冬道歉。面对气势汹汹的父母，年轻的唐老师一时不知道该如何处理。

 理性剖析

这是家长和教师站在不同立场对待学生违纪行为引发的矛盾。学生违反课堂纪律是很常见的，小学生课堂上不专注，做与课堂无关的事更是常见的现象，教师发现后及时处理也是应该的。教师的处理既要有效地制止违纪行为，又要警示其他学生，同时还要掌握好"度"，注意方法和技巧，冷静、理智，不伤害学生的心灵。案例中的唐老师发现违反课堂纪律的小冬，当众夺过小冬手中的直尺，折断并摔在地上，小冬被老师的怒火吓倒，事后出现了受惊吓的表现，也导致家长的强烈不满，认为唐老师"简单粗暴"，要求老师立即道歉。维持正常的课堂教学秩序是教师的职责，唐老师因为生气，教育行为可能有些欠妥，如果课后唐老师及时与小冬谈心，帮助他正确地认识自己的行为，既能安抚孩子的情绪，也能消除家长对老师教育方式的不理解，可见处理课堂违纪现象也需要技巧和智慧。

化解策略

教师要善于智慧地处理学生的课堂违纪现象，更要冷静地化解家长的激动情绪。

首先，教师要加强自身课堂组织能力和技巧的训练，面对不同的违纪行为及时采取不同的教育措施，既要有效地制止违纪行为，又要警示其他学生，保证正常的课堂教学秩序。案例中的唐老师在课堂上发现违纪的小冬，应该先明确地提醒他，如果小冬还是不改正，可以暂时拿走他的直尺，给予批评并提出明确的要求，让他明白自己的问题，及时修正自己的行为，也告知其他学生课堂上的"可为"与"不可为"，达到真正的教育目的。

其次，教师要善于管理自己的情绪。面对课堂上的突发事件，教师应冷静理智，而案例中的唐老师很生气，抢夺、折断小冬的直尺。在课后教师也应采取跟进的教育方法，与小冬单独谈心，加强纪律教育，也让孩子理解老师的苦心，接受老师的教育，就不会出现被惊吓的表现。

最后，面对家长的质疑，教师应真诚地解释，坦诚地承认自己的失误。案例中年轻的唐老师面对气急败坏的小冬父母难免会紧张无措，如果在场有其他的老师，应该先安抚情绪激动的家长，心平气和之后再就事论事地讲道理。唐老师应该大度地就自己的不妥之处向家长表示歉意，但向学生道歉可以换作其他更有效的方法，比如，与小冬谈心，告诉小冬老师依然很爱他，如果他能遵守课堂纪律，老师将会奖励他一把更漂亮的直尺。这样周全、妥善的处理想必可以得到家长的理解。

案例 54 李老师的要求错了吗

[矛盾回放]李老师是某重点小学的一年级英语老师，刚从大学毕业，工作认真负责，对学生的要求很严格。李老师认为英语是语言学科，注重培养学生的听说能力，同时要求学生开始学会整体认读英语单词，大多数学生能完成老师的认读要求。因为这所重点小学的学生在入学之前大部分都接触过英语，基础不错，所以李老师认为整体认读英语单词这个稍微超前的要求对于学生们来说是没有问题的。第一次家长座谈会上，李老师向全班的家长介绍英语学习方法时，一位家长突然打断李老师的话："对不起，我一直有个疑问，一年级的孩子还不会写英语字母，老师就要求他们开始认读单词，这样的要求我认为太难了，也不科学，并且还会影响孩子学习英语的兴趣。"提出质问的是小明的妈妈，小明原本英语基础较差，认读单词一直较困难，加之李老师超前的要求，让小明和妈妈都备感压力。难怪小明妈妈忍不住提意见，但却让年轻的李老师一时哑口无言。

理性剖析

这是家长和教师教育观念和方法不同引起的矛盾。大学刚毕业的李老师以满腔的热情投入到英语教学工作中去，希望自己的学生取得出色的成绩，这种工作态度是非常值得肯定的，也是所有的家长梦寐以求的。只是小学阶段英语的主要任务是激发学生学习的兴趣和培养良好的学习习惯。教师应了解所有学生的学习情况、学习能力，根据学科要求，有针对性地制定教学目标。学生的成长有个体差异，老师的职责是促进班级每一个学生的发展，这必然要求老师根据学生的客观差异进行因材施教。案例中的李老师虽然了解大多数学生入学前有一定英语基础，却忽略了少数基础薄弱的学生，这些学生会因为老师要求高而学习吃力，容易产生挫败感，丧失学习的积极性，这就违背了以人为本的教育核心。李老师发现小明的英语基础较差、认读单词较困难时，没有及时与家长沟通，小明的家长质疑老师也是可以理解的。

化解策略

教师善于深入了解每个学生的个性发展，这是赢得家长和学生支持其工作的先决条件。

首先，教师应关注每个学生的成长，既要重视大多数学生的学习情况，也不能忽视少数学生的学习需求。案例中的李老师因为刚从大学毕业，教学经验不足，对学生的情况了解不全面，在实施教学之前，应虚心地向经验丰富的同行请教，根据具体的学情、学科要求，有针对性地制定教学目标，在具体的教育教学过程中应根据学生的发展及时调整教学目标和教育方法。特别是要保护英语基础稍差的学生的学习积极性，进行有效的分层教学，布置适合的学习任务，及时和这些学生的家长进行沟通，让家长知晓教师的教学目的和实施方法，得到家长的支持和配合，帮助学生提高学习能力，尽快地赶上其他同学。

其次，教师面对家长的疑惑和不满，应冷静、真诚地做好解释工作，认真听取家长的建议。每个家长都希望自己的孩子学有所成，家长不愿意自己的孩子在小学启蒙教育阶段就因为学习吃力而失去学习兴趣。学生的健康成长是家校教育的共同目的，案例中的李老师在家长会后主动、真诚地和家长交流、沟通，认真听取家长的建议，针对学生的具体情况提出自己的建议和要求，相信老师的真诚态度和专业精神一定会得到家长的认可和理解。

案例 55   一封家长来信

[矛盾回放]清晨，张老师在批改作业的时候，看到小铭的作业本里夹着一封信，上面写着：张老师亲启。

读完之后，张老师陷入了沉思……

信是小铭爸爸写的。在信里，小铭爸爸详细地讲述了自己家庭的殷实，告诉老师：小铭是他们一家人最珍惜、最宠爱的宝贝，全家人对孩子成长的期望就是健康、快乐，但是学校的常规要求、课后作业、知识过关等对于自己孩子来说过于严格。他直接表达了对学校和老师要求的不满，认为过重的学习任务严重损害了儿子的身心健康。小铭爸爸这样写道："张老师，也许其他孩子的家长对于孩子的学业成绩和未来的发展寄予厚望，但我及我的家人并不想依靠孩子光宗耀祖；相反，我们希望孩子没有负担，在家长和老师的精心呵护下愉快轻松地长大。仅此夙愿，希望老师成全。"

 理性剖析

案例中，表面是教师与家长教育认识的不同，核心却是对健康、快乐的理解不同，是不同价值观的冲突。

教师作为学校教育的实施者，要培养学生学会做人，学会生活，学会求知，以适应社会的需要。在班级教育的体制下，教师有必要对课堂纪律进行有效的组织，布置适量的家庭作业，并定期对关键的知识点进行测验，促进学生理解知识和掌握技能。学生在学校规范教育中，勇于担当，学会合作，懂得自律，收获知识，健全、完善人格，真正健康、快乐地成长。

小铭的爸爸对孩子的培养有着全然不同的价值观，他把孩子的健康和快乐放在首位，他认为健康、快乐就是身体健康，无忧无虑，没有压力，没有约束；严谨的学习纪律和严格的学习要求会给孩子带来压力，让孩子不快乐，学习就成了负担，会影响孩子的成长；殷实的家庭可以满足孩子的生活，不需要孩子的奋斗。

化解策略

尊重家长不同的价值观和教育观，深度沟通，达成共识，既要照顾班级整体教育目标，又要根据个体情况因材施教，教育也需求同存异。

首先，充分尊重差异，包容多元价值。教师首先要以科学的教育理念和宽容的教育心态来认识和对待家长不同的教育观和价值观。我们知道：个性造就丰富，差异酝酿多元。虽然家长的教育观与现行教育体制和传统教育观迥异，但教师一味地批判和纠错容易激化矛盾。相反，要善待差异，充分尊重和包容差异。积极地寻找合适的方法，寻找价值观的最佳结合点，达成共识，实现家校共育，促进学生更好地成长。尊重差异、包容多元是教育以人为本的基础。

其次，采用合适的方式，适度沟通、交流。家长选择书信的方式向老师表达意见，可见家长认为书信是一种他比较喜欢的沟通方式，因此，张老师在沟通之初，也可以选择书信的方式。在信中，张老师可以对家长爱孩子的心情予以充分的理解，同时对家长不同的价值观和教育观念表示理解与尊重，为下一步明确立场、正本清源做良好的铺垫。

最后，开展个性教育，求大同，存小异。经过书信的交流和沟通，让小铭爸爸感受张老师对孩子的关爱，对家长的尊重。同时，张老师也要用心地帮助小铭适应学校教育。张老师可以邀请小铭爸爸走进学校，进入课堂，目睹孩子在校的学习生活。随后，张老师再和小铭爸爸进行面对面的交谈，充分表扬孩子的进步，感谢家长的支持与配合，分析班级化教育方式的特点和要求，希望家长能够理解和配合。

案例 56   底线不容突破

[矛盾回放]"小 A，94 分；小 B，96 分；小 C，89 分……"英语一向是小 A 的强项，可是她在考试中常常粗心大意，这次输给了她心中的对手小 B。争强好胜的小 A 叫妈妈找教英语的董老师改分数，妈妈居然真的来找董老师要求改分数，董老师当然不同意。由于董老师对这种行为很厌恶，接待家长时态度难免有点不好，说话也不是很好听，所以，小 A 妈妈在教室内便和董老师发生了激烈的言语冲突，甚至直接闹到了学校校长那里。为了息事宁人，不让事态恶化，校长最后要求董老师让步，改了小 A 的英语成绩。可是事情并没有因为改了成绩而解决，小 A 妈妈竟得寸进尺，要求董老师必须向她道歉并写"悔过书"。董老师觉得小 A 妈妈太过分，自己教学那么多年了，无论对学生还是对学生家长，都是真诚的付出，如今却因为家长的无理要求让自己尊严尽失，说什么也不想再让步，而小 A 妈妈又以上媒体来要挟，董老师在孤立无援的情况下只好写了"悔过书"。

事后，董老师越想越不对，找了大学同学诉苦，把整件事的来龙去脉说了一遍。在大学同学的鼓励下，董老师下定决心请了律师将小 A 妈妈告上法庭，目的是让家长知道尊重的重要性。当小 A 妈妈接到法院通知时还一直辱骂董老师，岂知小 A 妈妈的辱骂让董老师有了更有利的人证和物证，也让小 A 妈妈吃了败诉的官司，被要求赔偿名誉损失，这下子小 A 妈妈才闭嘴了。

回到学校，校长得知她胜诉了，才开开心心地对着董老师说赞美的话。想起当时在校长室受辱的过程，董老师决定调离这所学校，好忘记这场噩梦。

 理性剖析

　　教师在从业过程中，接触的家长数量众多，难免会遇到个别无理取闹的家长，面对这种情况，教师往往需要在妥协和坚持之间抉择。有些教师基于各种客观原因，选择了忍耐与妥协，但却因为感到丧失尊严而带来不良情绪，乃至影响教育效果。其实，学校与教师向家长的无理要求妥协的话，不但会助长家长无理取闹的气焰，也降低了教师的职业尊严，打击了教师的教育积极性，最终受害的还是学生。

　化解策略

　　教师在处理与家长矛盾时谨记"坚守底线，依法执教"。

　　教师与家长相处过程中，会遇到个别不遵守公共规则，利用社会不良风气逼迫教师就范的家长。而这类矛盾不可缓解，让教师无奈、无助。这类矛盾在诚挚的沟通失效后，教师一定要走正常的法律渠道，重新赢回家长对你的尊重和理解。

　　家长基于对教育的误解，会通过各种形式对学校和教师提出各种要求。学校可以研究制定针对家长问题的对策，让家长理解学校教育的规范。如果家长对学校有任何看法，可以随时通过各种理性的方式提出改善意见；如果家长提出非理性的意见，学校和教师可以婉言拒绝。

　　案例中的学校在面对家长压力时，要求教师更改学生的成绩，等于直接否定教师的教学，难怪家长会得寸进尺，要求教师写下"悔过书"。董老师在受辱的情况下，寻求法律方面的支援，彻底地解决了教师与家长之间的纠纷，争取了自己的职业尊严，于情于理，都是相当正确的抉择。

　　案例中的学校校长在家长的非理性要求之下，强迫教师更改学生的成绩，不仅助长家长的气焰，同时也让教师感到不受尊重，因此，教师会想调离该所学校。学校领导在处理问题时，应本着客观、公正的原则，为教师提供良好的环境，让教师心情愉悦地工作。

案例 57　　　　　　　　　　跪在路边的孩子

[矛盾回放]在某知名论坛网站上，一则题为"母亲，你这样做是为哪般"的帖子引发了网友讨论，原因是在淮安市北京北路上，一名 12 岁左右的男孩跪在路边一个多小时，而让其下跪的人正是其母亲蒋女士，因为蒋女士被老师告知她的儿子在学校偷同学东西。

据一名知情者介绍，学校老师称有同学检举揭发蒋女士家小孩在校偷同学东西，但并没有拿出真凭实据。事发当天，在老师办公室，蒋女士情绪激动，当着老师面责骂、殴打其儿子，老师并没有阻止，反而要求其带儿子回家停课反省，气愤之极的蒋女士才做出了罚儿子跪街边的极端行为。据了解，蒋女士的儿子性格有点内向，学习成绩不好，平时表现也不太好。

理性剖析

这是一起由于家长教育失当而引发的教育事件。帖子的题目乍看指向母亲，但内容实则指向了学校教师。一件在学校的常态教育事件，因为教师处理的不妥，矛盾由学校内部扩大到社会，引发了社会对学校教师的不满。

此处暂不讨论家长的过错，只说案例中教师的做法欠妥处有三：第一，教师没有"真凭实据"，是"根据学生反映"确定的"罪名"；第二，在办公室，教师没有制止家长殴打孩子；第三，停课侵犯了学生受教育的权利，还要求家长带儿子回家反省。家长在"儿子是小偷"这一"罪名"面前，在道义上和话语权上处于绝对弱势的地位，无法和教师争辩，转而将怒火发泄到孩子身上，致使矛盾扩大化。

化解策略

面对学生问题，教师和家长应携手化解，而不是划分责任。

首先，学校教师应认真调查学生偷盗之事，如果没有真凭实据，不要妄下断论，绝不能给孩子贴上"小偷"的标签。偷盗是让人不齿的行为，12 岁的孩子正处在儿童向青少年的过渡期，这个阶段的孩子既具有儿童期的特点，也具有青少年期的特点，既特别重视伙伴关系，期待群体认同，又追求独立、个性。如果贴上"小偷"的标签，势必被同伴歧视、排斥，会严重地影响孩子的身心健康，甚至还会把孩子推上歧途。如果情况属实，也不能扩大事情的知晓范围，应低调处理，减少对孩子心灵的伤害。首先要了解孩子偷东西的真实原因，根据不同的情况做针对性的教育和引导，与孩子共同协商可行的解决方案。肯定孩子正当、合理的需要，让孩子感受老师的良苦用心，真正明白偷东西的严重后果，心灵受到震撼。

其次，教师要了解孩子父母的工作状况、家庭经济条件以及父母的教育方式。教师与家长交流、沟通，既要让家长知晓学校老师的有效教育，又要指导家长理智地对待孩子成长的错误，严格要求的同时尊重孩子，防止家长的过激教育方式给孩子带来心灵的伤害。

案例 58　　　　　　　　　冲动的家长

[矛盾回放]一次评优活动中，学习成绩较好的小 A 落选了。小 A 爸爸怒气冲冲地来到学校，班主任张老师礼貌地请他坐下，可他不但不领情，还大声责骂老师处事不公。别的老师过来劝解，他就冲劝解的老师发火。恰好上课铃响了，张老师说："这节课是我的课，我要先去教室安顿好学生，请你先坐一会儿。"然后带着小 A 离开了。

班主任走后，办公室一位老师走到小 A 爸爸身边，对他说："家长，教室里几十个学生不能没有老师管着，孩子们学习也很紧张，不能耽误课程，如果你工作忙，你就先去忙吧，等下课后，我让张老师亲自联系你，如何？"小 A 爸爸爽快地答应了。

放学后，张老师陪着小 A 回家，向小 A 爸爸详细地说明了评优的规则：对学生德、智、体、美、劳各方面综合考核，进行量化，并结合民主测评，最后按分数从高到低推荐评选，评优推先是激励学生全面发展。张老师还解释了小 A 落选的原因：小 A 成绩较好，但参加活动不积极，和同学相处、合作精神不够，民意测评票数较低。双方心平气和地进行了交流。家长了解了孩子的情况，理解了老师的做法，并对自己不理智的行为向老师道歉。

理性剖析

学校教育中，教师公正、公平地对待每一位学生和家长以自家孩子为中心的冲突是常见的矛盾。

评优选先是学校表彰优秀、激励学生全面发展的重要手段，也能让学生在公正、公平的良性竞争中获得成功的快乐，反思自己的不足。小 A 勤奋好学，成绩较好，但参加活动不积极，合作精神不够，和同学的关系很一般，在评优中落选。案例中的家长不了解学校评优选先的要求，主观认为孩子只要学习好就行，将孩子的落选归咎为老师的不公正，不是和老师心平气和地沟通，而是到学校公开指责老师，既影响正常的教学秩序，又给孩子的成长带来不良的影响。

🎓 化解策略

证据充分、公平、公正才能让家长心服口服。

首先，教师要公正、公平地对待每一个孩子、每一件事情。教师在学生和家长的心中不再具有神圣不可侵犯的地位。要赢得社会的尊重和理解，老师要做的不仅是把书教好这么简单。教师每天面对的是人，教师的每一项工作都与人有关，而人又是这个世界最复杂、最难掌控的，何况教师面对的不是一个学生，而是一群学生，每一个学生背后又有与之关系密切的一群人。教师要想在工作中让涉及的每个学生以及学生背后的这一群人都百分之百满意是不可能的。所以，教师要随时做好接受质疑、完善工作的心理准备。特别是前期的评优条例和准则要广泛地听取学生、家长的意见，切不可想当然而为之，避免家长对评优工作本身的公平性的质疑。有了初步的评优细则后，一定要让每一位家长事先清楚、明白，方能实行。而案例中的这位父亲正是因为不清楚评判标准而和老师产生的矛盾。

其次，教师面对冲突，要冷静应对。案例中的老师面对家长的责骂能做到不针锋相对，耐心倾听，既使家长的情绪得以宣泄，避免了矛盾激化，同时又给自己留有思考的余地，仔细分析家长的要求。这位老师利用上课的理由暂时离开，留给了家长冷静的空间和时间。办公室老师的建议又给家长搭好了一个见好就收的台阶，所以家长会爽快地离开。其实，人在冲动时说的话、做的事，通常没有经过深入思考，很多并不是出于本意。冲突发生的前几分钟，是人最不理智的时候。这时候，像案例中的老师一样尽快想办法让家长冷静下来是上策。

最后，教师权衡利弊，要和家长耐心交流。教师与家长的关系从孩子的角度来说其实就是"同一战壕里的战友"关系，因为我们的目标说到底是一致的——为了孩子好。只不过家长面对的是自己的一个孩子，他所考虑的只是自己的孩子。教师面对的却是一个班的几十个孩子，他所考虑的是所有的孩子，但有些情况注定不能满足每一个孩子。案例中的小 A 家长之所以怒气冲天，也是因为他只从自己的角度看到了自己的孩子，却没有从班级的角度去衡量自己的孩子。这个时候，一方面，老师有责任向家长说明情况，求得理解。事实证明，当家长了解了评选细则后也能理解老师的做法。另一方面，教师有必要让家长明白怎样做才是对孩子真正有利。案例中的小 A 落选了，家长不是鼓励孩子正确地面对失败，而是当着孩子的面在学校大吵大闹，对孩子的成长不利。小 A 耳濡目染，以后在面对问题的时候也会用不理智的行为去解决。另外，家长带有社会偏见的教育和老师提倡的公平竞争如此矛盾，也会让孩子无所适从。当孩子遇到挫折，遭遇失败时，家长首先应当安慰他，鼓励他不要气馁，要振作起来。然后，家长要和孩子一起分析失败的原因，发现不足之处，找到努力方向。如果确实是因为老师处理不公，或别的原因，也要心平气和地找到老师说明情况，了解原因，一起解决。这样做既疏通了孩子的心理，还教会了孩子解决问题的办法，何乐而不为呢？

案例 59　　　　　　　　　家长来电

[矛盾回放]班主任张老师下班回到家，就在厨房里忙着做晚饭。饭菜做好了，她才看到放在客厅里的手机里有好几个未接来电，原来是学生小王的妈妈打来的。于是，张老师立即将电话回了过去，电话那边的小王妈妈情绪激动地说："小王是我们家三代单传的独生子，怎么能在学校受这个气呢？安排坐特殊位置，这对他的心理造成多严重的影响啊！我们家长费了好大的力气把孩子送到这个学校，就是想我们小王能有最好的教育环境，你们老师怎么能够这样特殊对待他呢？我给你打了那么多个电话你也不接，太气人了！"原来小王白天在学校上课老是讲话，影响周围的同学，为了让小王管理好自己，专心听讲，张老师把他的同桌临时调开，让他一个人单独坐，希望等到小王有所改变后再把同桌给他换回去。小王回家就把这件事告诉了妈妈。这不，小王妈妈就把电话打到了张老师这里。张老师听家长如此不客气，也生气地说："小王告诉你安排他一个人坐的原因了吗？我在做饭没听到电话，这不看到了就给你回过来了吗？你还有意见？老师又不是你的保姆，要随时听候你的差遣！"随后，张老师气愤地挂了电话。

理性剖析

家长对老师要求过高是当前学校教育中的常见矛盾。现在的年轻家长学历水平明显提高，还有很多家庭条件非常优越，对于教育的品质和期望很高：希望老师德高技精，希望孩子受到老师的关注，希望孩子身心健康……他们常常会提出一些苛刻甚至无理的要求，稍有不满就会对老师进行质疑甚至无端地指责。如案例中的家长，没有详细地了解情况就贸然对老师横加指责，颐指气使。而案例中的张老师，在面对家长指责时，处理方式也欠缺技巧，本来是以对孩子负责为出发点而换座位，却由于和家长沟通不善而导致矛盾升级。

 化解策略

体谅与关爱是化解矛盾的关键。

首先，为了保证良好的课堂秩序，老师调整学生座位是很正常的事。张老师临时调换小王的座位，既是班级管理的需要，又是对小王不遵守纪律的惩戒。课后，张老师可以将调换小王座位的原因和理由告诉家长，既能让家长感受老师对孩子的教育苦心，又可避免孩子回家说不清楚状况而导致家长胡乱猜测，引发后来的矛盾。

其次，家长因为不了解实情，与老师产生误会，老师应冷静、理智，学会换位思考，"假如是我的孩子，我会怎么办？"理解爱子心切的家长的心情。首先安抚家长的情绪，然后从班级管理、孩子成长的角度解释调换小王座位的必要性。用真诚、关爱感动家长，消除误会，家校达成共识，有利于孩子健康成长。

案例60   "老鸟复仇记"

[矛盾回放]三年级的王老师布置了作文，要求学生续写课文：一天，一只羽翼未丰的小鸟在树枝上唱歌，被顽皮的孩子用弹弓打中了，两只老鸟把它接住并带回巢中……

在批改作文时，读着孩子们的作文，王老师突然皱起了眉头。原来小张同学续写的内容是"老鸟复仇记"，作文描写充满了仇恨、血腥与暴力。王老师联想到了近段时间小张因为与同学发生纠纷而大打出手的状况，他隐隐有一丝不安，于是把作文通过邮箱发给了小张的妈妈，并附上详细的批语，希望家长重视孩子认识事情的态度，正确引导，及时纠正。

第二天，王老师又给小张妈妈打电话。以下是她们的对话。

小张妈妈："王老师，你好！你发来的作文我都看了，我觉得孩子写得很好，逻辑性很强，很有想象力，我觉得没有问题啊。"

王老师："小张妈妈，你不觉得小张的想法有点偏激吗？小小年纪怎么满脑袋的复仇、血腥这些内容呢？"

小张妈妈："王老师，你的思想怎么这么陈旧呢？我觉得学校应该培养小朋友创新的思维啊。我希望自己的孩子能更有个性地成长！"

王老师："如果你们家长是这样的思想，我们老师也没有办法了！"

小张妈妈很不客气地挂掉了电话，谈话不欢而散。

🌀 理性剖析

本案例中，老师与家长的分歧是因为不同教育理念和不同价值观的冲突而产生的。

老师的职责是传道、授业、解惑，帮助学生成为身心健康、人格完善、适应社会需要的人。一个班级学生众多，家庭情况不同，成长经历各异，心理状况也很复杂，学校与家庭的协同教育尤为重要。案例中，王老师发现小张同学思想偏激、行为暴力，希望家长重视，加强正面引导，但是家长的认识截然不同，认为老师小题大做，思想保守落后。大量的事实证明，不少"问题学生"的出现与家庭教育不力有着密切的关系。对不少独生子女的家长来说，教育孩子的每一阶段都是陌生的，他们缺少心理学、教育学的知识，缺少经验。可见老师教育孩子的同时，还需运用教育智慧，与家长达成共识，引导家长正确认识孩子的成长过程，指导家长提高家庭教育质量，给予家长有效的方法和帮助。

🗂 化解策略

老师与家长进行沟通时多讲事实，少下定论。

首先，老师在得知家长的态度后，应该进行家访，或邀请家长到学校当面交流。面对面的交流比用网络和电话有效果、有人情味。

其次，老师不要先给孩子的作文定性，可以让家长翻阅其他同龄学生的作文，看看大多数的学生在这个年龄段的思想状态，让家长自己认识到问题的严重性。

再次，老师在电话交流时，不应该说"如果你们家长抱着这种态度，我们老师就没有办法了"这类话语。因为这样会让家长觉得老师没有基本的沟通意向，是在强加给他们老师的想法。老师在沟通中应该尽量听取意见，然后进行纠正和探讨。

最后，老师在与家长交流中，如果觉得对于学生的教育理念存在较大分歧，可以给家长介绍一些教育书刊或者帮助其寻找一些相关资料，让家长体会到老师对学生和家长的关心。只要真正地用心关爱，所有的矛盾都会迎刃而解。

案例 61　　　　　　　　办公室来了陌生人

[矛盾回放]早晨，一个陌生的中年男人气喘吁吁地走进三年级教师办公室，开口说道："我是学生王涛的爸爸，哪位是苟老师？"苟老师皱了下眉头，冷冷地回应了一句："哦，王涛爸爸，三年了，我还是第一次看到你哈！"中年男人搓着手有些不好意思地说："平时没有时间，今天我拉货的三轮车都还在校门口就进来了。"苟老师让他坐下，将孩子各方面存在的问题逐一告知家长，家长一声不吭，机械地点着头。半个小时后中年男子才咕噜了一句："我们农村来的咋个管嘛？他天天都在学校还是这个样子！""学校？关键是家长要管起来！"苟老师有些着急了，从孩子说到了家庭教育，从家庭教育说到了社会问题。家长有些坐不住了，掏出手机看了看，挪了挪身子，突然"嘭"一下站起来说："老师，不要说那么多了，娃娃在学校就是学校的事情。"说完夺门而出。

理性剖析

有人说，要解决事情，先要解决心情。纵观整件事，老师认真负责，邀请家长共同解决学生问题无可厚非；家长初始配合，遭遇诸多问题困扰，最后情绪化面对老师并与之产生矛盾也可以理解。反思苟老师的表现，在和学生家长的沟通中，也确实还是需要进一步改进工作方法。消除抵触情绪，热情、善待、理解、尊重家长，是教师必须注意的。

化解策略

"急家长之所急，想家长之所想"是解决情绪矛盾的一大法宝。

首先，案例中当家长告之老师他工作忙，三轮车还停在校门口。此时老师要解决家长的第一"急"：怕三轮车丢，心里慌，很难心平气和听老师讲下面的事情。此时老师应该跟门卫核实三轮车的安全问题，让家长打消后顾之忧。

其次，家长来到教师办公室，环境陌生，本来就有压力，很难放松。这时老师一定要热情相待，在言行上善待家长，学会表达与倾听，营造一个温馨和谐的环境。如果条件允许，教师可以另外选择场地交流，如书吧、花园、凉亭等，营造宽松、和谐的谈话氛围。

最后，"问题学生"的家长清楚地知道来学校意味着挨批评，娃娃问题多，他着急上火，又不知道怎么办。老师应适时和家长拉近关系，告之家长你的着急，关键是你都为解决这份"急"做了哪些工作。打消家长心底的抵触情绪，从而让家长说真心话、解决真问题。这样，即使孩子有些问题不能得到立刻解决，但是家长认可老师和自身的教育能力，有解决问题的信心，而不会在谈话破裂后把责任一股脑都推给学校。

案例 62　　　　　　　　谁对谁错

[矛盾回放]王老师在校门口送学生放学，刚好看到孙杨的父亲，急忙招呼他："孙杨爸爸，孩子这段时间家庭作业不是很理想哦，想找你谈谈。""是吗？王老师你尽管说。"孙杨爸爸走了过来。"我发现孙杨的家庭作业经常没有做完，漏题、丢题的现象比较严重，这样会影响他的成绩的。""哦，这个事情呀，我们是知道的。""知道？"王老师显然很吃惊，扶了扶眼镜，"知道为什么不教育孙杨？"王老师提高了分贝。孙杨爸爸不紧不慢地说："王老师，你听我说，我可能和你的观点有些不一样。计算练习没必要反复做吧。况且现在的孩子休息的时间太少了。"王老师显然不满意孙杨爸爸的说辞："孙杨爸爸，我教了几十年数学，计算练习是需要熟能生巧的，不做大量的练习计算是过不了关的，你听我的没错！"孙杨爸爸却不以为然："王老师，你这样说我不同意，数学更重要的是思维，机械的练习只会让孩子对它失去兴趣。只要孩子懂了，少做一些没什么！"王老师还想说服孙杨爸爸，但是见对方态度如此坚决也不好继续谈下去："那好吧，我们拭目以待吧！"说完离开了。

 理性剖析

对于教育，不同的人有不同的看法，而且真正的教育正是在纷繁复杂的教育观念和行为中按照一定规律碰撞而生的，因此，不能片面地用某一种教育观念而排斥其他。这个案例看似王老师和孙杨爸爸在孙杨做家庭作业这个问题上的意见相反，但是我们仔细回顾整件事，他们其实存在共性：一是王老师和孙杨爸爸都认为家庭作业应该做；二是王老师和孙杨爸爸都关注孩子的学习状况，特别是数学成绩。不同点是：王老师靠大量的练习确保数学计算正确率，为后期的数学打下扎实的基础；而孙杨爸爸注重数学的思维，实现数学的长效学习。

化解策略

"求同存异，和谐共生"是解决不同教育观念冲突的一个重要方法。

首先，老师和家长都认同家庭作业是需要完成的，只是量上有分歧。这个分歧不是由老师和家长定，而应该由孙杨来定。如果孙杨计算能力很强，确实没必要重复练习，王老师可以酌情减免，针对孙杨的情况布置侧重思维训练的作业；反之，孙杨和他家长都应该按照老师的要求来做，因为数学也是需要扎实的基础。

其次，学习的方法因人而异，王老师和孙杨爸爸的分歧并没有谁对谁错之分。只要王老师和孙杨爸爸都重视孙杨的数学发展，就能达成共识。给孙杨一个自我选择作业方式的机会，设定一个期限，通过一段时间的学习，用实践来判定孙杨适合的作业量，而不是老师和家长通过争执来确定。

案例 63　　　　　　　　　调皮的小男生

[矛盾回放]小王老师是一位性格温和的年轻老师，平时对学生充满爱心，对家长也很随和。班里有一位调皮的小男生经常欺负其他同学，虽然王老师多次批评和教育这个小男生，但是效果都不是很明显，这也让被欺负的学生家长意见很大。一天，王老师从一名学生家长的口中得知，经常被欺负的一些学生的家长联名写了一封信准备寄给教育局，希望能把这名调皮的学生赶出学校。王老师觉得事态严重，第一时间汇报了学校，并通知写信的家长们一起到学校商量处理此事。谁知一位情绪激动的家长竟气势汹汹地质问王老师："这件事你给我们一个态度，到底是站在学校一方还是站在我们家长一方？"

理性剖析

班里有一名调皮的学生本来就是一件让老师很头疼的事情，王老师也花了很多时间和精力来处理男孩打同学的事情，虽然还没有取得明显的效果，但是老师和学校方面是在积极努力和全力配合的，家长确实应该给学校和老师更多的理解。当然，被打孩子的家长心疼孩子，迫切希望学校能够处理此事而采取联名写信的心情也是可以理解的，但是在信中提出要"赶走"这个小男孩的做法确实有欠考虑。每一位孩子都有接受九年义务教育的权利，任何个人或学校都不能剥夺。年轻的小王老师在得知这件事后第一时间通知了学校方面并且通知家长们到校处理的行为是完全正确的，对于家长以质问的方式发泄内心不满，王老师也需要理解和包容，妥善地处理此事。

 化解策略

"群策群力，集思广益"是化解公众危机的好办法。

当年轻的小王老师遇到这种事时，第一时间告知学校的同事，如果自己欠缺经验可以向有经验的同事求助，还可以联合教这个班的其他任课老师一起面对家长。他毕竟还年轻且一个人"势单力薄"，面对这么多家长的时候容易乱了阵脚。

第一，学校领导要高度重视此事，相关领导应该亲自出面，和王老师一起面对家长解决问题。同时，召集这个班的所有科任老师，有必要还可以通知家委会的家长代表一起出面商量解决问题。

第二，第一时间通知男孩的父母到校，做好男孩父母的工作。首先在态度上表达深刻的歉意，用真诚的情感稳住其他学生的家长，这时家委会的家长也需要适时在中间调和，毕竟家长之间更容易沟通。

第三，当王老师面对家长来势汹汹的质问时，一定不能慌乱。要不卑不亢，态度温和且坚定地告诉家长："我并不站在你们所谓的任何一方，我代表我的学生，我只以我学生的利益为出发点。我知道我不会放弃任何一个孩子，也绝不能让任何一个孩子再受到伤害。"相信家长一定就会明白老师的意思。家长也是希望处理问题的，也并不愿意和老师学校"树敌"。

第四，马上召集家长和老师们开会，会议最好是由学校领导出面召开，让家长看到学校的重视，并且在会上一起讨论解决事情的方法。除了"赶走男孩"的建议以外，认真听取家长其他的意见和建议。原则要坚持，态度也要诚恳！

第五，做好男孩的教育工作也是十分重要的。一定要在不伤害男孩心灵的前提下让他知道此事的严重后果，老师和家长一起为他制定规矩和原则。因为大部分的打人事件都是发生在课间，所以加强课间的监管就十分必要，可以考虑暂时取消男孩的课间休息，由老师看管休息，必要的惩罚会让他意识到问题的严重。

第六，王老师应在班上做好集体的教育工作，告诉大家团结就是力量，如果再有被欺负的事情，全班孩子应该一起保护被欺负的孩子，让全班形成一股"正能量"的班风，而不是一味地"怕"。相信老师、家长和孩子们共同努力，问题一定可以得到妥善解决。

案例 64　　　　　　　　　　　　"偷"与"捡"

[矛盾回放]课间，几个孩子来到李老师办公室，反映他们的钱被同学小梁偷拿了，还在小梁的书包里找到了证据，并且小梁也承认了这件事。李老师叫来小梁了解情况，小梁说："这些钱里确实有别人的钱，但是我只是不小心撞到他的桌子，钱从他桌子里掉了出来，我就捡了。"李老师问他："那你为什么不还给别人呢？"小梁回答："因为我不知道是谁的钱。"李老师觉得小梁在撒谎，以前有同学反映过小梁经常擅自拿别人的东西，于是李老师给小梁的妈妈打了电话。

李老师："小梁妈妈，你现在有时间来学校一趟吗？"

小梁妈妈："什么事情？"

李老师："事情是这样的，今天小梁书包里有二十多元钱，有几个小朋友说他们的钱不见了，觉得是小梁……"

小梁妈妈打断了李老师的话："是啊，我今天是给了他二十多元钱，怎么了？他们为什么怀疑小梁？他们怎么知道他书包里有那么多钱？"

李老师："他们翻了小梁的书包，我已经批评过他们这种行为是不对的，但是小梁自己承认他确实拿了别人的钱……"

小梁妈妈："我就是给了他二十多元钱，怎么了？他们凭什么说是他拿的？"

李老师："因为小梁自己已经承认了。"

小梁妈妈："我觉得老师不应该给孩子定性，你说他有二十多元钱，什么意思？"

李老师："我没有给他定性，我只是把事情经过告诉你，他自己说里面有别人的钱！"

小梁妈妈："我听了心里不舒服，老师就是不应该给孩子定性！"

李老师："我再强调一次，我是要告诉你事情经过！请问你今天到底给了他多少钱呢？"

小梁妈妈："那我怎么记得，反正是给了二十多元，不知道具体多少钱！"

李老师："他说他不小心撞了同学的桌子，别人的钱掉出来，他就捡了。"

小梁妈妈："那对啊，证明他是光明正大的，不是偷啊！"

李老师："可是他明知道是谁的钱，还据为己有，这和普通的捡不一样吧？"

小梁妈妈："那是你们老师的事，你教育啊，孩子送到学校，你们老师就要负全责，不要动不动就跟家长说，孩子在学校期间，我们没责任！"

李老师："好吧，不好意思，耽误你时间了，是我小题大做，以后不会给你打电话了！"

 理性剖析

这个案例中，老师本意是想要寻求家长的配合与协助，共同帮助孩子改正错误，对孩子的未来负责。但是电话一接通就单刀直入地数落孩子的问题，语气难免生硬，造成家长情绪对立，认定老师和同学在没有充足证据的情况下随便给孩子定性，不愿面对孩子的问题，也不肯配合老师处理问题。两个人的对话火药味十足，怒火已经左右了两个人的情绪，导致无法正常沟通与交流，更忘了大家都是为了孩子健康成长的初衷。

 化解策略

互相理解是良好沟通的基础，"一切为了孩子"是处理问题的基本原则。

首先，电话接通后，老师不要直接告状，可以跟家长先说一说孩子最近在学校的情况，有哪些进步，还有什么地方需要家长配合，确定家长能够以平和的心态沟通之后，再语气委婉地告知家长事情的来龙去脉，只陈述情况，不带主观判定。

其次，在家长对事情表示怀疑与无法接受时，老师要表示充分的理解，并说明自己的目的是要和家长配合帮助孩子，而不是为难孩子或者刁难家长。

再次，老师不应该被家长的情绪所左右，硬碰硬解决不了任何问题，只会让矛盾激化。如果家长的态度十分强硬，老师可以提议放学之后到学校面对面交流，给彼此冷静思考的时间和空间。

最后，老师还可以尝试从孩子入手，不要刻薄地批评，要给孩子改错的机会。告诉孩子，每个人都会犯错，有勇气去承担错误并改正错误的人是非常了不起的。让孩子主动向家长承认错误，避免老师和家长之间的误解与矛盾。

案例 65　　　　　　　　　没人陪伴的孩子

[矛盾回放]小晶的家长从来没有到过学校，也没参加过家长会。每当班主任王老师问小晶家长为什么不到学校时，小晶就眼泪汪汪地说父亲很忙，自己也很少见到他，基本上没有交流的机会。孩子含泪的眼神里总有一丝愤怒和怨恨，王老师只好不再追问。小晶的学习不错，能认真地完成老师布置的学习任务，热心公益活动，担任大组长，经常帮助同学，老师、同学都很喜欢他。看到别的父母接送孩子，小晶满脸落寞，怪可怜的，班主任王老师决定家访，见见小晶的父亲。小晶的父亲是一个集团的总裁。小晶的母亲去世了，父子二人生活在一起。王老师说明来意，并介绍小晶在学校的表现，希望家长多抽时间陪陪孩子，小晶的父亲非常感激，最后他对王老师说："我花这么多钱把孩子交给你们学校，我很放心，孩子独立生活能力很强，不用我操心，他在物质上的任何需要，我都尽力满足他，另外我实在忙不过来，真的太忙了……"旁边的小晶冷漠而无奈地看着父亲。王老师看在眼里，急在心里，决定帮助这对特殊的父子。

🌀 理性剖析

孩子的成长离不开父母的陪伴。案例中小晶的成长缺失亲情，没有母亲，父亲忙于工作，忽略孩子的真正需求，父子因很少交流已有隔阂，这对小晶的健康成长有很大影响。帮助这对特殊的父子，简单的说教可能作用不大。教育不是给予，而是唤醒。面对形形色色的学生和家长，教师该如何施教呢？最有效、最人文的教育是无痕的、自然而然的教育，实施无痕教育的关键是用心，有心才能做到无痕。王老师可以精心设计一些教育情境，引导父子身临其境，消除父子间的隔阂，让孩子懂得感恩，让父亲明白陪伴是重要的教育手段，真教育是心心相印的活动，只有从内心发出来的，才能达到心灵深处。

 化解策略

打感情牌，让父亲和孩子因爱而感动，因感动而改变。情感牌是教师与家长沟通的灵丹妙药。

举措一：和父亲协商，班主任放了小晶一天的假，让小晶去父亲单位观察父亲上班，回来后写一份心得。小晶来到父亲办公室，从早晨开始直到下班，小晶发现父亲一直在接打电话，传送文件，接待部门负责人，基本连喝一口水的时间都没有。晚上一个深圳来的客户非得要见见总裁，小晶陪着父亲忙完已至10:00。看着疲惫的父亲，以前总以为父亲在外面呼风唤雨、花天酒地的小晶潸然泪下。他捧着一杯水，哽咽着叫父亲喝水，并说道："爸爸，以前我总以为是你不关心我，所以我拼命地乱花钱想引起你的注意，今天才发现你是多么的辛劳，知道你这些年一个人既当爹又当妈地拉扯我长大，该是多么的辛苦。爸爸，我错了，我爱你……"看着懂事的孩子，父子俩紧紧地抱在一起。

举措二：在班主任的邀请下，父亲终于抽空来到了班上，今天他将陪着儿子上学。看着儿子认真听着每一节课，课间和中午不时地完成各个学科交给整个大组的工作，放学还帮助组内成绩较差的同学完成作业……今天是小晶最快乐的一天，也是父亲这么多年来感到最充实的一天，他看到了渐渐长大的儿子，此刻和自己走得如此之近。不是拥有了荣耀和金钱就能真正填补感情的空缺，唯有彼此理解、相互珍惜，才能让爱延续！

案例 66　　　　　　　　　　迟到的小涛

[矛盾回放]李老师班上的小涛每天都迟到，他迟到了从不叫"报告"，就站在教室门外，只要老师没发现他，他就会一直站在门外直到下课。因为学校三令五申，任何教师不能将孩子赶出教室，所以现在上第一节课的老师很紧张，时刻关注门外是否站着个孩子。中午小涛从不自己取饭，李老师接任班主任后，每天都让同学帮他端饭，有时他吃两口，有时一口都不吃。看着瘦骨嶙峋、毫无精神的孩子，李老师非常心疼。小涛几乎不交作业，上课常常打瞌睡，有时早晨第一节课都可以呼呼大睡。李老师每次与小涛沟通，小涛总不开口说一句话，问急了才摇摇头或点点头。面对这个与众不同的学生，李老师束

手无策。李老师多次与家长联系，希望家长配合学校帮助孩子，家长态度很好，马上就同意了，可是孩子几乎没有改变。究竟是什么原因呢？李老师决定去家访。

这天放学后，李老师来到小涛家里，敲开门，豪华的家里只有孩子一人，桌上放了几百元钱，那是父母留给他吃晚餐的钱。和小涛聊天，李老师得到的只有摇头、点头，李老师陪小涛吃饭、做作业。快十点了，小涛妈妈回家看到不请自来的李老师，面露不悦，告诉李老师："我们家是很尊重个人隐私的，也请李老师尊重我们的生活方式，孩子很好，我们能管理好他。"李老师顿时觉得自己多管闲事，生气地离开。

理性剖析

案例中的家长虽然给孩子提供了优越的物质条件，但是忽略了孩子的心理成长。班主任李老师再三提醒家长，但家长没引起足够的重视。李老师在家访中发现家长管理中的问题，耐心细致地进行讲解，却遭到家长的抵触。老师的一片好心不但没有解决原本的亲子矛盾，还引发了教师与家长之间新的矛盾。

化解策略

持之以恒，不放弃每一个孩子，掌握时机比抓住问题更能解决矛盾。

教育孩子，教师和家长不仅要有期待和信心，还应该始终如一地坚持。优秀孩子的培养不是一朝一夕的事情，需要一个漫长的引领、培育过程，而且往往不会一帆风顺，这需要教师持之以恒，不屈不挠，抓住时机，因势利导。李老师在处理这个学生的问题的过程中应该不怕麻烦，多找家长沟通，预约上门家访，找出问题，最后一定会感动家长取得效果。解决这一矛盾可以采取以下几个步骤。

首先，观察孩子，及时发现问题，及时与家长沟通并做好记录工作。例如，孩子性格孤僻的具体表现，天天迟到的状况，对食物毫无兴趣的现象等。

其次，学校里开展活动时邀请家长参与，让家长自己去发现问题，最好能主动向老师提出问题。这时候老师因势利导地将孩子出现的问题告诉家长，并将自己平时对孩子的详细记录与家长分享。父母没有不爱自己孩子的，他们会主动从自身寻找问题：忙于工作和应酬对孩子的关爱不够，甚至连孩子吃没吃晚饭都不关心。

最后，在老师、家长都对孩子的问题认可以后，老师开始邀约家长针对问题寻找解决的办法。李老师与家长约谈时，明确指出如果家长不改变，孩子的情况会更严重。李老师应以她认真负责的精神打动家长，让家长感到问题的严重性。李老师还可以给家长列举优秀家长的管理方法，给予家长方法指导，使家长找到正确的管理方法，从而更好地管理孩子。

案例 67　　　　　　　　　不领情的家长

[矛盾回放]席老师从事班主任工作15年了，经验丰富，认真负责，对待每一位学生都耐心细致，爱护有加，所带班级在家长中口碑极好。昨日，席老师偶然得知，班上有五六位家长在其他老师面前说她的不是，对她有意见的家长正是她平日里最关心的学生的家长：学生学习有问题，她把他们单独留下来补习；没吃早饭，她专门去给他们买……席老师越想越生气，她实在想不通这几个家长为什么对她有意见，气愤之下就打电话通知这几个学生的家长到学校一问究竟。家长们一致否认："我们怎么可能对您有意见呢？你对我们学生这么好，您多心了……"席老师开始列举对这几个学生的种种好，教育如何费心，说到动情之处难免伤感。席老师请家长当面提意见，沉默了好一会儿，有的家长说："席老师，你的要求我们都很拥护，我们都像你学生一样，你说咋做我们就咋做，但有时候力不从心。"也有的家长说："我们知道你对孩子严厉是为他们好，不过还是要慢慢来。""就是，如果一直揪住孩子缺点，他反而逆反。"……席老师听了，生气地说："好啦！好啦！我算是听懂了，你们几位家长是埋怨我管多管细了，你们压力太大了！真是好心当成驴肝肺。"几位家长不知说什么好。

理性剖析

席老师正处于班主任工作的黄金期，既有实践经验又有责任心。她想把自己觉得好的都给学生，而对家长更是高期望、高要求，甚至于把家长也当成学生来管理。这些短期内对提高家长的教育能力有很大的帮助，而长此以往会让非教育行业的家长肩负极大的压力，同时也给席老师下一步的工作带来阻碍。教师的强势是把双刃剑，一方面能形成强大的凝聚力，鼓舞士气；另一方面会引起家长、学生的逆反心理。

🛡 化解策略

优化与家长沟通和管理的艺术，让家校共育行之有效。

首先，家校共育是指老师和家长共同育人。二者是统一的、平等的、友好协商的。如果一方特别强势，占据主导地位，让另一方完全听从于自己，这就不是共育，而是独角戏。席老师竭尽全力为班级，更应该事前和家长共同商讨办法，而不是决定了方法后让家长照样子去做。如果老师的办法确实起到了很好的效果，家长会更加信任老师，积极参与；如果老师的办法带来了更多的困扰，反而会引发家长对老师的否定。

其次，老师对家长的教育理念的输入是长期性的。很多老师能够明白"孩子的学习是一辈子的、长期的事情"，但很难接受家长的学习也是长期性的。老师讲的一个道理或教育观点是老师多年身处教育行业摸索出来的，有切身的感受。而对于来自于社会各个行业的家长，不能立刻接受、采用老师的建议也是很正常的。老师应该树立这样的观念：如果你强制性地灌输，就会出现像席老师班的家长消化不良、心生反感的后果。因此，老师一是要转变观念，认识到家长的学习是长期的；二是要转变方法，给家长几个解决问题的策略，让他自己选择；三是要做好记录，建立家长档案，持续有效地影响家长。

第五章　教师与环境

概述

环境对人的影响是非常重要的，不同的环境会造成一个人个性、态度、处事方式等诸多方面的不同。同时，个人生活在环境中，也会对环境产生一定影响，甚至有些个性风格强烈的人会从根本上改变周边环境。可以说，人与环境是一对相互影响、相互作用的矛盾共同体。作为社会人，教师和环境之间也存在某种对立统一关系。环境对于教师的专业发展起着非常重要的作用。

教师周围的环境，可以分为物质环境和精神环境。物质环境包括学校设备设施条件、周边社会环境、教师的福利待遇等，对教师的影响较直接、较明显。精神环境包括教育方针政策、法律法规、校风校纪、文化氛围、社会舆论、人际关系等，对教师的影响较间接、较隐蔽。物质环境和精神环境也是相辅相成的，物质环境中也会体现精神的层面，精神环境的构建也脱离不了物质基础。当前，教师与环境的矛盾，既有教师与物质环境之间的矛盾，也有教师与精神环境之间的矛盾。因此，树立科学的环境观，处理好教师与环境的矛盾，可以真正有效地实现教师身心的和谐发展和专业的进一步提升。

教师与环境之间的矛盾表现形式多种多样。例如，教师可能过高估计工作难度，放大环境困难，强调外部环境阻力，认为领导水平低下，同事排挤，学校条件落后，家长无理难缠，学生无法管教，教材脱离实际。各方面困难多多，险恶重重，抱此灰暗心理，在教师团队人际交往中必然不会取得成绩，不会招人喜欢。也有教师可能低估工作难度，轻视环境困难，认为自己对教育教学工作能够轻松驾驭，基于自己曾经的良好学习经验和成绩，或青少年时期比较顺利的求学经验，仰仗某项突出的专业技能，将复杂的工作简单化，对困难估计不足，习惯大而化之，轻视问题，忽视后果，结果一遇挫折，即产生严重失落感。

再如，有的教师因刚参加工作对学校环境和工作性质一时难以适应；有的教师因学校外部环境的变化而产生焦虑情绪；有的教师因不适应学校管理方式而痛苦不堪；有的教师因长时间待在一个学校而视野狭窄；有的教师因缺乏动力而产生职业倦怠；有的教师因为不善与人相处而工作受到干扰……面对纷繁复杂的各类矛盾，教师要发挥主观能动性，研究环境、了解环境、适应环境、改变环境、创造环境，让环境为我所用。本章选编了教师在工作环境中常常遇到的矛盾的 13 个案例，提出了面对可以改变和暂时无法改变的环境的应对策略。

首先，教师要主动适应和自我调整，要成为终身学习者，提升自己适应环境的能力。瑞士的查尔斯·赫梅尔在《今日的教育为了明日的世界》一书中指出："终身教育是唯一能够适应现代人、适应生活在转变中的世界和变动社会中的人的教育。这样的人必须使自己能够不断地适应新情况。"面对变化日益加剧的社会环境，教师必须树立终身学习的观念，提高学习能力和适应能力，把握时代的脉搏和教育改革的方向，适应现代教育的需要。

其次，教师适应或改变环境时要注意方式、方法，要充分发挥主观能动性，选择、吸收、利用、改造环境，使环境为教育发展服务。

一是教师要善于选择教育环境。教师对环境的选择主要包括对教育信息内容、教育时机、教育地点等的选择。教育的选择性，一方面表现为吸收科学技术知识、先进的思想为教育内容，利用好的政策导向为教育创造发展良机，吸引大批优秀人才从教；另一方面表现为选择最佳的教学内容和最先进的教育教学思想观念、方法、手段等。

二是教师要善于利用教育环境。对环境的利用就是教师选择环境中的有利因素，将其转化为促进教育发展的能量。例如，优先发展教育的战略决策、社会对人才的迫切需要、社会的办学热情、各级政府对教育的重视和投入等，都是可以利用的教育资源。对教育环境利用的实质是把握教育发展的机遇和方向，推进教育的发展。

三是教师要善于改造教育环境。对教育环境的改造，从宏观上说，可以提高民族素质，为社会主义事业培养合格的人才，进而促进社会主义物质文明和精神文明建设，振兴民族和国家；从微观上说，可以振兴当地的经济，净化社区的社会风气。实践证明，"小环境"影响"大环境"是可能的，也是必要的。有的教师用自己高尚的人格打动了学生、教育了家长；有的学校用良好的校风校纪净化了社区的风气，提高了当地的道德水平；有的县、乡、村用其丰富的教育资源改变了当地的面貌。教师要积极发挥主观能动性，与环境实现良性互动。

总之，教师要主动学习，科学研究，勇于实践，不断提高自己对环境的认识，减少自身与环境之间的矛盾。发挥主观能动性，将矛盾转化为动力，快乐工作，享受教育！

案例呈现

案例68   换办公室带来的烦恼

[矛盾回放]又一个新学年开始了，老师们陆续回到学校。经过暑假两个月的休整再回到学校上课，大家的心情都格外轻松，可随之而来发生的事情却让老师们很闹心。很多老师发现原来的办公室变成教室了，新办公地点则是临时搭建的板房。这些板房办公室的办公条件确实不太好：房间空间狭窄，老师们的办公桌则用学生书桌代替，柜子、饮水机等一些必备的办公用品也没有及时到位，最恼火的是新建的办公室还有浓浓的装修味。学校为什么会这样做呢？原来是这学期新增了9个班，教室不够用，学校不得已将几间大的教师办公室全部改造成了学生的教室；除此之外，学校部分多功能室、书法室、音乐教室也改成了传统的教室。尽管学校负责后勤工作的领导向老师们做了解释说明，但部分老师依然不能理解，抱怨不已……

理性剖析

一方面，老师们面对这样的办公环境有情绪、有怨言是正常的。学校应该为老师提供、创造良好的办公环境，这不仅是为老师们日常辛苦的工作提供保障，同时也是为了大家的身体健康着想。客观地说，办公条件跟不上确实会影响到老师们的日常教学。每天除了正常的上课以外，老师们绝大多数的时间都会在办公室批阅作业、备课、休息。大家希望有一个良好办公环境的要求是完全不过分的。另一方面，学校面对不断新增的学生，按照国家相关法律的规定又是在户籍范围内的正常招生。生源剧增对于学校而言，属不可抗拒力，学校管理者毫无疑问应该把学生的利益放在首位，保证学校顺利开学。困难只是暂时的，老师们的人文素养、职业情怀也能让他们尽快转变，只要学校工作得法、关怀到位，教师的些许不满意、小委屈很快会烟消云散。老师理解和体谅学校的难处，协同努力改善现状，问题解决也就变得容易了。

化解策略

教师办公室是老师们默默耕耘的地方，也是老师们辛劳过后稍作休息的地方。营造良好的教师办公环境，打造办公室文化，提升学校的办学品位，创造和谐校园也是学校管理者应该考虑的。当办公条件不如人意时，老师应该立足实际，从改变自己开始，同时向学校提出合理化建议，尽力改善办公条件。教师可以从卫生、文化、环保三个方面来设计、布置办公室，营造一种团结、协作、积极的办公室文化。

首先，注重办公室卫生，营造整洁的办公环境。具体可以提出如下要求。

(1)建立卫生清扫值日制度，办公室要保持清洁。地面干净无杂物，桌面无灰尘，及时清倒垃圾。

(2)教师办公桌上作业、书籍等物品摆放整齐。

(3)窗台洁净，门窗光亮，及时更换损坏的窗帘。

(4)办公室内无卫生死角，办公桌下不用的凌乱物品及时清理。

(5)办公室洁具应及时清洗，保持外观清洁，并按指定位置放置，拖把、扫帚应整齐放置于固定位置。

(6)办公室内吊扇、灯管、电话、空调等电器要定期清洁，保持干净。注意饮水机卫生，保持水槽清洁。

(7)办公室人员应保持良好卫生习惯，保持室内清洁卫生。

(8)离开办公室要将桌面收拾干净，非教学物品放入抽屉内，椅子放到桌子内，并关好门、窗、水、灯、空调等。

其次，注重办公室文化建设，营造高雅的办公环境。具体可以提出以下要求。

（1）环境布置新颖，个性鲜明，有创意，有文化品位。

（2）课程表、作息时间表和室内宣传栏要统一规范张贴。

（3）在适当的位置张贴教育名言、标语、美术作品或书画作品，要美观大方，统一布局，不得杂乱无章。

（4）装饰物品要体现教育特色。

最后，注重办公室绿化，营造优美的办公环境。

对于现代人而言，人在办公室的时间比在家的时间还要长，特别是在炎热的夏季，室内开窗换气频率大大降低，空气不流通容易造成二氧化碳、二氧化硫等有毒有害气体的增加，如何创造一个健康的办公环境呢？

研究显示，绿色能缓解人的情绪，在产生急躁心理的时候，抬眼看看繁茂的嫩叶，往往会产生一种视觉效应，心中的烦闷也就消失了。除此以外，不少植物还具有很好的净化空气、杀灭细菌的效果。

教师们可以向学校建议，购买以下植物盆栽，改善办公环境。

（1）吊兰、文竹和非洲菊能够吸收甲醛，也能分解复印机、打印机等排放出来的苯，还能吸收尼古丁。

（2）万年青、龙血树和雏菊可清除来源于复印机、激光打印机和存在于洗涤剂和黏合剂中的三氯乙烯。

（3）铁树、常春藤和菊花能分解3种有害物质，即存在于绝缘材料、胶合剂中的甲醛，隐匿于印刷油墨溶剂中对肾脏有害的二甲苯，染色剂和洗涤剂中的甲苯。

（4）美人蕉、金银花对二氧化碳有很好的吸收作用。仙人掌科的金琥、麒麟掌、仙人球、仙人掌、龙骨等能吸收甲醛、乙醚等装修产生的有毒有害气体，吸收电脑辐射。

购买以上植物还有两个理由：一是价格不贵，不会给学校造成经济负担；二是好养活，一次投入能长期使用。

"斯是陋室，惟吾德馨。"心态调整好了，环境布置好了，简陋的办公室也能成为教师的办公佳处、心灵家园，还能成为学校环境育人的阵地，向学生、家长、社会展示教师"化腐朽为神奇"的文化底蕴。

案例 69　　　　　　　　借班上课

[矛盾回放]两年一届的某省青年教师课堂教学观摩研讨会又开始了，今年由于参加活动的老师特别多，观摩活动在一所学校的体育馆举行。今天第三位献课的是王老师，虽然参加工作还不到 8 年，但他表现不俗，一路过关斩将，突出重围，顺利进入决赛。王老师自信满满地走入场地，很有经验地检查了一下教学设备，然后就站在场地旁等待学生入场。上课的班级入场了，整齐的校服、有力的步伐、明亮的眼神，赢得了观课老师们的阵阵掌声。今天合作的班级很不错！王老师也很高兴。学生们有序入场就座后，值日生发出口令后全班"静息"，等待王老师上课。王老师走上讲台，按照平时的习惯轻声喊出口令："1，2!"示意学生坐直。学生们怎么没有反应呢？王老师又提高声音说："1，2!"还是没有反应！原来这个班级平时的口令是"静息""坐直"，王老师按照自己班级的口令来指挥，学生不明其意。出师不利，王老师有点紧张了，提高声音喊了声："值日生，上课!"值日生也紧张了，站起来高喊"起立、敬礼"，颤抖的声音引来了全场的哄笑。这下可好，其他学生也有点紧张了，课堂上回答问题时语无伦次，结结巴巴，到后来干脆不吭声了……

理性剖析

教师借班上课时，要注意教学环境的变化带来潜在问题。教师要注意学生有没有因学习场地变化、听课教师太多，导致情绪紧张、手足无措；教师还要注意学生有没有因为干扰因素太多，导致注意力涣散，不能进入学习状态；教师也要注意学生适不适应自己教的方式，师生能否准确、流畅地传递信息，有效交往。

王老师的问题在于没有让学生熟悉新环境。体育馆对于学生来说，是一个陌生的上课场所，从进场开始就处于众目睽睽之下，学生或害怕答错问题，或担心表现不好，精神压力过大。听课老师的议论、场地的布置等也会分散学生的注意力，干扰学生思维，影响教学的质量和效果。

王老师的问题还在于没有让学生熟悉新老师。学生和原班老师默契度高，班级内部交往常使用"自约定语言"。例如，准备上课、表示认同和赞赏、禁止说话、提醒倾听等，大多数班级都有个性化的口令或手势。王老师对所接班级的"自约定语言"不了解，按照平时的习惯发出指令，没有考虑到教学对象发生了变化。

 化解策略

借班上课要注意两项工作和八个技巧。

借班上课一般会提前一天安排见学生，熟悉学生。这时有两项工作要做好：一是拉近和学生之间的心理距离。有时带点小礼物也很有必要，有些老师喜欢在上完课后再和学生分享，其实"见面礼"的作用更好。还可以从学生的家庭、班集体、生活、情感等因素入手，寻找共同话题。二是摸清学情，调整教学设计。在熟悉、了解借班学生的过程中，要精心设计好内容和活动，摸清学生的学习起点。当自己的教学设计和学生的情况差异较大时，要及时调整教学设计。一节好的课堂，教师的精彩固然重要，但是学生的学更是重中之重。教师能切合学生实际，掌控教学，有效促进目标的达成，显然比夸夸其谈更能适合专家评委的胃口。年轻教师遇到类似情况不要惊慌，相信在准备的过程中预设的许多亮点，在降低或者改变计划后同样会出现，因为有些教学方法本身就是互通的。

要上好公开课，还要学习上课的技巧。这不但对借班上课有帮助，在常态上课中也很有效。

一是在教学准备上，做到充分。提前进入教室，熟悉环境，检查设备设施，减少意外发生，占据主动地位；注重细节，准备好最初的3～5分钟，预想课堂整个过程和环节，反复练习；课前课中多和熟悉的学生、积极投入的学生交流，利用外援，增强自信。

二是在教学语言上，做到"六性"。叙事说理条理清楚、言之有据、全面周密，具有逻辑性；描人状物有声有色、情境逼真、细腻动人，具有形象性；范读谈话情真词切、平易流畅、真挚感人，具有感染性；借助手势、穿插事例、比喻新颖、生动有趣，富有趣味性；发音准确、吐字清晰、措辞恰当、寓意贴切，富有精确性；举一反三，弦外有音，留有余地、循循善诱，富有启发性。

三是在教学时间上，做到科学合理。首先要合理分配，一节课中各部分内容大致需要多长时间，应心中有数，重点和难点需要的时间要长些，讲的力度要深些，切忌主次不分、重点不清。其次要科学分配，前松后紧或前紧后松都会影响教学效果，有的教师讲课开始时怕学生听不懂，反反复复，絮絮叨叨，把精讲变成了繁讲，到后来一看时间不多了，便任意删减授课内容，"草率收兵"；还有的教师随意拖堂，下课铃响了半天，还在不停地讲授，室外"喧闹四起"，室内"无心听讲"。

四是在教学提问上，做到分类设计。为讲新课铺路的提问，可创设一些悬念，从一开始就抓住学生的注意力，激发学生的求知欲，为讲清新课内容铺平道路；为突出重点、难点而有意创设的提问，要注重启发学生独立思考，积极回答，使他们自觉地接受、掌握课堂知识，加强教学的系统性和巩固性；为总结而创设的提问，可以在每节课的小结中进行，了解学生对所学知识掌握的程度，还可以请几名学生到黑板上进行示范，以便纠正学生们普遍存在的问题。

五是在教学姿势上，做到潇洒自然。例如，走到讲台前站稳后，不要仓促开口，应首先静静地站在那里，面带笑容，亲切地扫视一下全班学生，待全班学生的目光全部集中在你的身上，3～5秒后，全班一片寂静时，才开口上课。讲课时站立要稳，切勿前后左右摇摆，以防止学生认为你心神不定；也不能在讲台上来回走动，以防止分散学生的注意力；更不能总站在一处不动，给学生呆板的印象；应尽量稳重地活动脚步，或前进半步，或后退半步，以吸引学生的注意力。

六是在穿着打扮上，做到与身份相宜。一个人的穿着打扮直接影响其气质和形象。教师在"亮相"之前，应首先做好"形象亮相"的准备工作，这就是穿着打扮。基本要求是：体现教师职业特点，适度的流行与个性，更换不过于频繁，注意款式、颜色的选择和搭配。一般来说，服装应以整洁、朴素、大方为原则，切不可奇装异服，过分打扮；也不能邋里邋遢；更不能不考虑自己的身份而乱来。女教师上课时不宜穿戴过分艳丽、暴露，即使化妆也应以淡雅为宜，否则会引起学生的议论而影响教学效果。

七是在教学用眼上，做到目光炯炯。富有经验的教师，总是恰当而巧妙地运用自己的眼神表达出丰富多变的思想情感，以影响和感染学生，收到最佳的教学效果。例如，在教学中环视教室里的学生时，要遵循一定的线路，不过于频繁，要照顾到教室的各个方位并合理分配；在注视学生时，要根据目的选择注视上三角位置、下三角位置或大三角位置，要尽可能将目光锁定在一位或一组学生的脸上，讲完一句完整的话后再换另一位或另一组的学生，要让每一位学生感到你是在单独对他（她）说话。如果我们在讲课时常常用眼睛盯着天花板或窗外，就等于切断了与学生的视线交流，向学生关闭了心灵之窗，那就既不能用眼睛辅助有声语言的教学，也不能及时观察和把握学生听课的反馈情况。

八是在教学领域上，做到恰当合理。教学领域是在教学中空间距离所传递的信息和产生的作用。首先，要注重距离恰当。教师在课堂上与学生之间的距离在 60 厘米至 4 米之间互动为佳。根据教学情境的需要，教师与学生之间有时需要扩大空间，例如，整顿班级纪律时，批评犯严重错误的学生时，号召学生从事有益的活动时……有时需要缩小空间，例如，激发情感、启发思维时，个别教育时，组织并参与学生活动时……

其次，要注重位置合适。教师和学生交往时，不同的位置产生的效果会有所不同，所以，教师要注重教室的美化，尽可能让教室数字化、集成化、智能化、人性化、生态化。同时，注重课桌椅的调整和摆放，例如，将课桌椅摆放成"V"形、扇形、四方形、"U"形、双"U"形、鱼缸形等，让学生在学习中积极主动、情趣盎然。

案例 70　　　　　　　改善环境，何须"孟母三迁"

[矛盾回放]李老师所在的学校坐落在城西，周边社区属于最早建造的小区，规划差，居住人员复杂。家长素质参差不齐，学校开家长会有的家长穿着拖鞋、吊带衫就来了，让人不得不摇头。学校周边环境也较差，就拿门口的奶茶店来说吧，每天上学、放学都有不少学生停留在那儿喝奶茶、聊天，甚至围在一起抄作业、打游戏。为了不被老师和家长发现，店老板特意做了一个隔断，把奶茶店一分为二，学生在里边干啥可就不得而知了。学校为此伤透了脑筋，总不能冲进店里抓学生吧。有时，老师一进去，店老板便出来挡驾，学生趁机从后门溜走，弄得老师非常尴尬。怎么办？校长和老师们群策群力，终于想出了解决的好办法。

首先，学校和商家搞好关系。邀请周围的商家来学校参观，举办座谈会，给他们讲明学校的办学理念、办学思想，让商家协助学校为实现办学目标而努力。同时，告诉商家如果学校越办越好，生源数量和质量也会年年增长，带来的效益会更大。

其次，学校在上学、放学时段不定时派老师进奶茶店与老板闲谈。学生们看见有老师在，自然也不敢在奶茶店停留，更别说抄作业、打游戏了。同时，学校要给学生发奖品，都会选择在奶茶店附设的小卖部购买，拉近了与小老板的关系。这时学校再对小老板提要求，老板也不好拒绝了。再有学生到店里抄作业，老板还进行规劝，如有不听的，老板悄悄记下班级、姓名告诉老师，配合老师教育孩子。年末由学校提议，该店还被社区评为"模范商家"。同时，学校内部也加强了对学生的教育，让学生明辨是非，知道什么该做、什么不该做。就这样，校内外的紧密结合，让这个问题处理得还算不错。

学校周围的网吧也是一个大问题，学校除采用上述办法外，还与辖区派出所取得联系，民警们不定时对网吧突击检查。同时，学校每个班利用班会课对学生进行"未成年人上网的危害"教育，号召学生文明上网，不进营业性网吧。在家长会上给家长进行宣讲，看相关视频，让家长内心受到震撼，从而加强对孩子的管理。引导学生不购买"三无产品"，放学及时回家。对每届七年级的新生家长，学校开设了"家长学校"，定期对家长进行培训，教给家长管理孩子的办法，对家长进行引导。

虽然我们不能完全改变环境，但我们可以想出各种有效的办法来加强环境的整治，从而给学生一个相对纯净的环境，教育部门和每一个教育工作者都在为此而努力。

理性剖析

学校周边环境已经变成学校教与学活动场所的延伸，是学校文化建设的重要组成部分，也是学校德育的工作素材和德育软环境。它对学校教育和学生的全面发展产生直接而持久的影响。校园周边既是千家万户共同生活的场所，也是每个学生必须面临的"社会空间"。校园及周边环境连接着社会的发展和个体的发展。马克思曾说过："一个人的发展取决于和他直接或间接进行交往的其他一切人的发展。"社区中的社会、文化、教育、卫生、治安、人际、邻里关系等因素都直接影响着青少年的学习、生活、成长的环境和质量。

加强学校周边环境的治理和共建，学校要成为文化传播、文明辐射的阵地。因此，要坚持以学校与社会互动、实现"双赢"为出发点，进一步密切教育与社会的联系，搭建学校周边环境精神文明建设新平台显得尤为重要。案例中的一些解决问题的办法很好，但略嫌散碎，工作也容易犯"冷热病"，需要做好顶层设计，建立健全机制，科学有序地实施。

化解策略

校园周边环境的综合治理，是一项长期而复杂的系统工程，是社会治安综合治理的重要内容。学校可积极主动，发挥更大作用，尽可能地取得多方支持，以"群防、群治、群育"为抓手，建立学校与周边多方参与、互动发展的机制，积极探索教育资源开放的形式和途径，努力创造学校与社会教育资源开放、整合、共享的特色。

一是"群防"。学校主动协调，排查校园周边安全。

首先，排查周边建筑。学校主动和政府相关部门联系，取得支持。与街道办、综治办、公安、安监等相关单位密切配合，对校园及周边存在的矛盾和安全隐患进行全面的排查。

排查的重点是学校内及周边的建筑、消防、水电、安全防护等设施，学校食堂及周边饮食摊点的食品卫生，学校周边治安状况等方面存在的问题。

"群防"的重点还包括学生经常出入的周边场所，像案例中提到的容留学生逗留、玩耍的奶茶店，在无法有效制止学生进出之前，要协调卫生、消防等部门，督查商家保证食品卫生安全和消防安全，防止意外发生。

其次，排查高危人群。依托家长分布范围广、信息渠道多的优势，对校园周边高危人群进行排查。特别是对容易肇事的精神病人、长期上访人员、对社会严重不满的人员以及流浪、乞讨人员等校园周边的高危人群进行排查，及时掌握可能危及学生人身安全的苗头。针对发现的问题和存在的安全隐患，认真归纳、梳理，准确了解产生矛盾的根源，及时制定整改方案，采取得力措施，把安全隐患消除在萌芽状态，防止小问题酿成大事端，确保校园及周边的安全。

二是"群治"。学校及时报告，整治校园周边的违法场所。

学校随时掌握校园周边的以学生消费为主的违法场所的情况，并及时报告公安局、工商局、电信局、教育局等，请其取缔学校周边200米以内的网吧、电子游戏室、彩票销售网点、成人用品店；对网吧及娱乐场所超时营业、接纳未成年人等违法违规经营行为进行整改；规范学校周边商业网点管理，坚决取缔各种涉及反动、淫秽、色情、暴力内容的违法经营活动，严防不健康事物流入校园，净化和维护校园及周边的文化环境。

三是"群育"。设立"群育"机制，实现学生与环境的良性互动。

首先，设立"群育"机制。

第一，建立社区教育委员会。委员会由学校、街道、社区居委会、周边单位及校园周边有影响力的退休老干部等社会人士组成，邀请他们定期到学校对学生进行各方面的教育、指导。

第二，建立管理协调小组。由社区居委会、学校、派出所等各方面负责人参加社区管理协调小组，建立完善的管理制度。

第三，聘请派出所指导员、所长等担任法制副校长、法制辅导员。利用集体朝会、主题班会、主题队会等对学生加强教育、进行引导。

其次，实现良性互动。

第一，开展"绿色社区"宣传活动。在社区管理协调小组的组织下，建立学生宣传小分队，对校园周边的居民进行节水、节电、回收废电池、垃圾分类等环保知识的专题宣传。起到"教育一个学生，转变一个家庭，带动一个社会"的作用，形成"环境保护走进社区，绿色文明普及社会"的良好氛围。

第二，开展"文明社区"共建活动。在社区教育委员会的组织下，建立学生文明小分队。文明小分队的成员与社区紧密联系，安排系列活动。

设立社区文明监督岗，成立社区文明调查小队、文明巡查小队等，与社区一同督促社区居民说文明语、干文明事、做文明人。

设立文明劝导队。小分队队员在社区教育委员会的爷爷、奶奶们的陪伴下，定期走进社区内的网吧巡查，劝阻同学进网吧，促进学校安全文明的发展。

案例 71　　　　　　　　一张购物卡

[矛盾回放]教师节的清晨，微风拂过校园，校门口逐渐热闹起来了。李老师和往常一样站在校门口，迎接着陆续到来的孩子们。

"李老师，祝您教师节快乐！"一个文弱的女孩不知什么时候走到了李老师身边。她是李老师班上今年才转来的新同学小文，手里拿着一束鲜花，包装很精致。女孩恭敬地把花举到李老师胸前，脸红红的。小文父母是"支边"的干部，很少有假期能够回家，平时小文总是和爷爷奶奶在一起生活。

李老师拿着花回到办公室，刚拆除包装就看到了一张很精美的卡片，只是透明胶把卡片很严实地包裹起来了。卡片上会写什么？是孩子的祝福吗？打开一看，原来，卡片里夹着一张面额不小的超市购物卡！

第二天下午，小文的母亲来到学校。她告诉李老师，自己的假期就要结束，马上就要回到边疆上班，临走前还是担心小文因为没有父母督促而导致学习成绩下降。李老师告诉小文妈妈，学校专门为他们这种情况的孩子开设了托管班，每天放学可以由老师义务带着他们学习，没有任何费用。李老师说完，把装有招生简章的信封交到了小文妈妈手里……

小文妈妈欣喜地接过信封，连声道谢。看着小文妈妈轻松地走出校门，李老师抿了一口茶，很清爽的感觉——那张沉甸甸的超市购物卡已和招生简章一起被放进了信封。

理性剖析

国家设立教师节是为了进一步提高人民教师的地位，逐步使教师真正成为社会上最受人尊重、最值得羡慕的职业之一，形成尊师重教、尊重知识、尊重人才的社会风气。这有利于全社会关心教育事业，有利于提高整个中华民族的科学文化素质。然而，在一些不良社会风气影响下，教师节似乎变了味道。有的家长知道老师辛苦，感激老师的付出，真心诚意地想表达谢意；可有的家长却把教师节作为走后门、开小灶、利益交换的一个"良辰吉日"；也有的家长觉得别人都在给老师送礼，自己如果不送，担心自己的孩子受到不同的对待，迫于环境的压力也跟风送礼。在家长们或真心或假意的送礼攻势面前，有的老师坚持不受，令人敬佩；但也有的教师觉得盛情难却，来者不拒，大大影响了教师队伍的形象。

化解策略

律己律人，身正为范。

小文的妈妈借教师节之名给李老师送超市购物卡也许并非她本意，而是受到了当今社会不良之风的影响。面对不正之风，老师要律己律人，杜绝此类现象发生，给孩子们树立良好的榜样。

首先，教师要严于律己。学校是教书育人之地，教师要清醒地认识到教师节是自己的节日，要有一种职业的自豪感，同时更要感到自己肩上担子的重要。教师的职责是教书育人，教师的工作关系着国家的未来发展。一名好的教师，本身就应该是一门优秀的课程。教师要在思想和作风上一身正气，坚守职业道德规范，以身作则，成为学生的行为榜样，绝不以任何方式、任何理由向学生和家长暗示或直接索取不同形式的钱财和物品。

其次，要向家长亮明"千万不要给老师送礼，送了你也白送"。开宗明义地给家长说明白："想对孩子好和感谢老师，最好的方法是多理解老师和配合老师做好孩子的教育工作，老师绝不会因为某一个家长送礼了而对他的孩子好，家长送不送礼都一样，送了也白送。只要孩子在学校，老师就会尽力把孩子带好。"

再次，提高家长对教育的认识，让家长明白给老师送礼的害处，提供给家长更好的感谢老师的做法。教师要帮助家长认识送礼行为会带来不良的教育后果，孩子幼小的心灵会被玷污。今朝大人送礼，明朝子女送礼。久而久之，孩子觉得遇到问题送礼就能解决，他还会不会想要自己努力和奋斗？送礼行为看似很小，但对孩子的影响巨大。

最后，学会一些婉拒家长送礼的小方法。《成都商报》曾报道的成都市龙江路小学老师们总结出来并且成功实施的退礼方法值得借鉴。

方法一：偷梁换柱。一位家长先让孩子亲手制作贺卡，然后在贺卡里面夹了消费卡，封好后让孩子带给老师。老师的做法是：写一封信向家长表示感谢，并说明学校关于师德的规定以及自己不能接受的原因，言辞诚恳。把信放入信封请孩子将"密信"带回，孩子圆满地完成了老师交给的特殊"任务"。

方法二：反客为主。一位家长是代理某品牌服装的负责人，以包裹邮寄的方式给女老师们寄来了几大包高档时装。老师的做法是：联合起来给家长写感谢信。将包裹集中起来，和信一起送到家长朋友的店面上，然后打电话告知家长此事并再次表示感谢。

方法三：抛砖引玉。家长送来了旅游时从外地带来的新鲜水果给老师们。老师的做法是：水果太多而易坏，送回去白白烂掉也实在太可惜，辜负了家长的心意，那就开一个"水果品尝会"吧。老师们也拿来自己家里的新鲜水果，和家长送来的水果一起与全班同学分享，顺便考考全班同学对不同地方水果特产的了解，让孩子们在吃东西的同时长见识。

案例 72   **条件不足，方法弥补**

[矛盾回放] 一年级的段老师是一名新上岗教师，平日里总是激情满怀、充满自信。可这几天却逢人就抱怨："你说这学校什么都好，就是教学设施太简陋了！这段时间我们班进入拼音的学习，好多学生感到很吃力。我还从家里拿来了自己的录音机帮助学生发音，我听说有的学校教室里就配有投影机，甚至还有配备了电子白板的，你说这教学设施差距这么大，叫我怎么教书呀？要是能让我们的学生看看那有多好呀！"听到这话的老师们也颇有同感："就是，有些内容，单靠讲是很难说清楚的，给学生们一演示保准明白，要不我们找校长说说？""没用的，没用的。"段老师连连摇手，"校长说了，教学硬件是逐一配备的，大家也不要去想那些了，老老实实地照本宣科吧。"

理性剖析

文中的段老师悉心教学，深知拥有先进的教学设备是促进和提高课堂教学质量的重要辅助手段。特别是针对低段儿童，老师更要注意从多方位刺激他们的感官，满足他们的好奇心，激发他们的学习兴趣。段老师积极主动地争取校长的支持很好，但由于种种原因，短时间内现有的环境不能改变，对段老师是个不小的打击，最后不得不放弃。难道真的就像段老师说的那样照本宣科吗？教学设备是死的，人是活的，我们能否在环境没法改变时，尝试创造环境？

化解策略

首先，调整心态，稳定情绪。当我们遇到不理想的环境时，想去改变它，这是我们解决此类矛盾的一种本能。有时经过我们的不懈努力，环境确实发生了变化；也有时虽经努力却有可能天不遂人愿，所处的环境只能改变一点甚至是没办法改变的。就像段老师遇到的这种情况，要么一头扎进死胡同里继续向校长提要求，要么寻求新的出路。其实什么是好的教学环境，并没有标准的答案。很多好的教学方法、教学方式，都是前人根据自己的实际总结出来的。我们不妨利用现有的教学环境去实践、去思考，创造出适合自己的良好的教学环境。

其次，传统教学，魅力依旧。随着现代科技的进步与经济的腾飞，越来越多的声、像、光、电等先进的可以远距离或超越时空限制进行教学的现代化设备成为提高课堂教学效率的硬件设施，发挥了人力不可替代的作用。但是提高教学效率，并不是意味着一定要以先进的现代化教学手段为前提。没有先进设备，同样可以开展丰富多彩的教学活动。人力的作用在课堂上依然是最活跃、最有效的因素，传统的教学方法如讲授法、启发式教学、发现法教学、谈话法等都是经过了长期的考验，有着其在教育教学中独特的作用，对此，我们必须继承和发扬。以段老师的拼音教学为例：多媒体演示设备或更高级别的电子白板，除了利用鲜美的画面和动听的音乐，创设一个特定的情境来吸引学生注意力，其最大的优势在于能将声母、介母、韵母按照老师和学生的意志来随意搭配。既节省了老师单一、机械的口述，又能让学生们像做游戏一样轻松地完成教学任务。从中我们可以看出，没有这些设备的学校也可以做到。老师给学习的内容创设一个情境，让学生分类制作声母、介母、韵母卡片。例如：拼读"qian"时，拿着"q""i""an"的孩子赶快跑到一起，将机器的"死"变成孩子的"活"，不也可以创造出更具生态化的教学环境来吗？

最后，美国加里·D. 鲍里奇的《有效教学方法》一书中讲到促成有效教学的关键行为有五种：一是清晰授课，这一关键行为是指教师向全班呈现内容时清晰程度如何，其相关表现为逻辑的、逐步进行的次序，清晰易懂的授课，没有分散学生注意力的不良习惯。二是多样化教学，这一关键行为是指多样地或者灵活地呈现课时内容，其相关表现为多样的教学材料、提问、反馈和教学策略等。三是任务导向，是指把多少课堂时间用于教授教学任务规定的学术性学科。教师用于教授课题的时间越多，学生的学习机会就越多。其相关表现为成就（内容）导向，而不是过程导向，使内容覆盖面尽可能大，教学时间尽可能多。四是引导学生投入学习过程。这一关键行为致力于增加学生学习学术性科目的时间。教师的任务导向应该为学生提供最多的机会，去学习那些将要评估的材料。其相关表现为限制分散注意力的机会，使学生就教学内容进行操作、思考和探询等。五是确保学生成功率，是指学生理解和准确完成练习的比例。呈现材料的难度水平已经成为任务导向和学生投入研究的一个关键方面。其相关表现为把 60%～70% 的时间，用在能给学生带来中高水平的成功率的任务上，尤其是在讲解式和传授式教学中。

总之，课堂教学不仅是知识的传播，更是思维方式的学习，教师在呈现知识的同时，必须言传身教，教学生学会学习，学会做人，对学生施予知识、人格、道德力量的综合感染。在此意义上，没有一种先进教学仪器可以取代教师自身的教育教学能力。教师需要考虑的是利用现有的教学资源将关键教学行为精心安排和组合成有意义的模式，以达到预期的教学目标。

案例 73　　　　　　　　　教师之间的竞争

[矛盾回放]随着城市化进程加快，某城乡接合部学校成了城区学校，校园硬件建设有了极大改观，新的教学楼、操场等都建起来了。但是教学质量没有随之变化，家长和社会意见很大，部分家长拒绝教育局的划片安排，拒绝送孩子就读这所学校。原来的校长自觉无力回天，申请调离。"临危受命"就任校长的张校长，原来在一所名校担任教学副校长。为改变学校的面貌，带着"新官上任三把火"的热情，制定了以提高教育教学质量为中心，以大力推行教师竞争为重要内容的《绩效考核管理方案》。

其中规定：以全市的统测成绩排名次，作为考核绩效的重要依据，实行"末位淘汰"；教师绩效优秀者，其晋职、进修、外出考察等，均享受优惠。

一开始，学校人心振奋，原有的沉闷气氛被打破了。比如，王老师是一位优秀教师，绩效考核方案一出，觉得有了证明自己能力的机会，焕发出了更大的活力。老师们谁也不甘示弱，学校出现了竞争的良好态势，教风的变化引发了学风、校风的变化。在学年末的全市统一考试中，该校的成绩也明显上升。

但是，第二学期开始，老师们的意见越来越多，甚至已经影响正常的教学。张校长大吃一惊，紧急召开教师座谈会，收集到以下问题。

一是教学研究少交流。个别优秀老师为提高自身成绩而在集体教研中"保存实力"，以前知无不言、言无不尽到现在缄口不语，校本教研活动名存实亡，"独自为战"替代了"协同作战"。

二是教学目标唯分数。"分数"成了老师追求的唯一目标，"教师教考，学生应考"。

三是挤占时间成常态。语、数、英等"主科"挤占其他学科的现象不少，特别是上两门课又担任班主任的老师得天独厚，随意占课。比如，王老师是一位优秀教师，提倡竞争以来，积极性更高，所教班级学生的课余时间和自习课均被他一人抢占，虽然他所教学科分数直线上升，但其他学科老师都来找张校长，不愿与王老师同教一个班。

四是到期末，虽然兑现了《绩效考核管理方案》，奖励不少，但老师积极性不高，有意见的不少。

以上的问题使张校长陷入了思考：难道老师之间不该有竞争吗？

理性剖析

早在 1907 年，德国法学家罗伯就在其著作中对竞争做过这样的解释：竞争是各方通过一定的活动来施展自己的能力，为达到各方共同的目的而各自所做的努力，而且竞争行为仅存在于同类商品的供应之间。综合各家学说，可对竞争赋予一个一般性定义，竞争主要是两个或两个以上的主体（有意识的个体或群体）在特定的机制、规则下，为达到各方共同的目的而做的较量，并产生各主体获取不同利益的结果。现代社会是一个充满竞争的社会，竞争是个人、集体、社会前进的动力。教师必须不断树立和激发自己的竞争意识，不断提高，增进活力。不能安于现状，故步自封，必须不断地自我加压，变压力为动力。案例中的张校长推行绩效考核取得的成效，说明竞争的确有利和有效，推行竞争是没有错的。

案例中的不足在于简单推行《绩效考核管理方案》。

首先是方向问题。以考试成绩作为绩效考核的唯一依据，违反了国家的《义务教育法》，背离了全面贯彻教育方针、实施素质教育的规定。教育行为是润物细无声，是心灵引领心灵、热情唤醒热情、经验积淀经验的长效行为。教师失去了从容的心态，不敢再多关注学生的长久发展，把重心转向急功近利的近期测试，唯"分数论"，背离了教育的初衷。

其次是惩罚问题。对于工人而言，质量是工作量、产品合格率的问题，工人可以从提升技术的熟练度、保证或增加工作时间等方式进行改变。被"末位淘汰"可能是技术差、不遵守劳动纪律和规程等的工人。对于教育而言，质量是无法用一次考试、一个分数加排位所能衡量的。用这样简单的一个数字对教师进行"末位淘汰"是不遵循教育规律的。"末位淘汰"带来了生存危机，被逼无奈的教师必然将教育教学异化为应对考试。并且，为了逃避惩罚，教师必然与利益相关方（方案的制定者、考评者、同被考评者）产生冲突，导致专业知识和技能保守封闭，人际关系紧张，个人发展停滞，并产生不正确的教育观念和教育态度等。

化解策略

科学的引领造就良性的竞争。科学的引领包括三个方面：科学的目标导向、全面的内容评估和人文的结果使用。

第一，科学的目标导向。

首先，坚持正确的办学方向。大力实施素质教育，摒弃应试教育，体现素质教育基本的要求。特别要认真理解"教育是民族振兴和社会进步的基石"，把立德树人作为教育的根本任务，培养德、智、体、美、劳全面发展的社会主义建设者和接班人。要把学生的成长、成才、成人作为教育的出发点和归一点，转变唯分数取向的教育教学行为，树立科学的教育质量观和人才观。

其次，重视和谐的团队精神。竞争是社会进步的动力，但是孤单的竞争、没有合作的竞争却是无力量的，只有竞争意识与合作精神相统一，竞争中有合作，合作中有竞争，才能推动学校的发展与进步。在管理中可以制定一些激励性的制度，鼓励合作，努力创设一个良好的学校人文环境，提倡教师间的团结合作，共同进步。

第二，全面的评估内容。

首先，教师个体绩效的考量必须在学校整体绩效的基础上从岗位绩效和协作绩效两方面同时进行，鼓励在协作基础上良性竞争。不能按时保质完成教学任务，与为了提高个体绩效而影响学校协同效应的发挥，是同等行为。面向不同的教师，以人为本，引导良性竞争，促进充分合作，激励团队精神。还要重视"青蓝工程"实施中老教师对年轻教师"传帮带"的过程与成效。

其次，针对实际，制定切实可行的办法。要把教研活动、课堂教学、课外活动、家校联动、社会实践等，纳入综合方案。综合方案还要特别注意适应新情况，例如，对留守儿童、流动儿童的关爱，对后进生的帮扶、转化，对学生人格品质的培养等，都必须纳入评价方案，体现针对性、综合性，力求公正、公平地评估教师的贡献和业绩。

最后，建立平时教学绩效与年终考评相结合的评估与奖励机制，做到过程与结果并重。

第三，人文的结果使用。

首先，变绩效考核为绩效认定。绩效评价考核是建立一套标准和系统，看教师做到没有。不可能有大家都满意的方案，所以不可能有大家都满意的考核。绩效认定是除了刚性的常规要求，如法律法规、劳动纪律、教学常规等必须遵守之外。教师的成绩和效果采用"个人申报＋综合认定"的方式，主要认同教师在教育教学中扎实又有创意的劳动，不再重视教师什么没有做到，而是关注教师做了什么、有何效益，激发教师更大的积极性和创造性。

其次，重视绩效考核结果的运用，大力表彰先进集体和先进个人，充分发挥正能量，增强凝聚力。评定先进，除量化考核外，一定要充分发扬民主，广泛征求师生意见。学校管理者要引导教师合理、公平竞争，友好地竞争，避免教师为竞争所困。在公平的竞争中，教师会更加紧密地团结在一起，就不会伤害彼此的感情。同时，学校也应从公正、公平和师德、师能兼顾的角度出发进行评选，让先进成为大家学习的榜样。

案例 74　　　　　着眼未来，缓解阵痛

[矛盾回放]又是一个新学期，孩子们背上书包兴高采烈地到学校。结果大家见到学校对面的工地上突然多了很多工人，原来是要修建一所新的公立幼儿园。虽说是一件好事情，但是巨大的噪声和飞扬的尘土严重地影响了老师的授课和大家的身体健康。一时间投诉和抱怨声接踵而来，家长们的意见特别大。这让老师们左右为难：一方面，应该支持幼儿园的建设；另一方面，孩子们的学习和健康该如何保障。大家陷入了两难中……

理性剖析

老师们面对如此境遇确实非常头疼。一方面，为了完善社区的教育资源配套，修建一所公立幼儿园是大家期盼已久的大好事，可以为更多社区的孩子们解决上幼儿园难的问题。但是另一方面，因为施工的空地离学校较近，特别是打桩所产生的巨大噪声和尘土确实很影响老师们的正常教学和大家的身体健康。那么，在这个时候所有人相互理解、沟通以达到共识，就成了解决问题的关键。

化解策略

处理类似问题可以从降低外部干扰、提高自身抵御能力、加强沟通三方面入手。

首先，老师应该及时向学校领导如实反映学生家长对校外环境干扰学生学习的意见，以及家长认为噪声和粉尘会对学生身体造成损害这一实际情况，请学校领导出面，与社区领导一起找施工单位及其主管部门协商，适当调整施工方式和施工的进度。例如，采取浇水降尘的办法减少粉尘对环境的影响，调整那些有重大噪声施工项目的施工时间，尽可能在学生放学以后打桩（小学放学一般都较早）或是在周末打桩，因为打桩所造成的污染是目前最大的矛盾，其他正常的施工建设大家还是可以理解的。

其次，在教室的布置中，老师可以组织学生自己动手，尽可能地优化教室的环境，例如，购买或自己种植一些绿色的植物，放在教室里净化空气，有条件的班级还可以组织大家一起凑钱买一个空气净化器，价钱不贵，效果也好。在课堂上，如果噪声特别大的时候可以关上窗户，老师们上课时尽量使用扩音设备，通过展示课件、详写板书等方法尽量降低噪声对授课质量所带来的影响。

最后，召开年级或者全校家长会，向家长说明学校做出的努力、班级进行的建设、老师教学方法进行的调整。跟家长沟通：面对这样的困难，家长、学生、老师、学校都应该确立一个良好的心态和正确的认识，现在所困扰大家的施工问题只是暂时的，而且从长远来看这是一件造福后代的大好事。它的顺利建成能解决附近很多孩子上学难的问题，所以，我们现在的牺牲和更多的理解是很有价值和意义的。

总之，学生的健康和安全是最重要的，老师们要尽最大的努力保障学生和自己的权益。当然，同时也应该积极支持国家的建设，毕竟眼前的困难只是暂时的，"阵痛"过后造福的是更多的孩子。

案例 75   **班规的制定与执行**

[矛盾回放]李老师是一位会学习、有思想、有激情的新老师，担任班主任之后学习了很多班级管理的方法，制定了一套细致的班级量化考核制度，有加分项目，有扣分项目，从学生在校的行为习惯到上课的纪律要求，一应俱全，他希望学生在班集体中自觉遵守，不断改正，不断进步。

班规开始生效后，同学们都按照要求去做，班干部也按各自分工对不同项目进行评分，班集体的管理有条不紊。但班级中一个叫张超的学生在考核中的得分一直远远低于其他同学而排名最后。而且李老师最近发现，张超并没有因为排名最后而引起重视、奋起直追，反而越来越违反班规。班干部也反映，现在张超因为违反班规被扣分时，不像以前那样感到紧张、难过，而是一副满不在乎的样子："扣吧，扣吧，随便扣，想扣多少就扣多少！"李老师找来张超，语重心长地说："排名最后，你都不反省一下自己的问题吗？你都不知道要奋起直追吗？"张超一副不屑的样子："我反省了呀！我发现不管我怎么努力，我都赶不上人家，我都是最后一名，少扣一分、多扣一分有什么区别呢？"

理性剖析

以上案例突出反映了学生发展与班级管理制度的矛盾。建立班级管理制度是班级管理的前提，好的班级管理制度能很好地激励学生，使学生在遵守制度中思想受到教育、行为得到规范，形成正向的推动力。班级管理制度要起到良好的正向促进作用，制定班规时需要遵循一些原则。第一，要吸引学生参与制定，既保证严肃性，又能让学生乐于接受、自觉维护；第二，明确地向学生说明班规的适用条件和背景，让学生在理解的基础上贯彻班规；第三，班规应少而精，将班规精炼为最基本、最适宜的10条左右；第四，班规要适度，班规过于严格、详细就意味着学生的自由度过窄，学生"犯错"的概率就很高，班干部就会整天忙于记录犯规的同学，老师的精力也因此陷于无休止的鸡毛蒜皮的小事中；第五，班规表述以正向引导为主，注意以积极的语言激励学生，让学生产生良好的心理效应，特别是对于部分后进学生、"问题学生"，班规的目的不是惩罚，而是要给这些容易出问题的学生改错的机会。

化解策略

班级制度要为每一个学生的发展创造机会。

首先，案例中的李老师可以改变制定班级制度的方法。当发现现有班规不能起到良好作用时，老师应该及时重新调整、制定新班规。制定班规时，让学生积极参与，主动思考班规条例的必要性并加深理解，对不同规则进行比较，自己选择制定并主动遵守。

学生参与班规制定的程序可以采用"规则制定五步法"。第一步，我想要的班级规则。每个学生写下自己在班级中需要遵守的3～5条规则。第二步，我们组想要的班级规则。分组讨论，比较各自写的规则的异同，形成6条共识性规则，以及为什么需要这些规则的原因，并做好记录。第三步，我们班想要的班级规则。小组讨论后，每组发言人用 3～5 分钟的时间陈述本组的讨论结果，在教师带领下，统一归纳出几条原因。综合各组意见，每组再列出 6 条以内达成共识的纪律规则。综合小组讨论，教师把讨论出的规则都写在黑板上，相同的不用重复再写。第四步，我们班形成的班级规则。教师和全班学生讨论黑板上的规则，并对规则进行归纳、合并。全班总结出 10 条以内具有一定概括性的规则，尽量不要在规则中使用否定性的措辞，比如，"不要""禁止"等。第五步，我承诺遵守班级规则。学生写下这些经过总结的规则，内容包括规则、必须遵守自己制定的规则的承诺，并签字。

其次，在全班群策群力制定出班级制度后，在执行班规时还要坚持相应的原则，注意执行策略。第一，让规则有尊严，有教育意义，关注养成的各个方面，要告诉学生怎样去做，对于违反者要有相应的处理方法，班规才能通过并生效，才能用心灵赢得心灵。第二，班规的执行要创造"非胁迫的气氛"，不要让学生背上心理负担，注重学生的感受，以询问而不是教导的方式指出学生问题，营造良好的班级环境，让"问题学生"没有滋生问题的土壤。第三，班规是死的，人是活的，在执行的过程中，如发现不妥，也有必要对规则进行适当的调整。第四，学生违背班规后，惩罚必不可少。教育惩罚是一种客观需要，是教育手段之一，我们既不该回避它，也不可迷信它。需要注意的是，惩罚必须明确，最需要的是把惩罚条理化、具体化、明晰化。这里给教师们推荐美国专家拉里·J. 凯尼格在《课堂纪律问题预防与应对》一书中介绍的课堂规则的系统执行法。具体包括以下三步。

一是制定五项处罚措施。

注意事项：(1)三言两语说明问题。(2)句子简短，不超出表格。(3)简单易懂。(4)给五项处罚措施排序：最温和的排在第一，最严厉的排在第五。

处罚措施范例：(1)取消课间休息的权利。(2)去其他教室禁闭思过。(3)独自用餐。(4)课后留校。(5)罚做作业。(6)写检查。(7)把座位移到最靠近教师的位置。(8)与教师单独谈话。(9)与教师和校长谈话。(10)给家长打电话。

二是印制《课堂纪律管理表》(见表 5-1)，发给学生。

表 5-1　课堂纪律管理表

学生姓名：＿＿＿＿＿＿＿　　　　　　　　　　日 期：＿＿＿年＿＿＿月＿＿＿日

课堂规则			
1.			
2.			
3.			
4.			
5.			
6.			
7.			
处罚措施			
A.	B.	C.	D.
E.	F.	G.	H.

家长注意：请签名并填写日期。你的孩子务必于明日或周一把表交给教师。教师在上面表格里填了哪个数字，就说明你的孩子在课堂上违反了哪一项规则。

评价：

家长/监护人签名：＿＿＿＿＿＿＿＿＿

日期：＿＿＿年＿＿＿月＿＿＿日

三是图表使用说明。

(1)学生每天携带《课堂纪律管理表》，表格每天需要填写日期。

(2)建议每周一让学生把规则和处罚条例写进《课堂纪律管理表》，处罚措施写在标有 D 至 H 的线上(便于强化)。其余项目是事先印好的。

(3)在教室上课务必带上《课堂纪律管理表》。

(4)如果违规，任何一位教师都会让学生拿出该表，在标注了字母 A 的空格里填上规则代码。如果再违规，教师就会把违规代码填在下一个空格里。

(5)空格 A 到 C 是缓冲区，用来警告学生。空格 D 到 H 是处罚空格，一旦被填，将受相应处罚。

(6)图表每天都要带回家，让家长签名后再带回学校。哪一天家长没签字，教师就会在空格里填上相应的违规代码。(目的是要家长配合。)

(7)学生违反规则时，教师走到该学生座位前，让他拿出《课堂纪律管理表》，轻声问他违反了哪条规则。（注意，不要与学生争吵。如果学生持有异议，可以这样说："我现在没有时间。你要是愿意的话，我们下课后再讨论。"）在学生的《课堂纪律管理表》上注明相应违规代码后继续讲课。

(8)努力发现学生的积极表现，并在《课堂纪律管理表》的评价栏记录。对行为不当的学生更应如此。

案例 76　　　　　　　　适应环境，与时俱进

[矛盾回放]"烦死了！"李老师满脸怒气地回到办公室。同事们以为她发生了什么事，纷纷围过去关心她。原来是学校最近更新教学设备，将李老师教室里的设备换成了交互式电子白板。可李老师觉得电子白板用起来不如以前的设备那样得心应手，而且学校还要求她尽快熟悉电子白板的使用方法。李老师认为："原来的设备好好的，为什么要更换设备呢？我们以前一本书、一支粉笔、一块黑板，不照样教出了好学生？现在尽搞这些没用的东西，学不好的学生还不是照样学不好……"虽然同事们不停地劝慰，可李老师还是怒气未消，抱怨不止。

 理性剖析

本案例中李老师因为不能很好地适应新设备带来的教学环境的改变，而感到内心烦闷，致使脾气暴躁。一方面，社会飞速发展，对教师职业道德、专业知识、专业能力要求越来越高；另一方面，部分教师故步自封，跟不上形势的发展，这种强烈的反差就会造成教师内心的惆怅与彷徨。再加上教师生活空间的相对狭小，日常工作重复、少变，相同的教材、相近的教法、相似的学生，日复一日、年复一年，教师不断地重复着"备课—讲课—批改作业"的工作轮回，少了应有的活力与激情。在这种缺乏活力的生活中，教师实现自我的内在动力难以激发，对于新事物的出现、新环境的改变常常会不自觉地产生抵触的情绪。

化解策略

教师要适应不断变化的教学环境。

首先，更新观念，适应变化。世界在不断向前发展，我们的生活也是日新月异，没有什么是一成不变的，包括我们的思想。我们早已经过了"一本书、一支粉笔、一块黑板"的时代，在教育改革不断推进的今天，我们应该意识到：教师不再单纯只是一个教书匠，教师是知识的传授者、倡导者，是学生思想的启蒙者，是学生学习的引导者、组织者、促进者，是学生的智慧潜能的激发者，是学生思维火花的点燃者，是师生交换意见的参与者……新形势下的教师只有不断更新教育理念，学习并掌握新的教育教学手段，才能跟上不断变化的教育新形势。

其次，勤于学习，充实自己。陶行知说："教师必须学而不厌，才能诲人不倦。"现代社会的教师应该是一条滚滚流淌的小河，而不只是"一桶水"。书到用时方恨少，只有勤于学习，才能弥补时代发展、学生需要与教师已有知识、技能的差距，教师才会更充实，更自信，给学生的也才能与时俱进。案例中的李老师因为不善于学习新技术，不但没能从新设备中受益，而且因此烦恼不已。现代教育提出了"终身学习"的观念，教师自己首先就要以身作则。

教师要不断更新知识结构，并且在知识积淀过程中渐渐形成诸多良好的品质，以及对真理的追求与敬畏。唯有如此，才能让我们觉得自己还年轻、还具有活力、还能够跟得上时代的发展步伐。如果放弃学习，我们将自动与工作脱节，那么最终的结果就是淘汰自己，退而以养！

最后，善于反思，提升自己。苏霍姆林斯基说过："如果你想让教师的劳动能够给教师带来乐趣，使天天上课不至于变成一种单调乏味的义务，那你就应当引导每一位教师走上从事研究这条幸福的道路上来。"教学实践是一个教师专业成长的必由之路，而教学研究是素质提升的必要手段。教学研究不在于发现了多少新东西，而是对已有知识和经验的总结、反思、提升。如果只有实践，没有实践之后的反思、总结，教师的劳动只能是日复一日枯燥地重复，自然会像案例中的李老师那样不能从教学环境的改变中感受到幸福。波斯纳指出："没有反思的经验是狭隘的经验，至多只能成为肤浅的知识。如果教师仅仅满足于获得经验而不对经验进行深入的思考，那么他的教学水平的发展将大受限制，甚至会有所滑坡。"所以，教师必须善于反思，在自己的教育实践中始终保持清醒的头脑，不断提升自我，超越自我，实现自我。

案例 77　　　　　　　　　**薄弱学校的优秀青年教师**

[矛盾回放]刘老师所在的学校是典型的薄弱学校，学校办学规模较小，办学条件也不够好。因为各种现实原因，多年来学校总是留不住教师。刘老师是一位非常优秀的语文教师，她已经在该校任教5年了，在这五年间学校有的年轻教师调走，有的离职，剩下的教师多为中老年教师。刘老师也打算今年带完六年级后向学校申请调出。

一天，刘老师郑重地对校长说："校长，这是我的请调报告。我大学毕业来这所学校已经5年了。这所学校条件差，绩效低。我结婚4年，还没房子住，孩子也无法入托，实在有困难。况且，我校的年轻教师，进城的、改行的都找到了自己的出路。校长，您来这学校也快一个学期了，我们彼此无恩无怨，请您给我安排个简单的工作，我边干边办调动。"

校长听了，先是心头一震，转而深情而诚恳地说："小刘啊，你能把心里话说给我听，就是看得起我。人往高处走，你还年轻，大有前途，我同意你调动。虽然我来到这所学校时间不长，可我了解你。5年来，你工作勤勤恳恳，任劳任怨，从来不缺席、不早退。自从你教该年级语文以来，学生大有长进，学生很爱听你的课。只是学校目前有诸多困难，多年来欠老师的太多，伤了老师们的心，才迫使有些老师调走！请你相信，在我任职期间，如果不把学校面貌改变，我接受大家批评！调动的事你尽管办，课你照样教。你这个人我知道，不让你上课，你会不舒服！"

自打这次谈话以后，刘老师与校长之间的距离拉近了。他有什么话都愿意跟校长讲，有什么想法也愿意和校长谈。校长也时常与刘老师谈个家长里短。事实正如校长所预料的那样，刘老师虽然在办调动，但从不缺课，工作抓得有条不紊。

一次，刘老师向校长反映：由于学校开放制度不健全，各种设施不好看管，玻璃总被打碎不说，还经常有不三不四的人进校骚扰；值班室里又脏又破；学校复印机经常坏，出套复习题都没法印……刘老师没完没了地说，校长一一记在心里。

一天，轮到刘老师值班。晚上，他来到值班室，一下子愣住了：室内干干净净，床上一床新被子，桌上一瓶热开水……这一夜，刘老师感到心情非常舒畅。不久，教研组长告诉刘老师，学校新买了一台速印机，今后印材料，一律送到打印室，由专人负责。

转眼，学校放了暑假。六年级学生升学情况怎样，估计快下来了，刘老师在家里怎么也待不住，便来到了学校。只见后勤人员正在组织工人师傅维修校园，校园里热火朝天，校长也在其中忙前忙后。见到刘老师，校长说："告诉你一个好消息，本期我校六年级考得很好，你为我校做出了贡献，就是调走了，功绩也会记在你头上，我顺便找找熟人，争取假期给你办好调动，一开学你就去新单位报到……"校长还没说完，刘老师的眼睛已经湿润了，他有些内疚地说："现在，我已经不想调动了。"校长听了，拍着刘老师的肩膀说："太好了，那我们就一起干吧！"

理性剖析

从以上案例看，矛盾主要表现在刘老师追求自身进步与学校办学环境间的矛盾。当下，尤其是薄弱学校与优秀青年教师间的矛盾日渐突出，骨干教师频频外流，这成为许多中小学管理者面临的困难。如何留住优秀教师，靠什么留住优秀教师，成为中小学校亟待解决的难题。刘老师着眼自身的发展和个人需要，想到较好的学校寻求发展是一个追求进步的教师再正常不过的需要了。如何化解矛盾，提高学校办学的软硬件，也是学校的管理者需要下功夫的。

化解策略

营造良好的教育教学环境、搭建教师发展平台、完善有效的激励机制是留住优秀教师的必要措施。

首先，在市场经济的冲击下，教师流动是社会发展的一种正常现象。但是骨干教师流动对于学校管理者而言，是流失了优质的教师资源，在一定程度上影响了学校的教育质量和教育环境。而且教师单向、无序的流动造成中小学教育质量的滑坡，扩大了城乡差距，导致择校热不断升温，有悖教育公平，影响教育的均衡发展。

其次，营造良好的教育教学环境，可以从两方面入手：一是加强学校硬件设施的建设，为老师教育教学提供更多的帮助和更好的服务。同时，学校还要有明确的发展目标，只有学校发展了，才能够为优秀教师构筑发展的平台，让他们获得更多的成长机会。二是营造学校良好的文化氛围。学校管理者对教师要有温馨的人文关怀，要尊重优秀教师，营造出一种尊重人才的氛围。管理者还要协调人际关系，使优秀教师心情舒畅，要畅通沟通系统，开诚布公，倾听教师意见，让每个教师都有发表见解的权利和机会。案例中的这位校长就是靠学校的快速发展，实现优秀教师的个人回报，营造温馨的人文关怀和亲和的文化氛围把骨干教师刘老师留住了。因此，学校管理者要结合学校发展的实际，建立和完善一套适合自己的有效的管理机制，把优秀教师留住，并吸引其他学校的优秀教师过来。

最后，搭建平台，完善机制，实现教师个人价值。一是让教师实现专业发展。每位教师都有追求事业成功的心理需要，这是实现教师专业发展的具体体现和不断获得新成功的强大内驱力。教师的专业发展渠道多种多样，可以是分层次、多角度、丰富多彩的培训；也可以是承担教育教学课题研究；还可以是为教师提供展示个人教育教学见解、研究成果的机会……二是让教师参与学校管理。可以让教师为学校各方面提出合理化建议；也可以让骨干教师监督学校有关措施的落实；还可以让骨干教师成学校的管理者。教师成了学校建设与发展的主人，自然愿意留在学校，也就能有实现自我的内驱力。另外，学校可以从信任激励、参与激励、竞争激励、成就激励、评价激励五个方面激励教师，完善科学、合理的竞争激励机制。激励教师充分发挥出自身的潜能，达到个人价值自我实现与促进教育发展的目的。

案例 78　　　　　　　　学校搬迁风波

[矛盾回放]由于老城区改造，位于曾经繁华的中心城区的某小学面临整体搬迁。该小学历史悠久，曾经风光一时，办学效益和社会声誉都很高，许多老师都以能进入该校任职为荣，学校的老师也广受社会好评。但是，随着城市的发展和变迁，曾经的繁华渐渐不再，由于城区的整体改造，政府决定拆除旧校舍，重建新校址，延续了几十年的学校历史将面临断裂的危险。消息一公布，立刻在学校引起震动，老师们反应激烈，纷纷表示不愿意搬迁，不能放弃学校的历史沿革，强烈要求校长带领全体老师向相关政府部门和领导请愿。

理性剖析

当前我国正处于高速发展时期，城市规模和城市面貌急剧变化。案例中出现的为了配合旧城区改造而让学校整体搬迁甚至撤销学校的情况屡见不鲜。这起矛盾中，最关键的不是学校搬迁的原因，甚至也不是学校是否搬迁，最关键的是做出搬迁决定是否征求了教师的意见，是否得到了教师同意。

《国家中长期教育改革和发展规划纲要(2010—2020年)》指出，要"完善中小学学校管理制度。实行校务会议等管理制度，建立健全教职工代表大会制度，不断完善科学民主决策机制。建立中小学家长委员会。引导社区和有关专业人士参与学校管理和监督"。依照该文件精神，对于学校搬迁这么重大的办学事宜，是应该听取全体教职工、家长的意见的，如果大多数教职工、家长反对，不能由行政部门强令搬迁。

但遗憾的是，本案例中的学校被决定搬迁的过程中，有关行政部门并没有听取教师和家长的意见，没有尊重教师的知情权、参与权、表达权，更不用说决策权。当前，某些地方政府部门在决策时不顾学校教师、家长的意见，由行政部门直接拍板，缺少民主决策。我国近年来出现的很多学校教师、家长和行政部门的冲突，以及地方教育的盲目建设，都和这种决策模式相关。一刀切、一哄而上的撤点并校，也因为这种行政决策模式而激发矛盾，造成不良影响。

化解策略

教师如果遇到这样的矛盾，应该理性面对，以平和的心态正视矛盾，智慧地采取有效策略化解矛盾。

首先，教师要团结一致，合理维护自身和学校权益。争取先在学校内部通过集体讨论和民主决策，理性分析学校发展方向和学校搬迁决策的优势和劣势。学校教师团队达成共识，形成合力。

其次，争取家长和社会的同情和支持，但注意要以合情合理的方式，不要故意煽动民众对政府的对立情绪，激化矛盾。如果能得到家长和社会各界的理解，学校和教师必然能得到更大的自主权和决策权。

再次，通过正规渠道和合法的方式，向相关政府部门呼吁办学自主权和民主决策权。争取在完善学校内部治理结构的基础上，扩大学校办学自主权，推进相关政府部门决策的科学性和管理的有效性。

最后，教师作为高级知识分子，还可以通过写文章、发起公开讨论等方式，指出行政随便干预教育的危害，呼吁按教育规律办学，避免急功近利，应树立教育尊严和学术尊严，真正办老百姓满意的教育。

　　教师是文化的传播者，是学生的引路人，面对一些社会不公或不合理待遇时，如果能采取有技巧的策略智慧地化解矛盾，不仅解决了自身遇到的问题，同时也推动了社会的进步和发展。

案例 79　　　　　　　　教师惩戒权和学生权益的平衡

　　[矛盾回放]八年级王老师班上的小军已经连续几天不到学校上课，教师多次联系家长并上门劝告，才让小军重回学校。王老师对小军进行了批评教育，苦口婆心的话才刚刚开头，上课铃响了，小军理直气壮地要求回教室上课，并声称老师没有权利禁止他进入教室。

　　小军回教室后，并没有认真听课，而是不时扰乱课堂秩序，在上课时干扰同学，甚至辱骂老师。任课老师除了批评几句也不能采取任何惩罚措施，否则，小军就声称老师侵犯了自己的受教育权，要对老师进行曝光和举报。

🎯 理性剖析

　　有个笑话说："最可怕的人是十来岁的孩子，他们有无尽精力，还有《未成年人保护法》。"随着社会的进步，人权越来越得到尊重，特别是青少年儿童的权益，更是得到极大提高。学生们的权利意识大大增强，社会舆论也往往倾向于指责学校侵犯学生权益，这让学校和教师在一定程度上成为"弱势群体"。许多老师反映，现在的学生"管不了"（学生拒不遵守规章）、"管不起"（学生受了批评就跳楼）、"管不得"（媒体批评教师采取的处分措施侵犯了学生的受教育权）。在进行教育时都要小心翼翼，唯恐触及敏感的儿童权益问题，一不小心，就可能成为社会负面新闻，如果涉及体罚学生，更是让老师马上成为众矢之的，面临行政处分。

　　这种情况是由于教师惩戒权的缺失和惩戒程序设置不周造成的，当前的教育政策法规对惩戒权缺乏明确界定，教师对于学生的严重违纪不能惩罚，只能睁只眼闭只眼。这看似没有侵犯违纪学生的受教育权，实则有不作为嫌疑，不仅严重损害学校的教育质量，也会对违纪学生和其他学生的受教育权造成消极影响。

📖 化解策略

　　首先，教师要发动学生民主参与校纪、班规的制定。现在很多学生不遵守校纪、班规，很多时候是因为校纪、班规不合理或不符合学生实际情况。教师如果能真正尊重学生的意愿和权益，制定合情合理校纪、班规，让学生自觉自愿地理解和执行，不发生严重违纪情况，将矛盾消弭于无形，当然是最理想的状态。

其次，加强自身对法律、法规的学习和认识，并组织学生开展法律、法规学习。教师应对教育政策、法律、法规、青少年权益保护法有全面、清晰的认识，并要让学生也正确认识相关法律、法规。使师生双方真正了解并保护学生合法权益。

再次，教师要自尊、自律、自强，不卑不亢。学高为师，身正为范，师道尊严来自学生、家长和社会发自内心的尊重，在保障学生权益的基础上的教育甚至"惩罚"，才更有说服力，才能取得更好的教育效果。

最后，制定《教育惩戒法》，赋予教师教育惩戒权。教育惩戒是一种客观需要，是教育手段之一。不能迷信它，但也不可回避它，要把惩罚条理化、具体化、明晰化。教育是什么，按照素质教育的说法，它是促进人的全面发展的事业。而明辨是非、遵守纪律是人的全面发展的应有之义。正因如此，"有纪律"才成为我国"四有人才"的标准之一。众所周知，纪律既包含行为模式又包括违纪后果，违纪后果即意味着对违纪者的惩戒。从这个意义上讲，教育惩戒对健康的教育而言，不仅是必要的，而且是必需的。有人说，没有惩戒的教育是不完整的，对学生健康人格的形成不利。因此，如果我国能制定《教育惩戒法》，明确授予教师教育惩戒权，可以让教师理直气壮地行使教育权，让教育惩戒有法可依。制定明确的惩戒条例，防治教师过度惩戒、不当惩戒，把惩戒关进法律的笼子。

案例 80　　　　　　　告别"星期一综合征"

[矛盾回放] 小学一年级老师的班级管理日记。

2010 年 9 月 13 日　星期一　晴

开学第三周了，今天感觉特别累。不只是孩子们，也包括老师。很多老师都在议论：今天的孩子们，特别浮躁，坐不住。

以语文课为例，平时进了教室 10 秒就能安静的孩子，今天却花了 2 分钟还没安静下来。整堂课上，对于老师的提问，孩子们也显得无精打采。相较于平时高高举起的一双双小手，今天寥寥的几双小手显得那么的孤单。

按常理来说，刚休息了两天，孩子们的精神状态应该很好才对呀，怎么回事呢？我百思不得其解。静下心来仔细找原因：星期一早晨是升旗仪式，紧接着便是体能训练，孩子们连续站了近一个小时，估计是累了。他们小小的身躯，还无法承受这样强度的训练。慢慢来吧，宝贝们，老师盼望着你们每个人都拥有强健的体魄。

 理性剖析

其实这也是教师、学生与环境的矛盾。学生由于年龄较小及对前两天周末美好假日生活的留恋，加上星期一早上升旗、体育锻炼等连续活动，进而影响和干扰了学生的情绪与行为，自然容易引起一阵难以摆脱的困倦和注意力不够集中的现象，这就是在成人和学生中都可能产生的"星期一综合征"。

 化解策略

作为教师，我们要重视星期一学生生理和心理的双重"过渡期"，想办法帮助学生进行自我调节，以良好的精神状态投入新一周的学习中。

第一，建议家长在前一天不要安排过于刺激、高度兴奋的活动，特别是周日晚上要保证孩子的睡眠时间。

第二，多表扬和鼓励孩子。

第三，教师在星期一上午的教学内容要适当，给学生一个心理缓冲的时间。在教学设计中要充分考虑"星期一综合征"因素，让周一的课堂教学生动、活泼、有趣，可以安排竞赛活动、操作活动、角色游戏等。

第四，给学生一个放松的晨会，教师尝试运用一些轻松的游戏活动对学生进行自制力和专心训练。

活动 1：慢跑放松。

这是一种常见的运动放松方式，能有效缓解升旗和锻炼后的身体疲劳。慢跑速度比走路稍快即可，让学生的心肺功能逐步恢复到安静状态，让紧张的肌肉群得到放松，使体内产生的乳酸得到消除，达到舒缓心情和放松身体的双重效果。

关于慢跑放松活动，教师不要提过多的要求，让学生自主活动，尽量把学生组织成小群体，避免学生单独活动和全班统一活动。教师要做好活动的指导和保护，还可以启发学生小群体自创放松方式。

活动 2：想象训练。

让学生坐在座位上，闭上眼睛，配上轻音乐，在教师缓慢的语言引导下想象自己在一个美丽、宁静的地方，从而感到舒适和悠闲，放松身心。引导语设计举例：请同学们闭上眼睛，让我们用心聆听周边的声音。大家听到了吧，风声、鸟鸣声、树叶的沙沙声、小河的流水声……大家用心去聆听吧，想象我们走进了一个非常非常美丽的地方。那里啊，绿树成荫，河水潺潺，群山环抱，我们在林中漫步，在河边嬉戏，在尽情呼吸新鲜空气，在尽情享受大自然赐予我们的一切……

活动 3：写拼音。

闭上眼睛，用拼音倒着写词语。教师在黑板上或投影屏幕上呈现十个左右的词语，让学生闭着眼睛用笔在本子上倒着写拼音，看在规定时间内谁写得又多又好又正确。

活动 4：倒数活动。

让学生坐在座位上，闭上眼睛，全身放松，调整呼吸至均匀缓慢，心中默默数数(从 50 倒数至 1)。

活动 5：清脑活动。

让学生闭上眼睛，伴随着轻音乐，教师用引导语引导学生放松地坐在座位上，把双手分别放在胸前和腹前，就像两只碗扣在上面，然后教师用引导语引导学生想象：心中的烦恼和杂念都被这两个碗吸掉。这是一种意念训练，活动中请学生集中注意力，相互之间不要交谈，5～10 分钟后活动结束。在这期间，教师反复讲述同样的指导语。

也可以用 1 分钟静坐来清脑。让学生以比较舒服的姿势坐在座位上，闭眼默数 60 秒，可重复 2～3 次，看谁能准确地闭眼 1 分钟。学生在数数计时的过程中，注意力自然集中，心无旁骛。

第六章　学生与学生

概述

　　在各种交往与活动过程中，学生之间很容易产生各种矛盾，这让作为未成年人的学生非常苦恼。如果矛盾处理不当，自然会影响学生的健康成长。特别是现在的学生很多是独生子女，一方面，"6＋1"式的家庭教育问题多多。家庭里的 6 个大人，把 1 个小孩视为珍宝，宠爱有加，不知不觉把喜爱变成了溺爱，导致部分孩子以自我为中心。另一方面，由于多元化信息的长期包围，封闭的圈养生活，以及没有兄弟姐妹做伴的孤单，导致孩子缺少与同伴平等交流的机会，孩子与他人平等相处、沟通合作的能力不高，但孩子从内心深处又充满对伙伴群体的渴望和与人交往的向往。

　　研究表明，儿童通过观察和模仿获得社会行为，其习得社会行为的主要方式是观察学习和替代性强化。学生如果看到他人被表扬、获得成功，就会主动去模仿，产生趋同的行为倾向；如果看到他人受惩罚、失败，就会有意识地避免类似行为的发生。儿童个体和社会环境的相互作用（包括社会交往）决定着儿童的心智成长，儿童与教育者、儿童与儿童之间的活动是儿童心理发展的社会源泉，儿童活动的质量、社会交往的质量决定其成长的质量。

　　正确处理好学生间的矛盾是教师工作的重要组成部分。本章提供的 13 个真实而鲜活的案例，提出了教师处理和解决学生间矛盾的三大策略。

　　一是帮助学生控制情绪，确定化解矛盾的切入点。

俗话说："金无足赤，人无完人。"每一个人都是独立的个体，不同的成长环境造就不同的性格，因而人与人之间存在分歧，产生矛盾是很正常的。教师应该明确给予学生这个概念，让学生学会以正确的态度对待矛盾和分歧，学会在矛盾中站在他人的立场换位思考，学会用智慧和恰当的方式解决矛盾。教师应该有意识地在平时的活动或交谈中教育学生正确处理好人与人之间的关系，做到自尊自爱，不卑不亢；严于律己，宽以待人；学会尊重和关心他人；善于调控自己的情绪，及时排遣压力。同时，教师也要培养学生的积极情感，让学生具有乐观、开朗的心态；培养学生的合作精神和团队意识，使他们善于与同学和老师沟通、交往，建立良好的人际关系。

二是引导学生关注细节，寻找化解矛盾的突破口。

学生间产生了矛盾，教师要及时深入细致地调查矛盾的产生原因，不能采用"我猜想……""我估计……"的方式去捕风捉影，而应该把事情调查清楚以后再做决定。因为教师的草率处理会在一定程度上委屈甚至伤害学生，造成学生反感和厌恶的心理。

学生之间如果发生矛盾，教师要引导学生分析原委，关注细节，让学生更深刻地认识到事情的是非曲直，避免以后再犯类似的错误。同时，教师面对学生间的矛盾，应冷静下来反思自身的工作，不能草率地采取一刀切的方式，甚至极端地体罚学生。要"多用情，少用气"，以情感人，以情动人，巧妙地引导，把产生矛盾当成认知过程的一部分，在化解矛盾中成长。

三是教给学生处理方法，取得化解矛盾的好效果。

教师与其随时在学生发生矛盾时像消防员一样去救火，不如帮助学生掌握一些化解矛盾的方法和技巧，从而提高学生认识问题、分析问题、解决问题的能力。

首先，教会学生宽容待人。常言道："让人三分不为输。"此话不无道理，胸怀一颗大度的心，能达到"大事化小，小事化了"的目的。教育学生学会主动谅解对方，诚挚、友善、宽容的话语能抚平学生间的隔阂。

其次，引导学生平衡心态。要让学生明白，如果同学间产生了矛盾，矛盾之初双方的心理都处于一种适应阶段。可以先采取冷处理的方式，过一段时间后自然而然地淡化矛盾，在恰当的时候再主动地联系和关心对方，矛盾也就迎刃而解了。

再次，指导学生正确处理冲突。和同学产生矛盾后，不要耿耿于怀，特别是在双方情绪都特别激动的时候切忌火上浇油。这种做法最容易激化矛盾，既解决不了问题，还影响友情。此时更需要冷静、理性地处理。也不要总是重提旧事，反复纠缠，因为这容易把刚刚恢复的"伤口"重新"撕开"。这时，如果双方都能心胸宽广、不计前嫌，尝试主动与对方沟通和交流，那么双方关系的重建也就水到渠成了。

最后，鼓励学生主动接触。有些同学，特别是中学生在发生矛盾之后，往往因负气不愿主动与对方交往，或者顾及自己的面子，或者担心对方不接受反而尴尬。教师要让学生知道，只要情感真挚并且时机把握得好，双方的不愉快是很容易化解的。例如，理智地约请对方单独沟通，把自己的想法、观点、建议全盘托出，让对方感受到自己的真诚；谈话中讲究语言艺术，注意分寸，尽量使自己态度诚恳，适当幽默缓和紧张、尴尬的氛围；也可以依靠团组织、少先队或班主任的力量协助解决。

案例呈现

案例 81　　　　　　　　　　　辞职的班长

[矛盾回放]数学老师安排无人监考的测验。学生们刚开始还很安静地答卷，渐渐地开始交头接耳，甚至还有人对答案、抄袭。班主任王老师路过教室，看到这样的情形，顿时火冒三丈，气冲冲地将全班学生训斥了一顿，接着又叫违纪的学生自觉站起来。可是接连问了两遍，也没有学生主动承认。班主任怒不可遏，让班长报出违纪学生的名字，班长无奈只好点出几个违纪学生的名字。老师严厉地批评了违纪学生，让被点名的同学再揭发其他违纪学生。最后，所有违纪学生都被请家长、写检查。

对于这件事的处理，很多学生口服心不服，碍于老师的权威不敢造次，于是把所有怨气都撒向班长和其他班干部。在此之后，凡是班干部开展班级活动时，很多同学拒不配合，有的还说"风凉话"。班长对此感到很委屈，班级活动无法开展还要被同学误会，所以向老师提出辞职，其他的班干部也不再愿意和老师交流班级情况了。

理性剖析

班干部是老师和学生沟通的桥梁。班主任要积极维护班干部的威信，让班干部既是老师的助手，又能成为班级同学的"代言人"。

案例中的班主任应该首先反省自己的处理方法。第一，这是数学老师安排的无人监考考试，班主任未了解情况（仅是路过），贸然处理，且情绪过于激动，很容易引起学生的反感，让矛盾更为激化。第二，在事情处理不顺的情况下，班主任强迫班长说出违纪学生的名字，让班长被迫成了同学们眼中的"叛徒"，把班长推到了同学们的对立面，损害了班长的威信。第三，不应该肯定班长的做法。老师本来主观上是想表扬班长能配合老师管理班级，但是客观上却把班长变成了矛盾的焦点，承担了老师不当做法的后果。一个智慧的班主任应该帮助班干部树立威信，而不是将班干部陷于与同学对立的境地。

 化解策略

反思错误，增进理解，化解班长和同学之间的矛盾。

首先，案例中的班主任要找班长谈心，肯定班长在过去班级工作中的贡献和重要作用，请求班长不要辞职；主动承认自己的不当处置给班长带来了麻烦，表示愿意和班长一起化解与同学们的矛盾。其次，班主任应该了解哪些同学的对立情绪最强烈，找到主要矛盾，为调解做好充分的准备。同时，老师应该指出班长在这次无人监考考试中存在的错误：班干部在考试纪律出现问题时应及时予以提醒、制止，以免违纪现象越来越严重。最后，对班长的工作进行指导。如果同学们在考试时出现违纪现象，班长在什么情况下应该提醒，在什么情况下应该劝阻，在管理过程中如何艺术地工作，既能完成老师安排的工作，又能和同学融洽相处。

接下来，班主任应该分别找违纪学生谈话，让他们明白：无人监考的考试，除了考核同学们的学习情况，更是对大家诚信的考验。这次考试，同学们的诚信考试没有过关，要认真反省自己的问题。要让考试违纪的学生明白，老师的处理虽然严厉但是用心良苦，大家把气撒向班长的行为是不对的，让同学们了解班长的委屈。另外，对于长期抄袭作业、考试作弊的学生要耐心地帮助他们找出问题的原因，再有的放矢地进行思想教育。

在此基础上，召开班会，通过对"考试的目的是什么""考试作弊对自己学习的影响是什么""我们愿意和不诚信的人做朋友吗"等一系列问题进行讨论，建立正确的班级舆论导向，树立良好的班风，营造出良好的班级教育软环境。

案例 82　　　　　学生校外被打

[矛盾回放]九年级下学期的某一天，学生晓翔悄悄告诉张老师，小飞在学校外面被一群人打了。张老师找了几个同学了解情况，原来是小飞和小明因为小事发生了言语冲突，小明觉得很没有面子，就回家告诉了他哥哥。小明的哥哥带着小明和几个人，在放学路上将小飞拦住，臭骂了一顿，还动手打了他几下，这都过了几天了，还可以看到小飞脖子上的瘀青。小飞并没有来告状，一切像没有发生一样。

但通过近段时间的仔细观察，张老师发现小飞的异常：情绪不高，不像以前一样和同学们说笑了。张老师挺发愁：事情是在校外发生的，如果老师主动介入处理，万一小明和他的哥哥不接受批评，有可能会报复知情者，甚至有可能再次在校外殴打小飞。为了化解矛盾而盲目出手，结果往往会事与愿违，原有矛盾会更加激化，还可能引发出更多的矛盾。

一个偶然的机会，张老师看到了一则新闻后心里有了主意。随后的一次班会课上，张老师对同学们讲述了这样一个故事。

国外的一所学校里发生了一件震惊世人的杀人案。一名深受学生喜爱的女教师为保护自己的学生被另一名情绪过激的学生杀害了，杀人的学生也自杀了。

追悼会这天，全校师生都来了，杀人犯的父母给遇害女教师的家人下跪表示歉意。大家本以为让人痛恨的杀人犯是无法得到女教师家人的宽恕的，然而，让现场师生感动的一幕出现了：女教师的孩子扶起了下跪的父母，说："这样的事是谁也不愿意看到的，包括你们，可它就这样发生了，我相信，你们也和我一样，身陷在失去亲人的痛苦中，让我们都学会原谅吧。"双方搂抱在一起，泣不成声。

张老师在班会总结时说："全世界有那么多的人，咱们聚在一起成为同学是多么难得的缘分啊。还有半年的时间，咱们就要各奔东西了，大家应该互相珍惜。"

下课后，小明来到了张老师的办公室，主动向张老师承认了错误。张老师又让他诚恳地向小飞道歉，两个孩子握手言和。

在这以后，张老师又见到了小飞脸上灿烂的笑容。

 理性剖析

受当今一些社会不良风气的影响，特别是一些宣扬暴力的影视作品的误导，该案例中的两位同学处理矛盾的方法并不罕见。简言之就是以暴制暴，动辄就让校外人员插手干预，弱小、胆怯一方也就忍气吞声。

面对这样的矛盾，教师很难处理：一方面是牵涉到校外人员，教师的教育影响力不能涉及；另一方面，事件没有造成很严重的后果，学生又不愿意让教师介入。

案例中的张老师显然是一个经验丰富的老师，有效利用了主题班会课这一主阵地，艺术地化解了该矛盾，既保护了"告密"的学生，避免其他矛盾的产生，同时又悄无声息地化解了打架学生之间的矛盾。但我们也要看到，张老师的处理仍然有一定的问题。小明认识到的错误是"没有珍惜缘分"还是"不该找人打人出气"，我们不得而知。而对于弱势的小飞来说，"伸张正义"是靠对方的"迷途知返"，他没有找到应对类似事件的方法。

化解策略

智慧处理，润物无声。

学校切忌将德育活动当成"说起来重要、做起来次要、忙起来不要"的工作，而是要切实通过德育渗透到学生的学习生活中，让学生德、智、体、美、劳全面发展。

处理班级矛盾，基本上是由班主任负责，但有些矛盾班主任可不直接介入，要善于利用各种活动智慧地处理，达到在悄无声息中解决班级中存在的矛盾。

班主任要时时牢记有效利用好主题班会活动来教育学生，根据学生心理发展水平，制订好主题教育计划，并按计划实施主题教育活动，让学生学会处理人际关系和矛盾。

班主任要积极主动联系社会力量加强学生思想道德意识的教育，教育学生学会感恩，学会与人相处，树立正确的人生观和价值观等。比如，可以通过请警察到班级上法制课，用一些未成年人的违法犯罪案例警示学生，让他们认识到一些看似"有面子"、有效果的行为（找朋友帮忙"摆平"对手等），实则是违法行为，如果导致严重后果将依据法律受到严惩。弱势的一方遇到事情也不能忍气吞声，怯懦和退让可能会让对方得寸进尺，要善于依靠老师、家长，依靠法律，妥善处理好类似的事件。学校和班主任还应积极和家长沟通，取得家长的支持与配合，并且加强对家长教育孩子的方法的培训。通过家校互育的方式将学生培养成为人格健全的人。

案例 83　　　　　　　　换位思考

[矛盾回放]小明和小华是同桌，某天课间，因为小事打架了。通过当面询问，班主任了解了事情经过：小明回座位的时候不小心把小华的书碰到地上，小华一急就大声斥责并让小明把书捡起来，小明感觉自己不是故意的，所以很委屈，就骂了小华，小华一气之下撕了小明的书，两个在气头上的小朋友于是打了一架。在详细了解情况后，班主任没有急于评判谁对谁错，而是说："看得出来，你们都觉得自己很委屈。如果再有这样的事情发生，你们是愿意选择打架的方式解决，还是愿意选择一个更智慧的方式呢？"两人低着头几乎是异口同声地轻声问："那是什么方式？"班主任看到他们细微的变化，抓住这个机会说道："小华，如果有同学弄坏了你的物品，你可以对同学说：'你把我的物品弄坏了，我很不舒服，请你向我道歉。'小明，弄坏了别人的东西，不管是有意还是无意，对别人来说都是一种伤害，所以主动道歉是应该的。你可以这样对他说：'我弄坏了你的东西，是我不对，我向你道歉。'如果对方态度不友好，你也有权利说：'你刚才说话的态度让我不能接受，也请你向我道歉。'当然了，当我们提出这样的要求时，有时候对方会意识到自己的行为是不当的，会及时给你道歉；也会有同学没有意识到自己的行为给他人带来的伤害，他可能不会道歉。即使那位同学没有做好道歉的准备，你也可以说：'也许你现在内心还没有想明白，等你想清楚的时候再给我道歉吧。'"两个孩子静静地听完班主任的话后，都主动地提出要向对方先道歉。

理性剖析

案例中的小明和小华因为一本书被碰掉到地上这样一件微不足道的小事而发生冲突。究其原因，首先，应该考虑到现在的小学生中独生子女居多，在家中，他们是家长心中的宝贝，做什么事大人都迁就，久而久之，很多孩子养成了自私的性格，他们做事喜欢"以自我为中心，以个人利益为半径画一个圆"。到了学校，和其他同学相处，没有了已经习惯的被人迁就，自己又不懂得谦让别人，矛盾自然就发生了。所以，因为这样一件鸡毛蒜皮的小事，他们就可能大打出手。其次，由于他们还处于成长阶段，对如何处理同学之间的矛盾还缺乏理性的认识，所以矛盾发生后，很容易感情用事，使起初的小摩擦发展成大矛盾。

化解策略

换位思考，获得理解。

首先，查清原因。了解是教育的钥匙，是公正、客观解决问题的前提。老师在没有了解客观事实前切勿妄下定论。因为现在的小学生自我意识差，犯了错误，不会轻易认错，除非你拿出强有力的证据。因此，老师只有深入实际了解情况，才能有分寸地对症下药，解决好矛盾。

其次，冷静分析。小学生之间发生矛盾之后，通常会出现"告状"现象。因为在成人看来是鸡毛蒜皮的小事，在小学生的心目中却是大事。学生往往把向老师"告状"当作解决问题的方式。因此，当学生在倾吐时，老师如果认真听了，矛盾也就解决了一半。当然，也有像本案例中的矛盾双方一样，面对老师的提问都不愿意主动说话。这时，教师更要冷静对待，因为一旦处理不好，很容易引起学生反感而引发师生间的矛盾。本案例中，老师对于不愿开口的学生采取了冷处理的方式。老师不急着追问原因，既给了自己思考的余地，也给了学生冷静的空间。而当学生课后愿意倾诉的时候，老师再认真地听取，并当着双方的面客观地还原事实真相，不偏不倚，赢得了学生的信任。

再次，适时引导。俗话说："一个巴掌拍不响。"学生之间发生矛盾，双方都有责任。案例中，老师把双方找到一起，让他们说出事情的经过。在弄清事情经过之后，引导学生分析面对冲突时，各自都错在哪里。老师再趁热打铁教给学生正确的处理方法。这才能有效避免类似情况的再次发生。

最后，情境再现。对小学生而言，角色互换是一种很有效的教育方式。教师可利用诸如班会的时间，以小品等方式将事件进行情境再现，让矛盾双方站在对方的立场上换位思考问题，并让同学们用老师教给的方法进行处理，这样既可以加深同学之间的互相理解，又能指导学生正确处理类似冲突。

案例 84 **"恶人"小黄**

[矛盾回放]李老师新任高二(1)班的班主任，刚接班就被告知：他们班有个"恶人"——小黄！虽然他知识面广，口头表达能力强，但看谁都不顺眼，总觉得别人这不行、那不对，因此同学关系处得不好，基本没什么朋友，曾经还想跳楼自杀。

在中秋晚会上，小黄同学主动申报当了主持人，主持词写得很好，准备得很充分，主持节目时自信满满，挥洒自如，让人佩服不已。可没多久，"恶人"就"原形毕露"了。当同学表演时，他在旁边不时评论："太弱智了！""演得好差啊！"……当他上台主持时，见下面同学还在议论，就使劲冲着大家尖叫，甚至冲上前去想动手打人。

课间，他趴在栏杆上玩耍，由于之前老师讲了安全知识，要求学生下课不要吊在护栏上玩，所以很快就有学生向班主任报告。当班主任和其他老师前去劝解时，小黄不但不听，反而见人就踢，一副情绪失控的样子。

这样的事情还有很多，比如，同桌女生提醒他上课不要看课外书，他就用笔在别人本子上乱画，后面的同学看不下去说了他一句，他也对别人又踢又打。有时和同学产生矛盾，小黄也是采用哭闹、踢打等方式解决，甚至对老师也敢动手……

🉑 **理性剖析**

客观地讲，这个孩子由于阅读面非常广，口头表达能力强，很多时候还是讨人喜欢的。但由于他对别人要求严格，对自己却很宽松，不能正确地和伙伴相处，时时、处处以个人为中心，只顾自己的感受，别人不顺他的意就要恶语相向，甚至出手打人，导致同学关系、师生关系都非常糟糕。

在家访中，老师发现，小黄是典型的独生子，从小由姥姥带大，父母很少参与管教，养成了唯我独尊的观念。小黄的父母崇尚民主式管理，重视个性张扬，却忽视了规则的建立；重视个人能力的培养，喜欢自我表现，却忽视了培养孩子尊重他人的习惯；孩子不善于倾听，不接受善意的批评，自身情绪管理的能力很差。

对于自控力弱的学生来说，除了需要一个正确的舆论导向，还需要一个相对宽松、包容的环境，允许他犯错误。伙伴们都善意地对待他的弱点，接纳他、帮助他，让他感到愉快，更有利于学生健康成长。

每当学生与小伙伴有冲突产生，家长和老师是否达成一致，站在同一出发点来看待此事，并选择恰当、适合的方法来引导学生也是至关重要的。

化解策略

宽严相济，帮助学生建立规则。

首先，对学生自身的自控能力有一个正确、恰当的评估和判断，和他一起制定适合的目标，慢慢予以纠正。

其次，抓住一切教育机会，对于原则性的问题绝不让其产生"我要赖、发脾气就可以让老师、同学妥协"的惯性思维。给学生建立规则，让他知道底线，哪类事是绝不可以姑息的。例如，简单的学习任务是必须完成的；两周一次的清洁任务是每个同学都必须做的；不尊重长辈，后果是很严重的。

再次，及时与家长沟通，让家长转变教育观。让家长知道，对于易怒、富有攻击性的孩子，最受伤害的是孩子自己，如果天长日久，任其发展下去，他们将会成为人群中不受欢迎的孤独者。取得家长的理解和配合，让他们知道老师所做的一切都是为他们的孩子好。该强硬的时候决不妥协，孩子犯了错就要承担相应的后果，男子汉就要有担当。适时冷处理，待他自我反省、深刻认识到自己的错误以后，用实际行动来弥补才能得到别人的谅解。

最后，惩罚之后要注意在同学间及时树立其知错就改的正面形象。关注他的表现，对他的进步及时给予表扬。在平时多关注他的强项，例如，对他积极发言、表演能力强等方面的优点进行鼓励，让他有被关注、被肯定的感受，知道自己虽然犯了错误，会有一些不足，但是自己还是有很多优点，知错就改还是个好孩子。同时，将他的进步及时跟家长和科任老师分享，不仅让大家感受到老师真正爱孩子，也让孩子感受到老师不是只会"告状"的，亲其师才会信其道。

案例 85　　　　　　　书包里的小纸条

[矛盾回放]小学四年级的女生童童和男生林林是同桌。童童活泼大方，喜欢弹钢琴和跳舞，而且成绩优异，很受老师和同学的喜欢。小男生林林阳光、聪明，却经常调皮捣蛋。一天，童童的妈妈焦急地找到班主任陈老师讲述了这

样一件事：昨天童童放学回到家和以往有些不同，不是和妈妈叽叽喳喳地聊学校发生的趣闻，而是一直待在书房里一副心事重重的样子。晚上，细心的妈妈发现本已经睡下的童童悄悄地起身，偷偷地翻出了自己书包中的一张小纸条，看了看才放心地上床睡觉。好奇的童童妈妈待女儿睡着后翻出纸条一看，不由得吃了一惊，原来纸条是同桌林林写的："童童，我非常喜欢你，而且很爱你，想永远和你当同桌，每天都能看到你。"童童妈妈担心林林的行为会影响自己女儿的学习，所以找到陈老师想办法，并且希望陈老师给自己的女儿换一位同桌。

理性剖析

四年级的孩子开始萌生出对异性的喜欢和好感，并且通过写纸条的方式表达自己的情愫，发生这样的事情是很正常的，小朋友间的感情也是十分纯真和美好的。当然，案例中的童童妈妈发现女儿的异常，担心影响童童的学习和成长，父母的心情也是可以理解的。怎样智慧地处理这样的事情，既不破坏孩子的友谊和感情，也不影响孩子的学习和成长，老师及家长的态度和做法就是尤为重要的。

化解策略

首先，陈老师应该安抚童童妈妈担忧的心情，让她了解小朋友之间萌生这样的感情是正常的反应，我们应该正确地认识。因为童童的优秀和可爱，所以很受孩子们的喜欢，从某种意义上看还是一件值得高兴的事，而且有人欣赏和喜欢的女孩子会更加自信和优秀。相信陈老师这样的安慰能逐渐缓解童童妈妈紧张的情绪，更加心平气和地对待这件事。

其次，陈老师应该教给童童妈妈一些和女儿交流的方法。因为妈妈是女儿最亲近和依恋的人，所以要和孩子做朋友，学会和孩子交流，让孩子知道这样的事情并不可怕。妈妈可以找机会和女儿聊天，不露痕迹地谈谈自己的想法，甚至可以说说自己小时候也有小男生喜欢，妈妈自己是怎样正确处理的。相信这样的交流方式，能取得更好的效果。童童如果愿意主动向妈妈倾吐自己的"小秘密"，事情也就解决了一半。

再次，陈老师可以在班里很自然地谈论类似的事情，利用班会活动的时间以讲故事或者情景剧表演等形式来表达自己的观点：肯定孩子们纯真的友谊和感情，鼓励男孩子向自己欣赏的榜样学习，争取在各方面向自己的榜样看齐甚至超越。这样正面的鼓舞更能对男孩子产生积极的影响。

最后，陈老师平日可多留心这对同桌的行为和表现，如果坐在一起确实会相互影响，老师也可以考虑用一种更自然的方式换开他们，切忌不能伤害到孩子们的友谊和自尊心，这一点是最重要的。只要老师和家长用正确的心态来处理这类问题，就一定可以获得很好的效果。

案例 86   **拔河比赛引发的冲突**

[矛盾回放]下午第一节课的上课铃声刚刚响过，一群孩子吵吵嚷嚷地跑进我的办公室。一个满脸通红的男生还没到我跟前，就气急败坏地告状："吴老师，您快来看看吧，四(4)班因为运动会上拔河比赛输给我们班，所以他们不服气。刚刚他们班的男生跑到我们班来打人了……"话音没落，其他几个男生也吵嚷着附和。一看情况紧急，没时间多问，我连忙跟着这群男生来到四(3)班教室。

这个时候的四(3)班教室里，已经被围得里三层外三层了，其他班的同学也凑过来看热闹。那群男孩吆喝着："大队部吴老师来了，让一让，让一让……"我好不容易挤进内圈，只见四(3)班的班主任一脸通红，两只手分别拽住一个男生，那两个男生正怒目相对，张牙舞爪地要打对方。见我来了，班主任把两个男生拉到我的面前，看着其中一个，气愤地说："这个男生太不讲理了，冲到我们班上就要打人，如果不是我拉着，简直不知道要打成什么样子。"看到这么激动的老师，还有四周挤满的学生，我凑到老师耳边说："这里人多太吵，带他们一起到我办公室去吧。"我又转过头，跟激动的孩子们说："孩子们，这件事情老师需要先了解清楚原委，我会和两位班主任一起来处理好这件事情，相信我们，好吗？"

理性剖析

学校由班级构成，班级与班级之间在日常的学习生活和参加集体性活动过程中难免发生矛盾。而且矛盾涉及更多的学生，这些矛盾往往会在一定范围内被激化和升级，造成严重后果和不良影响。

处理班级间的矛盾，需要抓住两个班集体的核心人物——班主任，依托他们的力量，对矛盾事件的来龙去脉进行客观而清晰的了解，并通过班主任对矛盾中双方的主要人群进行适合的、有针对性的开导和教育工作，才能让矛盾有效和彻底地解决。

 化解策略

一是抓住事件中心人物，理清矛盾的来龙去脉。整个事件中的矛盾是因运动会的拔河比赛而起。运动会比赛肯定有输赢，这是常理，四年级的孩子为什么会因为输了拔河比赛而大动干戈呢？所以，解决这个矛盾的第一步就是理清矛盾的原委。

我们首先从矛盾的中心人物入手。第一时间，我们把矛盾的中心人物——动手的两个孩子，请出矛盾现场，待他们冷静下来以后，与其耐心地沟通和交流。找出了动手的原因：上午的拔河比赛中，四(4)班输了，但他们认为，四(3)班在拔河的最后，有啦啦队的同学悄悄地帮了忙，所以导致四(4)班输掉了比赛。因为气愤，他们随后才找到四(3)班评理，言语交锋中，激动的孩子就拉扯起来。

事情因拔河比赛而起，那么引发拔河比赛矛盾的中心人物呢？追根溯源，我们找到了比赛中四(3)班的啦啦队涉嫌帮忙的同学，以及四(4)班认为自己看见对方啦啦队帮忙的同学。

与此同时，我们还请来了比赛的第三方——裁判老师。请三方悉数到场，当面对质，真实呈现比赛现场。事实真相是：四(3)班的啦啦队在为选手加油的过程中靠选手太近，导致了四(4)班孩子的误判，但因为当时裁判老师就在现场，严格监督，四(3)班的啦啦队并没有触摸到拔河绳。因此，比赛结果是公正的。

其次是依托班级核心力量，开展有针对性的教育疏导。真相最终水落石出，但四(4)班的孩子还是心有不甘，而且这个矛盾涉及两个班级的很多同学，并不仅仅是调停好几个中心人物就能解决的。这个时候，就要全面依靠班级的核心力量——班主任及班干部团队。他们最了解自己班集体的情况，也对整个事件有清楚的了解，甚至是矛盾的参与者，因而他们知道在矛盾化解的过程中，还有哪些人、哪些节点需要疏导和怎么去疏导。

在与两个班的班主任充分沟通，达成一致共识之后，我们请班主任利用主题班会课的时间，就这个事件和全班同学展开讨论活动。让全班同学冷静地面对和分析，表达自己的内心困惑，再一一展开有针对性的疏导，化解全班同学心中的矛盾。

最后是借助典型案例分析，消除他班不良影响。在这个事件中，两个班集体的学生因为不满拔河比赛的结果，在教室里公然争吵，甚至发生抓扯、打闹。事件现场很多其他班的学生围观，造成了不良影响，所以对其他班级的同学来说，澄清事实、了解矛盾化解的过程是有必要的。

接下来，我们在全校开展"怎样与他班和谐相处"的主题班会，把此事件作为典型案例，从各班实际情况出发，开展有针对性的教育活动，既消除了此事的不良影响，又借此契机对全校学生开展了适时的教育。

案例 87　　　　　　　　暴躁的小阳

[矛盾回放]这是六年级的最后一个学期。清晨，王老师还没到教室，就听到教室里闹哄哄地乱成一团。推开门，刚好看到坐在窗边的小阳同学瞪大眼睛，歪着脑袋，双手插着腰，大声地朝前排的同学呵斥："大风把窗户吹开的，你叫什么叫，瞧我好欺负呀！"说着举起拳头就要打前排的同学，被同桌的小张一把拽住。谁知他那邪火就撒到了小张身上，抡拳就对小张一阵打。见此情景，王老师连忙冲过去，一把抓住小阳挥在半空的拳头。看到满脸怒色的王老师，小阳愣住了，其他同学都围在一旁，愤愤不平，数落他的不是，小阳一脸不服，鼻子里哼哼着……

理性剖析

六年级的学生，正值青春萌动期，在与同学相处时既渴望伙伴又容易产生矛盾，遇到矛盾时又难免急躁，这是这一时期学生心理的一个普遍特征。怎样与同学和谐相处？这迫切需要老师的教育和疏导。

小阳是一个自尊心极强的孩子，心理承受能力却很差，不能听取别人的意见和建议，对同学有暴力倾向。因此，了解小阳脾气爆发的导火索，也是解决矛盾的关键。

化解策略

梳理诱因，对症下药，科学引导。

首先是倾听原委，梳理诱因。步入青春期的孩子，面对身心的变化容易敏感、急躁，内心渴望被人理解。在与人沟通和交往的过程中，往往因不能冷静、客观和准确地表达自己的意见而引发矛盾。

把小阳带到办公室，王老师请他坐下，先自己冷静一会，觉得可以平静地跟王老师交流的时候再沟通。过了一会，小阳低声对王老师说："王老师，我可以平静地说话了。"王老师微笑着说："那好，说说你最近怎么了，为什么这么爱生气呢？"

小阳低下头，嘟囔着说："他们总是冤枉我，今天明明是风太大，把窗户吹开的，他们非赖我，他们最近总是这样对我，我实在忍无可忍了！"王老师看着小阳气鼓鼓的脸，又问："总是被误解的确让人很生气，你有没有试着与误解你的同学好好谈一次呢？""说了不是我，他们还是要误会我，烦死人了……"看得出，小阳对同学们的误解很敏感，反应很强烈，但没有采取冷静、有效的沟通，反而急躁、易怒，让矛盾不断加剧。

小阳虽然自尊心强，听不进意见，但最近的暴力倾向却是少见的。因此，找出内在诱因是解决问题的关键。

在接下来的沟通中，王老师从近期的考试到即将面临的毕业，从与同学的相处到与家长的沟通，全面地与他交流，倾听了他的烦恼，梳理出小阳急躁、暴怒的两个诱因：一是最近几次考试，他的成绩不理想，为此他一直心烦意乱，烦躁时常常发火；二是最近他听到一些风言风语，说他喜欢某个女生，有些同学经常据此议论甚至起哄，让他觉得很多同学都很讨厌甚至可恨。今天早晨的事件，他认为又是那些同学在故意找茬，所以不想让他们借题发挥，一怒之下才暴力相向。

其次是对症下药，适当点拨。在倾听和交流中，王老师看到了小阳步入青春期的典型不适应症状。在学业压力下，与异性相处和同伴交往中因遭议论而产生排斥和惧怕，想要快速消除非议，但却缺乏良好、有效的沟通方式，转而采用简单、粗暴的方式对待，让自己陷入更深的困扰。

找到症结，王老师开始对症下药。小阳是个自尊心很强的孩子，不喜欢听简单的说教，也不大接受别人直接提出的方法和意见。于是，王老师开始从他即将毕业，即将从小学生变成中学生这一现实情况谈起，从即将成长为男子汉并肩负起男子汉真正的责任谈起，让他消除对青春期成长所要遭遇的烦恼而产生的排斥。

接下来，王老师从男子汉所应具备的坚强和面对现实的勇气着眼，引导他要有一颗宽容之心，遇事要沉着冷静，动拳头既不能解决问题，又伤了友情，也显得缺少男子汉的气度。"谣言止于智者"，如果听到一些风言风语，完全可以置之不理，造谣者也就无所遁形。

最后是抓住契机，科学引导。小阳的心结打开了，但从他身上，王老师看到了大部分同学对即将到来的青春期巨变的焦虑和不适。小阳与同学的矛盾事件，是一个对全班同学开展青春期团队辅导的契机。于是，以"我长大了"为主题的系列活动在班上拉开了序幕。

在班会课上，王老师请全班每个学生和爸爸妈妈一起，制作并展示了自己的成长相册，让学生们从照片中感受自己身体的成长；接下来，让学生们自主成立小组，查阅资料，学会正确面对和接纳身心变化，从相互信任到友好相处，保持愉快积极的心态迎接即将到来的毕业。

案例88 小刚受伤了

[矛盾回放]上午课间休息时，几个学生冲进办公室对班主任说："小强和小刚打架，小刚受伤了，流了很多血。"班主任赶到现场，小刚蹲在地上，捂着正在流血的嘴，小强气呼呼地站在旁边。班主任瞪着小强生气地说："又是你！"小强一直就是一个让班主任非常不省心的孩子，平时班主任经常教育学生注意安全，没想到今天……班主任马不停蹄地把小刚送到医院，并分别通知了小刚和小强的妈妈。在医院，小强的妈妈垫付了1000元医药费。当天，班主任从当事人和现场同学处了解了事情的经过：小刚和小强玩耍时发生冲突，小刚一巴掌打在小强的脸上，小强勃然大怒，挥拳过去，将小刚打翻在地，小刚的门牙断裂了，嘴唇也破了，顿时鲜血直流。班主任让小强和当时在现场的同学写了事件的经过，严厉地批评了小强，在班上专门又做了安全教育，并向学校汇报了此事。

第二天，班主任又把双方家长请到学校商议孩子的治疗费用，结果协调无效。小刚家长心疼受伤的孩子，不满小强家长的态度，担心学生马上毕业了后续治疗费无法解决（小刚牙齿的修复还需几个周期），想让小强家长一次性支付各种费用共计10000元。小强家长则认为小刚家长漫天要价，要求苛刻，小刚也有过错，只答应再给1000元……

理性剖析

学生之间发生纠纷是很平常的事，但是因纠纷出现伤害事件，这就麻烦了。班主任既要维护学校声誉（任何学校都不愿意学生受伤，也不愿意学校声誉因此受影响），又要妥善、公平地解决问题与矛盾。如果当学生间的矛盾上升到家长与家长之间的矛盾时，班主任更需要积极主动，从多方面客观地了解情况，找出问题症结所在。即使在处理矛盾的过程中，家长有过激言行，也要冷静、妥善地处理，避免矛盾激化。

化解策略

首先，面对事件，冷静应对。案例中的班主任平时注重对学生的安全教育，但还是遇上了伤害事件。处理类似事件需要教师做到"快""细"。"快"：第一时间处理伤员，第一时间调查取证，第一时间联系家长；"细"：在取证过程中收集证据做到细致、周到，既要有当事人的材料，也要有目击者的材料，更要有教师平时所做的安全教育材料。事件中，班主任发现情况后，第一时间送孩子到医院，通知双方家长到场，并且当天及时取证，保留当事人和目击者的书面材料，对学生进行安全教育，又向学校汇报事件经过。显然，此事件中的班主任做到了"快""细"，这就为后面的调解进行了重要铺垫。

其次，面对冲突，积极协调。每一个孩子都是父母的宝贝，谁也不愿意自己的孩子受委屈，更不希望自己孩子受伤。案例中小刚的家长希望自己受伤的孩子能得到最好的治疗，小强的家长则不愿意承担全部责任，自然会在大额费用上出现意见不统一的情况。如果班主任有所偏袒，势必激化矛盾，家长就会质疑学校的公正性，甚至追究学校、老师的责任。因此，案例中的班主任应亲自到医院了解小刚的后续治疗方案和大致费用，积极主动地做好双方家长的协调工作。在面对医疗费用的问题上出现了意见不统一的时候，应该充分地做好调解工作。可以先单独找两位学生家长分别沟通，将自己客观了解到的治疗费用和两位家长进行商讨，综合双方的意见，各自退让一步，给出综合的建议。如果面对家长情绪失控，应该冷静应对，利用自己事先做好的准备，妥善、公平地解决问题与矛盾。

最后，寻求帮助，妥善处理。老师在处理矛盾的过程中，还应该向经验丰富的同事们请教，借鉴其他老师的好办法。还可以向学校领导寻求帮助。事件毕竟是发生在学校，校方领导也应该派出代表，配合班主任积极地协调和处理此事，主动承担起自己的责任。相信校方的态度也会是解决双方冲突的"润滑剂"。

案例 89　　　　　　　　严格的语文科代表

［矛盾回放］教室里，几个同学叽叽喳喳地议论着："唉，没办法啊，有人给他撑腰！""他有什么了不起的？下届班委选举的时候绝对要将他压下去，看他还嚣张不？""就是，就是，他说文言文什么时候默写就默写，时间就那么点儿，每天晚上背书都要背到一两点才能睡觉，错了几个字还要全文抄几十遍，伤不起啊！"同学们正在议论的是班上的语文科代表张同学。由于张同学对同学们要求比较严格，特别是在背书方面的标准高，得到了班主任的首肯，但引来了同学们的不少埋怨。愿意和张同学一起玩的同学也越来越少，大多数同学都喜欢在背后悄悄地说他的坏话。张同学有苦难言，满腹委屈。

 理性剖析

本案是典型的班干部与同学之间的矛盾。二者之间产生矛盾的根源在于：双方没有做到换位思考。从双方各自的角度看，各有各的苦衷。班干部一心想的是夯实同学们的语文基础，提高大家的成绩；而同学们则觉得科代表耍专横，根本不顾及大家的感受，而且有班主任撑腰，大家不能对他怎么样。双方因此矛盾产生。双方没有及时沟通，交换意见；老师也没有从中协调，化解矛盾。

化解策略

位置互换，相互包容。

首先，班主任要加强对班干部的培训和管理力度。要多和班干部沟通，告诫班干部：班干部是班级的一员，是服务同学而不是管理同学，没有任何特权。

其次，可以通过召开主题班会，增强同学们的主人翁意识和责任感，让同学们充分感受班级就是自己的家，每个人都是重要成员，相互之间要团结协作，相互包容，配合班干部的工作，共同建设好自己的家。同学和班干部之间的关系是相互监督和管理的，大家如果对班干部的工作有任何的异议可以直接提出自己的意见和建议，老师也非常愿意倾听大家内心的真实感受。

再次，位置互换。当矛盾发生时，要多站在对方立场思考问题，用对方当时的心理思考问题，这样谁对谁错就很容易相通。班干部应该多从普通同学的角度看问题，多为同学着想，各种规定一定要符合同学实际，既具有针对性，又具有科学性，才能获得同学们的充分认可。同学们也应该理解班干部的良苦用心和出发点。严格要求是为了提高大家的学习成绩，如果方法让大家不能接受，是可以沟通和改善的。

最后，班主任应该针对目前产生矛盾的根源广泛收集大家的意见。例如，针对大家的"背书难"问题提出有效的解决方案，如果不满意科代表的"严厉方法"，可以提出其他更科学、有效的建议，班主任再综合各方的意见，给出更合理的解决方案，大家再共同遵守。

案例 90   "绝食"

[矛盾回放]小毛和小军是一对要好的朋友，一天因为一件小事闹了不愉快，变得互不理睬。体育课上，小毛是体育委员，就批评动作不规范的小军，小军则认为自己动作标准，小毛是在"公报私仇"，于是很不服气地上前理论。两人吵了起来，并且很快发展为相互追打。在追赶中，小军不小心摔伤了嘴角，小毛却在一旁嘲笑，小军爬起来更加愤怒地追赶小毛。这一幕被体育老师看见，及时制止了他们的追打，并同时批评了他们两个人。但是小军心里却很不服气，认为自己才是真正的"受害者"，于是中午赌气，拒绝吃午饭……

理性剖析

纵观整个事件，其实是两个小朋友之间闹的一个小矛盾，在学校里也是很普遍的现象，因为从一开始就没有很好地解决，所以导致事件不断升级，引起后面的一连串矛盾。小军和小毛本是一对好朋友，虽因为一点小事暂时互不理睬，但是两个孩子的友谊基础是深厚的。作为体育委员的小毛在体育课上也有权利和责任提醒动作还不规范的小军。也许是态度或者方法的原因导致小军认为小毛是"公报私仇"，也是可以理解的情绪。后来两人发生争吵和追赶肯定是双方都有责任，正所谓"一个巴掌拍不响"，所以两个人都只考虑了自己的感受，站在自己的立场想问题。在追赶中，小军不小心摔破了嘴角，小毛不仅没有主动关心，反而在一旁嘲笑，这一行为彻底地激怒了小军，这时虽然体育老师及时制止，但是小军心里的症结并没有解除，任性地不愿意吃午饭也是可以理解的情绪。

化解策略

俗话说："解铃还须系铃人。"小军和小毛的矛盾很容易解决，最重要的是找到矛盾的症结。老师在这件事情中的处理如果更及时、得当，事态是不会进一步恶化的。

首先，本来是一对好朋友的小军和小毛因为体育课上的一个动作是否规范的问题就争执起来，应该引起老师的注意，找到表象后的原因。老师在处理争执问题时更应该明断是非，就"小军的动作是否规范"给出权威的评价，可以制止事态的往后发展。

其次，在追赶中，小军已经摔倒受伤，小毛还在旁边嘲笑，就这一问题而言，小毛肯定是错了。在处理中应该就事论事，理清楚每一件事情的对错，不应该一概而论、草率处理。在这个问题上，老师应该批评嘲笑同学的小毛，展现自己处理问题的客观和公正。

再次，如果事情已经发展为这样了，老师应该先处理小军的伤口，安抚小朋友过激的情绪，并且劝解小军吃午饭，这才是最重要的。学生如果倔强不吃，老师需要第一时间告知家长，解释事情的原委和不吃饭的原因；也可以再准备一些饼干，告诉学生如果饿了就来吃，用爱心温暖学生的倔强。

最后，待两个学生的心情都平复以后，再来解决双方的矛盾。老师此时最重要的就是当好倾听者，耐心听取学生们各自的委屈和感受，再给出自己的意见和建议。引导学生们针对自己的过错主动向对方道歉，勇于认错，促进双方重归于好。

案例 91　　　　　　　　　自闭的琪琪

[矛盾回放]琪琪是一个有一些自闭的特殊孩子，永远生活在自己的世界里。他不懂得怎样与人正常地沟通和交流，自我约束性也比较差，所以班里的小朋友都不喜欢和他玩，有些调皮的孩子甚至经常欺负他。但是琪琪很聪明，也很善良，拥有过人的记忆力。一天英语课，王老师带了一些玩具，作为课堂的教具，琪琪特别喜欢，也很兴奋，就离开座位想跑上讲台拿玩具。这时，一

个调皮的男孩恶作剧地伸出了右脚，将琪琪狠狠地绊倒在了地上，全班孩子哄堂大笑。王老师看到摔倒在地上的琪琪，他的头部离讲台的棱角只有一手掌宽，不由得倒吸了一口冷气……

 理性剖析

有些自闭的琪琪本身就是缺乏安全感的一个孩子，这类孩子的规则意识和社会属性特别淡漠，所以很少有朋友，心灵上也会更加孤僻。因此，老师和同学对这类孩子就应该倾注更多的关爱和包容，特别是老师正确的导向作用非常重要，学生接收到了这种正能量的传递，也会发自内心地接纳和爱护琪琪。当然，也会有一些调皮的学生因为琪琪的特殊而欺负他，遇到这类情况不能一味地指责学生没有爱心，老师和家长的教育和引导是解决问题的关键，但是对故意"使坏"、情节严重的学生，就必须严肃地处理。如果这类风气不刹住，以后会酿成更严重的后果。老师也应该让学生更多地看到琪琪的优点，树立琪琪的自尊心和自信心，也让更多学生尊重和喜欢琪琪。

化解策略

对于班里出现的这类特殊学生，老师应该给予更多的关爱和付出，就这个学生所出现的问题，有针对性地采取措施。

首先，针对这类学生缺乏规则意识的情况，要帮助他建立规则，尽量做到一视同仁，用要求其他小朋友同样的规则来约束他们，如果确实有难处，可以适当放宽松一些。先从学生本身做起，帮助他摆脱"特殊"的标签。

其次，针对琪琪没有朋友的问题，老师首先在班里做好正面的教育，让小朋友都有爱心地去接纳和帮助琪琪，可以在班里找几个特别有正义感和领导力的学生轮流和琪琪同桌，试着和琪琪交流和做朋友，并且将这样的做法传递到小朋友之间。针对案例中出现的情况：琪琪已经被绊倒了，全班学生居然哄堂大笑，要对学生这种没有爱心的行为提出严厉的批评，在班级树立"除恶扶弱"的正气。

再次，琪琪特别善良，也非常聪明，老师应该发扬他的天赋，尽可能地给他一些表达和展示的机会，表扬和鼓励他，让小朋友也发现他的过人之处，从心底尊重和接纳琪琪。对于欺负琪琪的小朋友要严肃处理，批评和教育也是十分必要的。对案例中故意伸腿绊倒琪琪的学生给出严厉的处理，因为其性质是恶劣的，但幸好没有酿成大祸，应责令其在全班公开给琪琪道歉。

最后，借助家长的力量，积极发动家庭的教育力量。除了老师的学校教育以外，家长也对孩子展开正面的教导，让孩子明白怎样和琪琪平等、友善地相处，教他们学会尊重他人，培养孩子的爱心和正义感。

案例 92　　　　　告状的孩子

[矛盾回放]中午的午间代管课上，两个小男生小林和小刚发生了小摩擦。气急败坏的小林扔出了一本书，恰好打在了小刚的脸上，小刚很恼怒，准备扔东西回击，恰在这时被陈老师看见并及时制止。小刚却认为自己很"吃亏"，一直在座位上哭闹，吵着要给妈妈打电话"告状"，陈老师这时也是窝了一肚子火，没有理睬他。下午放学，陈老师告诉了小刚妈妈孩子在学校打架一事，妈妈点头说回家一定好好教育。谁知晚上陈老师却收到了小刚妈妈这样的一条短信："陈老师：我觉得你今天的处理很不公平，孩子被打，声音都哭哑了，你也不让他给我打电话，如果我的孩子出了什么事，你负得起责任吗？"

理性剖析

纵观整件事，两个学生发生矛盾打了起来，一个小男孩被书打到肯定很痛，想回击又被老师制止，内心恼怒的情绪是可以理解的。又因为不满意老师的处理，认为自己很"吃亏"，所以吵闹并且要求给父母打电话。老师有事态控制的权利，如果认为是在可控范围之内没有必要告知家长的，完全可以拒绝小刚的要求，但是需要马上采取其他方式处理和安抚，不能任其吵闹。回到家后，小刚为了逃避妈妈的责骂，肯定会避重就轻地阐述事情的经过，也会过分地渲染被打和委屈的心情，妈妈爱子心切，又听到儿子的声音都哭得嘶哑了，于是发短信质问老师的行为也就在情理之中了。

化解策略

老师对学生在校发生的问题及时疏导，解决好同学间的矛盾并做好心理辅导工作，能很大程度上避免矛盾升级。

两个学生发生矛盾，陈老师及时制止，其快速的反应完全是正确的。但是之后老师却没有及时解决小刚认为被打后"吃亏了"的负面情绪，而是任其在教室吵闹，最终引发和家长之间的矛盾。要避免和解决这一矛盾，陈老师可以做以下处理。

第一步：平复情绪。带着两个学生到办公室，让他们再次想事情的经过，这个时候可以什么都不说，就让他们静想，也可以请一个老师帮忙，先分开两人，再分别安抚两个学生的情绪。因为人在有情绪的时候很难有效沟通，在处理矛盾时就不会得到矛盾双方的认可。

第二步：评判是非。耐心地询问产生矛盾的原因，安静地听完学生的倾诉，这也是让学生发泄不满情绪、平复心情的过程。听完两个学生的叙述再给出客观、公正的判断，解决两个学生之间的矛盾，让两个学生心服口服。

第三步：沟通交流。在评判是非后，老师再对两个学生加强引导，就正确的价值观以及如何面对和处理类似矛盾进行沟通和交流。

当然，如果事态已经发展到小刚在教室吵闹要打电话的地步，应该请小刚单独出教室，关心他的伤，安慰他受委屈的心情，并且明确告诉他，这件事一定会告诉妈妈，但是不是现在，而是放学后我们一起告知家长。并且和小刚分析这件事他错在哪里，让小刚先看到自己的问题和自己应该承担的责任，如果小刚意识到了自己的错误，就会有所收敛，而不会一味吵闹着要向父母"告状"了。放学后遇到小刚母亲，陈老师应该客观、公正地告诉小刚妈妈这件事，并且要求小刚也在场，当面认可老师说的事实，孩子如有补充，也尊重他说话，老师再进行补充和解释，而不是以"告状"的态度和家长谈话。

如果事情已经如案例发展，接到了小刚母亲的短信，那陈老师应该立即回复，客观地还原事情的经过，或立即打电话解释，也可以态度诚恳地约请小刚妈妈当面交流此事，不卑不亢，尊重事实，以便消除误会。

案例 93　　　　　　　要强的科代表

[矛盾回放]刚刚下课，班上的学生刘玲玲（前任科代表）就追出教室，凑到刘老师耳朵边，神秘地说："刘老师，告诉你，王洋（现任科代表）今天带大家早读的时候，和大家发生了很严重的矛盾！"刘老师诧异地问："是吗？什么样的矛盾呢？那么严重？"刘玲玲跟刘老师到办公室，把早读的情况一五一十地告诉了刘老师。从她的陈述中，刘老师感觉刚刚担任语文科代表的王洋，工作方法上亟待调整。

于是，刘玲玲刚出办公室，刘老师就把王洋叫来询问："王洋，今天早晨，你带大家早读，发生了不愉快，是吗？"王洋一脸茫然："刘老师，什么不愉快？"刘老师纳闷了，连忙又问："你让大家按照你的方法看书，是不是大家很排斥、很反对呢？"王洋说："我今天早晨给同学们推荐了一种新的阅读方法，这个方法虽然很多同学没用过，但大家尝试过后，觉得很有趣呢！"

……

王洋的回答让刘老师陷入了沉思，为什么前后两个学生的陈述大相径庭呢？问题究竟出在谁的身上呢？

🌀 理性剖析

同一事件，真相只有一个。那两个学生为什么出现了截然相反的陈述呢？只能有一个解释：这两个学生之间产生了矛盾，这个矛盾并不是简单的争吵或打架。

一个是前任科代表，一个是现任科代表，前任告状，说现任科代表管理不当，而现任科代表一头雾水。

科代表的职位从刘玲玲身上更替到王洋身上，虽然是正常的轮换，但这对刘玲玲来说，却是一个不小的失落。

学生的个人成长预期与现实出现了反差，引发强烈的心理冲突，继而与周围的人和事产生矛盾，这样的矛盾需要老师高度重视，慎重处理，正确引导，以化解学生的心里矛盾，促进学生身心健康成长。

🪨 化解策略

刘玲玲从语文科代表的角色转换到普通同学，这一角色转换让她不适应。所以，对王洋同学的合理建议理解为不当管理，把大家对新阅读方法的尝试夸大为"严重矛盾"，这些反应都是她内心冲突加剧的反应。

对学生个人成长过程中的矛盾处理，老师可以采用以下步骤。

首先，高度关注，捋清成因。在通过其他同学了解事实真相的过程中，刘老师发现，早读课中，正如王洋同学所述，他给大家一个有趣的阅读建议，大家开始有点迟疑，但试一试之后，很多同学都采用了他的建议，觉得不错。

这样的真相让刘老师意识到，刘玲玲同学的内心出现了严重的角色冲突，她对现在的普通同学角色很不适应，所以才产生了对王洋同学的不信任和对他的管理方式的误判。

学生在成长过程中经常会遭遇心理上的成长预期与现实的差距，这种矛盾可能成为学生继续努力的动因，也可能成为学生积极上进的绊脚石，需要高度重视。

于是，刘老师请来了刘玲玲，和她在轻松的氛围里进行了深入的交流和沟通。

　　刘老师没有就她早晨来告状这件事情再与她澄清和明理，而是首先肯定了她上一学年在语文学习中良好的带头作用，告诉她虽然因为轮值管理的机制，她现在不是科代表了，但是刘老师依然期望并相信，她能一如既往地学好语文，给其他同学起到带头作用。

　　刘老师的肯定让刘玲玲同学警惕的目光变得柔和了。她略带迟疑地问："刘老师，你真的认为我做得很好吗？我以为现在是王洋当科代表，你一定觉得我不好了。"

　　听了她的话，刘老师把她揽入怀抱，笑着说："傻孩子，你还是你呀，不管是不是刘老师的科代表，你一样学习优异，你不需要依靠别人的缺点来证明自己，你这么积极上进，刘老师也一样喜欢你呀。"

　　角色变化，让刘玲玲心生焦虑，生怕自己不再受老师重视，才发生了先前的"告状"一幕，她希望通过这样的方式，证明自己的能力和优秀。

　　其次，积极疏导，重建自信。刘玲玲对自己有很高的要求和期望值，因为这种期望，她生怕自己落后，不再优秀，不受重视，因而表现出不自信。

　　对于这样敏感而积极上进的孩子，需要老师密切关注，他们因为给自己设置高目标，而不断给自己施压，过度焦虑而出现自卑。老师要通过积极疏导，帮助他们从事实中发现自己的诸多优点，重建自信。

　　接下来的沟通中，刘老师和刘玲玲一起，对她的学习成绩和学习状态进行了梳理和分析，列举出了优势和劣势，让她既充分看到自己的优点和长处，也科学地看待自己的劣势和不足，帮助她寻找消除劣势的方法，让她对自己未来的学习充满自信。

　　最后，合理预期，快乐成长。对于刘玲玲这样的优秀学生，一方面，她们积极上进；但另一方面，她因为追求完美而显得脆弱。帮助她们建立合理预期，拟定适合的发展目标，才能引导她们以健康的心态面对困难、竞争与挫折，快乐地成长。

　　随后，刘老师和刘玲玲一起，制定了她的学习目标和个人发展目标，这些目标既让她能积极努力去实现，又给予她适当的弹性空间。同时，刘老师也以自己的成长经历告诉她，每个人都可能在前进的路上遇到很强的竞争对手，遇到困难和失败，这些经历都是宝贵的财富，只要我们坚持目标，努力奋斗，即便失败，也会让我们成长。

第七章　师生与自我

概述

所谓师生与自我的矛盾，就是"现实我"与"理想我"的矛盾，现实中的"我"往往受到外界各种因素的刺激、诱惑、误导而不能实现理想中的"我"，两者之间的差距越大，矛盾就越大。解决这种矛盾的方法正是需要探讨的自我矛盾管理。

就教师而言，自我矛盾产生的主要原因，往往是随着经济的发展和生活水平的提高，人们对学习越来越重视，对知识越来越尊重，当然对教师的要求也就越来越高。如今的父母由于工作的繁忙，他们自身无法照顾孩子，加之他们自身文化结构层次的变化，所以对教师的要求增多，甚至有时还会苛求教师。这就造成了社会对教师的复杂感情：希望、信任、尊重，与苛求、不满、责怪。我们也有必要寻找处理这些矛盾的方法，帮助教师排除干扰，全身心投入到教育教学中去。

就学生而言，自我矛盾产生的原因，主要是由于他们正处于自我意识的萌芽、发展期，他们的自我意识往往不完善，再加上意志、思维等发展的局限性，有时会使得消极的自我一时占上风，表现出较多的惰性和消极性。因此，有必要训练他们正视并接受全部的自我，最终发展积极的自我，克服消极自我的阻碍作用，从而达到完善自我的目的。

那如何有效地化解师生自我矛盾的消极影响呢？本章用 13 个案例，提出了师生自我矛盾化解的策略。

教师方面：一是析内因、找动因，全面提升对职业的自我适应能力。新时期的教师，应该对自己从事工作所需要的职业素养有理性的认识。应清醒地认识到职业倦怠很多是源于自己所遇到的压力，同时也应该为自己职业倦怠的表现进行正确、合理的定位，努力提高自己的耐压能力。教师要认真反思和自我批评，充分认识职业倦怠过程中所暴露出来的问题，把职业倦怠当作一次提高自己、促进自身发展甚至飞跃的机会。同时，应该学会调节和控制情绪，找到合理宣泄情绪的途径，培养教学以外的兴趣，并从中寻求满足感，在丰富生活、提高自身素养的同时，培养心胸开阔、乐观向上的优良品质。

二是寻契机、建平台，全面促进自我价值的实现。首先，学校需要对教师进行职业素养、职业责任和职业信仰等方面的培训和沟通，使教师准确地寻找到自己的位置，提高自己的团队意识，对自己所从事的职业有比较全面和清晰的认识。其次，学校要对教师的思想状况充分了解，给予教师更多的关心，多沟通、多交流，了解他们的想法，帮助他们建立职业信仰，认清工作责任，逐渐培养教师的职业素养，更为重要的是要为教师提供良好的发展平台，激发教师的创造力。

学生方面：一是细养成、培品行，全面培养学生良好的学习习惯。"少成若天性，习惯如自然。"习惯可以理解成人的一种自动化的行为。教育者要认识到每个学生都追求上进，都希望获得别人（尤其是教师）的肯定和赞扬，他们不想犯错，更不想故意与教师作对，他们之所以犯错是因为他们已有的习惯。这样，教师在教育学生的过程中就会减少一些情绪化的语言和手段，多一些理智的思考。这既有利于对学生的教育，又有利于教师的心理健康。因为教师在面对学生坏习惯的时候首先表现出的不能是生气和发脾气，而是用理解，用爱心去面对问题，这样问题就会变得简单化，处理起来也会更顺畅一些。养成良好习惯不是一朝一夕的事情，师生都应做长远打算。教师要给予学生养成良好习惯的过程和时间，学生须一步一个脚印，不要图快。师生密切配合，教师督促学生认真练、经常练，学生则持之以恒，坚持不懈，这样必有成效。

二是造环境、蕴氛围，全面提高学习生活质量。环境对学生的影响是巨大的，"昔孟母，择邻处"就是一个非常典型的例子。教师在工作中应该注重班集体的建设，努力创造良好的学习环境。学生良好的行为习惯与优良班风的形成之间具有密切的联系。一个个具有良好行为习惯的学生就会组成一个优秀的班集体。当一个班级具有了良好的班风，那些行为习惯差的个别学生由于从众心理的作用，自然就会向好的方面发展。如果班级风气不正，习惯好的学生也会在从众心理的影响下向坏的方面发展。因此，培养学生良好、的行为习惯，就必须注重班集体的建设，营造良好的学习环境。这不是一个一蹴而就的过程，它需要良好、有效的方法和一个长期的过程。

案例呈现

案例 94　　　　　　　　　无律、他律与自律

[矛盾回放]小学一年级教师的班级管理日记。

　　　　　2010 年 10 月 18 日　星期一　　阴转小雨

为了测试学生们的自主管理能力，今天早上的升旗仪式，学校在事先毫无通知的情况下，让班主任和下班老师离开自己的班级，站到操场的两边，让学生们没有老师监督的情况下独自参与升旗仪式。

离开了老师的监督与提醒，很多学生自控能力弱的情况便暴露了出来。没有了老师，他们犹如从笼中逃生出来的小鸟，叽叽喳喳叫个不停，全然不顾在操场边瞪着他们的老师。

看来，他们的自主管理能力还是有待于进一步加强。如果哪天他们能在有老师和没有老师的情况下都能管住自己，那他们就真的长大了。

理性剖析

小学一年级的学生才六岁左右，刚从自由的状态里出来，让他们马上受到严重的束缚，开始可能因为新鲜感和上学的喜悦感，他们努力遵守着规矩，但慢慢地，孩子好玩、好动的天性就表露无疑。自觉纪律的养成是一个漫长的过程，心急不得。

瑞士心理学家皮亚杰认为：儿童的道德发展与幼儿认知发展相联系，并且经历了一个发生、发展的演进过程，这个过程大致可以分为三个相连续又相区别的阶段。一是无律阶段（0～2 岁）：婴幼儿是完全以自我为中心的，对他们来说，行为规则是无所谓"有"或"无"，也无所谓"遵守"或"不遵守"，他们处在

前道德的无律阶段。二是他律阶段（3～8 岁）：两三岁以后，幼儿逐渐产生"自我意识""他人意识"，并开始懂事。由于这时的生活要完全依赖他人，因此，幼儿对他人制定的规则都能服从，行为也开始从无律进入他律。只是这种服从仅仅停留于表面的、外在的行为，幼儿在内心里并不知道为什么要这样做，为什么不能那样做，因此在做不到或做不好时，内心会出现恐惧感。三是自律道德阶段（9～14 岁）：9 岁左右，人进入少年期，心理上出现两大觉醒，即"自我意识"的觉醒和"性意识"的觉醒。这两大觉醒是儿童趋向独立的明证及其表现。他们迫不及待地想成为大人，有一种"成人感"，产生了一种要服从自己的规定、按自己的意愿去做、对自己行为负责的意识。

美国儿童发展心理学家科尔伯格继承并发展了皮亚杰的道德发展理论，着重研究儿童道德认知的发展，提出了"道德发展阶段"理论。第一阶段：力量对抗阶段。这一阶段的儿童行为上是桀骜不驯，没有自己内在的规则，因惧怕惩罚，可能听从他人的指令，大多数儿童到了四五岁就跨越了这个阶段。第二阶段：奖惩依赖阶段。这一阶段的儿童特别以自我为中心，缺乏自律，大多数儿童八九岁后就跨越了这个阶段。第三阶段：取悦他人阶段。这一阶段的儿童开始有了一些自律能力，没完全学会如何跟他人建立起互信关系，大多数初中和高中低年级的学生处在第三阶段。第四阶段：自律自觉阶段。这一阶段的儿童已经有对错观念，无论教师是否在场，他们都会很自觉，很多初中和高中学生能达到这个水平，部分人能长期保持。

化解策略

皮亚杰和科尔伯格关于儿童道德发展的理论，对教师和家长有着重要的启示。

首先，教育要遵循儿童的年龄特征。儿童的道德观念不会自然地产生和发展，需要家长和教师的积极引导。例如，在力量对抗阶段，必要的规则必须制定，不能让儿童在跟家长、教师力量对比上总是占上风。在儿童奖惩依赖阶段，不能放松对儿童的监督，适当的奖励和惩罚都是必要的，也能起到很好的强化作用。在取悦他人阶段，不能忽视儿童间的相互关注和群体的教育。学生随着年龄的增长，在团队中的归属感会越来越强，同伴关系、集体关系对其言行都会产生很大的作用，这个时候通过小组之间评比、班级之间竞争等能产生积极作用。在自律自觉阶段，不能过分强调成人权威，要充分尊重学生的自主性，这一阶段的学生不欣赏强势管理，教师利用太多课堂时间处理纪律问题会使其感到厌烦，合作学习有助于培养他们的自觉和自律。

其次，教育要遵循儿童的道德发展顺序，但也要关注倒退现象。一般来说，学生在不同的年龄阶段，心理发展水平及接受纪律的方式是不同的，所以，在管理上要确认学生处在哪个阶段，采取不同的方法，然后帮助他顺利进入下一个阶段。但也要注意学生的个体差异，有的学生甚至发生倒退现象。当发现学生出现倒退的时候，一定要寻找原因，跟他谈心，并密切观察。

案例 95　　　　　　　　　染上网瘾的孩子

[矛盾回放]李强本来是一个成绩不错的学生，最近成绩下降挺厉害，在课堂上要么打瞌睡，要么无精打采，作业质量也很差。究竟是怎么回事呢？李老师与李强的家长取得联系，家长反映孩子说每天要在校帮老师做事，最近放学回来得很晚。李老师悄悄地找了几个和李强要好的同学询问，同学说最近李强放学后都不和他们一道回家，总有几个校外的孩子跟他在一起；有同学还说经常看见他和那几个孩子去网吧，下课时还听他谈论游戏。原来李强结交了几个校外不良少年，并染上了网瘾。

了解清楚情况，李老师很着急。他将真实情况告知家长，家长也很担心。大家一商量，干脆将计就计，家校配合，挽救孩子。每天放学后，李老师都让李强留在办公室帮忙做事，并不断表扬他有能力，表达老师对他的喜爱。当他完成老师分配的任务后，又让他把当晚的家庭作业也做了，适时给予辅导，错误及时给予纠正。其间李老师怕他饿着，还不忘买一些面包、蛋糕让他吃，估计他的家长已下班，能到校门口接他了，再和他一起走出校门。由于孩子自控能力弱，周末他的家长工作忙，无法看管这个有些网瘾的孩子，李老师又动员同学们成立学习小组，并让他担任了一个小组的组长。同学们都争着让李强讲解自己不懂的题，李强也很有成就感。

一段时间后，李老师发现原来在校门口等李强的校外人员不来了，李强也有了很大的变化。有一天，办公室又只剩下他们俩了，李老师揉揉疲倦的双眼，正准备检查他的作业，李强一下子哭了，抱着李老师说："老师，我错了，我再也不上网吧，再也不打游戏了。你早点回家吧！我错了。"李老师抓住时机，给他讲了很多网络对青少年的危害，并适时地对他进行理想教育。李老师的耐心教育终于得到了回报，李强又恢复了以往的学习劲头。

理性剖析

陶行知先生曾说："爱是一种伟大的力量，没有爱就没有教育。"是的，爱是教育的灵魂，爱是塑造美好心灵的力量。案例中的老师用爱打开了学生的心灵，用实际行动感化了学生。学生沉迷于网络，如果老师和家长发现后只是强制性地看管，让学生觉得自己是个囚犯，学生产生逆反心理，教育也往往会适得其反。只有老师和家长智慧地处理，才能取得良好的成效。

首先，认真分析原因。学生上网成瘾的原因是多方面的。例如，有的可能是好奇心驱使。青少年有一种天然、自发的积极探索外部世界的心理倾向，网络游戏引发了一些人的好奇心，使其一发不可收拾，沉迷其中，不可自拔。有的可能是心理不成熟。由于学习压力和人际关系等原因，有些青少年处于心理的苦恼期，上网聊天、交友、"网恋"，成为其宣泄和求得理解的方式。有的可能是心理自控能力差，一旦上网成瘾，则很难戒掉。

其次，尊重学生。李强因为刚刚开始沉溺于网络游戏，通过转移他的关注点，切断与不良少年的来往，杜绝诱因，重新唤起他学习的自信，适时地引导，往往就能产生良好的效果。李老师没有简单、粗暴地要求学生不准上网、不准与校外人员交往，甚至在整个过程中都没有对学生提到"上网"两个字，学生在老师对整个事件的处理过程中领悟到老师的良苦用心，从而认识了自己的错误。

再次，争取家长的支持和帮助，家校配合，共同制定戒除孩子网瘾的策略和方案。李强的家长工作很忙，每天下班后依然到校接孩子，可以看出，家长非常关注孩子的学习和成长。同时，李老师及时与家长取得联系，与家长分析孩子出现问题的原因，共商解决对策，让家长感受到了老师的良苦用心。家长自然就会积极支持和配合老师的教育。

最后，老师在班级中营造良好、温馨、积极向上的氛围，通过学生间的帮助和友情感化学生。在周末学习的案例中，李强感受到了同学对他的关爱，受到同学们学习氛围的感染，他开始改变；感受到了同学给自己带来的快乐，自己也能快乐地学习、生活。

化解策略

帮助学生戒除网瘾的方法很多，需要综合运用。

一是学校和老师要加强对学生的教育和管理。通过强化学生的自我和社会责任感，增强学生成才及追求卓越的自我意识，提升他们的心理免疫力和自制力，从而战胜自我。用事实说话，现身说法，告诉学生网瘾的危害：沉迷于网络会花费他们大量的时间与精力，影响学习、工作；沉迷于网络还会损伤身心健康，长时间上网会给心脏带来很大的压力，导致心脏病等疾病。告诫学生不要沉迷于网络游戏，不要参与低级的聊天等，拒绝低级诱惑。积极开展丰富多彩的活动，走进学生的内心世界，帮助学生树立起远大的目标，培养高尚的情操，加强自控力。从家庭、学校、社会和个人等各个渠道加强防范，比如，家庭可采取把电脑放在家中公开场所，不放在孩子房间，以及规定上网时间和内容等措施。

二是对已经上网成瘾的学生，要采取有针对性的教育引导、心理辅导和心理治疗等办法，帮助他们戒除网瘾。

方法一：脱敏强化训练法。具体做法分为两个步骤：第一步，对学生进行野外成长训练，让他们在封闭环境中培养团队精神，学会与人交流，转移对网络的依赖心理，这个阶段一般为5～7天；第二步，进行家庭亲子互动，指导家长加强与孩子的交流、沟通，通过角色互换等活动让家长体验孩子的变化，最终帮助孩子重塑价值观和人生目标，正确对待虚拟的网络世界，这一阶段大致持续2个月。

方法二：行为疗法。制订一套戒除网瘾的总体计划，从经常上网变成偶尔上网，从偶尔上网变成不上网。根据个人的习惯逐渐减少上网的时间，如果以前每天上网5个小时，不妨减少到4个小时，当适应后再缩短到3个小时，有条不紊地逐渐戒除网瘾。

方法三：转移疗法。青少年求知欲强，对新事物大多是全身心地投入。所以，可以采取措施转移学生的注意力，将求知欲引向正确的轨道。注意其兴趣、爱好，让他在课余参加兴趣辅导班，带着他参加体育活动，让他尽可能地远离网友和网络，把时间和精力逐渐转移到积极健康的活动中来。如有条件，家长还可以常带孩子外出旅游度假等，以此来消除与孩子间的隔阂，满足孩子对精神之爱的要求，减少孩子上网的欲望。

　　方法四："偏激"的厌恶疗法，或称厌恶性条件法。它是一种具体的行为治疗技术，就是将欲戒除的目标行为(或症状)与某种不愉快的或惩罚性的刺激结合起来，通过厌恶性条件作用，达到戒除或减少目标行为的目的。例如，通过专业手段，让学生连续上网，并在上网过程中用生理刺激等使他们对网络产生厌恶感。

　　方法五：谈话法。通过谈话对学生进行主观意识教育，谈话要注意学生的心理活动。谈话的过程一定是一个引导学生认识的过程，而不能仅仅是一个主动灌输与被动接受的说服过程。和上网成瘾者的谈话，首先，要掌握一些谈话的技巧，例如，采用询问式、体谅式、认同式、选择式、回避式、模仿式等。其次，要注意谈话的环境，一般情况下，不要在家里特别是孩子的卧室里谈，孩子在熟悉的环境里有优势感，不易于接受引导。上网成瘾的孩子内心相对比较脆弱，拒绝与外界交往，要想办法让他走出那个环境。也不要在医院里谈，一进医院，不管是进行心理咨询，还是精神科诊断，孩子都会觉得自己被当作了病人，心理就会有排斥，而上网成瘾的孩子是不会觉得自己有病的。

案例 96　　　　　　　　　"巴光"事件

　　[矛盾回放]学校的《学生日常行为规范管理条例》规定学生在校的服饰、发式：着全套校服，不佩戴饰物，女生齐耳短发或长发束好，男生平头或学生头，不得烫发、染发等。德育处不定期地对每个班进行检查，检查结果纳入班级考核，还与班主任工作考评挂钩。服饰管理问题不大，但发式规范是难题，尤其是这些大男孩(高中生)，对平头或学生头采取逃避态度、拖延战术，发式、头发长度在临界状态，或以"忘了、没时间"为托词，不及时理发，私底下却宣称"血可流，头可断，发型不可乱"。时常有班主任为了应付学校检查，与学生"发式"斗争好几天，甚至有学生为了不理发而旷课。经常听到班主任抱怨"每次检查发式都会有一场战争，让人头疼"。

　　某班班主任对学生在校的服饰、发式制定了更细致的补充规定和更严格的检查制度，虽然每次检查还勉强平安过关，但检查前的工作总是不太愉快。有一次，紧张的半期考试结束，班级自查发式，一大半男生的发式不符合要求，班主任对他们提出了整改要求，周末回来居然还有 10 个男生"维持原貌"，严肃教育一番，班主任向他们发出了最后通牒。第二天早上，在学生的嬉笑声中，班主任看见 10 个刺眼的发式，那是 NBA 球星的"巴光"（只有极短的头发，疑似光头）。做课间操时，他们在阳光下尤其耀眼，有科任老师开玩笑地对他们双手合十称"阿弥陀佛"……班主任努力保持镇静，那些"巴光兄"也似乎在回避班主任的目光，班主任给他们单独布置了一份作业，写一篇不少于 800 字作文——"'巴光'之我感"。从作文中，班主任了解了他们的真实想法，与他们进行了推心置腹的长谈，没有批评、指责，只有建议、希望。班主任特地组织了一次主题班会，故事、图片、视频应有尽有，精彩纷呈，引导学生讨论如何秀出当代高中生的风采，告诉学生个性张扬应在规则范围内……"巴光兄"代表还向全班同学做了深刻反省，心悦诚服地接受了班规的"惩处"。以前总觉得学生头发长得快，这次发现"巴光头"保持的时间好长，每天在"巴光头"的晃悠中，班主任反省着自己的班主任工作。

理性剖析

在当今物质与信息高速发展的时代，不少人崇尚个性、追求时尚。高中学生对社会潮流很敏感，喜欢新鲜事物，关注影星、歌星、球星等，模仿明星，很注重自己在他人眼中的形象。但是学校加强常规管理，对学生在校的服饰、发式做规范要求，装饰性的饰物不允许佩戴。这样，统一的规则与个性、审美情趣、价值取向的冲突爆发了，不可避免的矛盾出现了。班主任也处于两难之间，学生工作难做，学校要求不可违，还会影响班级评优、班主任工作的考评等。为了应付学校检查，班主任往往会做出硬性要求，采取武断措施，师生都不愉快。案例中，"巴光"事件是学生游戏心态、从众心理、消极抵抗、心里不满的反映。如何让学生接受、执行学校对服饰、发式的要求，管理策略很重要。

化解策略

首先，增强学生的规则意识。《中小学班主任工作暂行规定》的第九条明确规定，班主任要"认真做好班级的日常管理工作，维护班级良好秩序，培养学生的规则意识、责任意识和集体荣誉感，营造民主和谐、团结互助、健康向上的集体氛围"。为了增强学生的规则意识，班主任在班级管理过程中遵章守法，以身作则，其他科任老师也应做出表率。案例中，学生在校的服饰、发式要求规范，教师也应着装大方、发式得体。增强学生的规则意识，需要一个长期的引领、培育的过程。班主任遇事既要坚持原则，也要与学生多交流、多沟通，在民主和谐的氛围中，让"按规则办事"成为师生的生活准则，加快学生社会化的成长过程。

其次，让学生参与规则的制定。教师在管理学生时，不仅要促进学生在思想认识和行为规则两方面从他律到自律的觉醒，还要让学生实现从规则的服从者到规则的讨论者、制定者、监督者和捍卫者的转变。班主任可以和全班同学共同商议，制定班级规章制度，对已有规章制度进行补充和完善，发挥学生在规则制定中的积极作用，让学生思考规则的必要性并加深理解，增强学生对班规的认可度。

最后，智慧抓住教育契机。学生明白事理，有规则意识、集体荣誉感，能很好地约束言行，但往往不会永远一帆风顺、风平浪静。学生是有生命的个体，喜欢新鲜、时尚、刺激的东西，他们的审美情趣会随潮流变化，他们的价值取向会受社会影响，个性、审美情趣、价值取向容易与固定的规则发生冲突。案例中的"巴光"事件就是冲突的产物，如果单纯地训斥、批评，简单地要求、规定，武断地处罚、惩治，势必激化矛盾，激发学生的逆反心理。案例中的班主任冷静地把突发事件变成了一次教育契机，智慧地采取一系列措施，因势利导，促使学生自我反省，强化了学生的规则意识。

案例 97　　　　　　　　受资助的孩子

[矛盾回放]王小鹏是一名六年级学生，他的母亲是一名精神病患者，父亲靠做点体力活挣钱过日子，生活过得很困窘。乡镇人民政府将他家列为低保户，出资帮他家修建了住房，并为其申请了"两免一补"。学校也将他列为"希望工程"重点资助对象，老师和同学经常向他伸出援手，时不时还有单位和好心人来看望他、资助他，并送给他学习、生活用品……

渐渐地，他觉得自己就是与别人不一样，社会各界对他关怀备至，钱物唾手可得，于是滋生了不劳而获的想法，整天到处疯跑，学习成绩也越来越差。

理性剖析

案例中的王小鹏并没有因为自家的环境而自卑、变质，甚至于还整天欢欢喜喜，笑对人生，可见这个孩子心理是健康的。至于案例中所提到的他的想法，则在于他没有真正理解"希望工程"的意义，也没有真正体会到"社会关爱"的蕴意。

"希望工程"的实施旨在集社会之力，捐资助学，即资助贫困失学儿童重返校园，保障贫困失学孩子受教育的基本权利，而不是无理由、无条件地随意施舍，必须是对这部分孩子在学习上有帮助的行为。

在实施"希望工程"之后，很多莘莘学子得以完成学业，达成了梦想。但为何有一部分人形成了一种惰性思想，这不得不引发我们的思考。

作为社会资助对象的王小鹏，不但不知道回报社会，还不思进取，以为自己不劳而获是应该的，觉得这是一件光荣的事情，别人却没有这个"资格"享受。这完全误解了"希望工程"的宗旨。

化解策略

鉴于王小鹏的家庭情况，教育、引导的任务就落在学校教师身上。他已是六年级的学生，自然听得懂以下问话。

"小王，可不可以告诉我，××给你的钱，你怎么安排的？"（如果他真正用在学习上，或为学习提供了保障的行为，都值得表扬。）

"别人给你的支持，你一定会让这些东西发挥它们最大的作用，对吧？"

"你知道吗？那些叔叔阿姨就是知道你有一个梦想，他们才来帮助你的。你可不可以告诉我，你的梦想是什么？"

"那要实现这个梦想，你觉得应该怎样做？像你现在这样行吗？"

总之，对学生的教育要循循善诱，润物无声，抓住学生年龄特点以及性格特点，真心、耐心、细心地引导学生走向正途，帮助迷途的学生树立起正确的人生观。

案例 98　　　　　　　　　吃试卷的小明

[矛盾回放]上中学以前，小明一直是一个乖巧、优秀的男孩，家长、老师、同学都喜欢他。从八年级开始，小明虽然与同龄人关系良好，但在父母和老师面前，总是显得冷漠、暴躁、桀骜不驯，甚至出现敌对情绪，学习成绩也不断下降。一天，因为作业问题，王老师请家长到校，小明被妈妈怒斥"骄傲

自大，不谦虚，长此以往，成不了什么大气候"。当着王老师的面，小明也不甘示弱地顶撞起来，当妈妈被气得掉泪时，他却冷漠地将头扭向一边。有一次，小明的妈妈打电话告诉王老师，迟迟未归的小明被父母从网吧里揪出来，恨子不成龙的父亲非常愤怒，从他书包中翻出当天发的成绩很糟的数学试卷，当众数落、斥责他，他却从父亲手中夺走试卷，撕烂并嚼着吃了下去，满脸泪水却一副满不在乎的样子……说着说着，小明的妈妈在电话里也哭了起来。事后，王老师与小明多次谈心沟通，小明告诉王老师父母不准他上网和打球，禁止他和同学交往，在家里，小明被剥夺了接电话的权利。小明说："我父母从来没有理解过我……我恨他们的管束……我觉得活得太累，没有意思……"王老师发现，每次小明与父母激烈冲突后，在校的表现也很不好。王老师与小明的父母真诚交流，共同分析小明的思想、学习、生活等情况，制定符合实际的教育方法；组织部分家长（包括小明的父母）讨论孩子教育问题，分享教育心得；在家长会上讲述典型的家庭教育案例，引导家长正确认识孩子成长过程中的心理需求，严格要求的同时也尊重孩子，建立和谐的家庭氛围；向家长推荐优秀的家教读物……王老师也特别注重对小明的关爱和教育，渐渐地，小明和父母的关系缓和了，与老师亲近了，也乐于接受老师、父母的一些建议了。

理性剖析

初中阶段，学生身心发育，进入青春叛逆期，开始从依赖父母和老师的心理关系中独立出来，往往会过度强调自我，不自觉地形成了"自我中心"的观念。学业的压力，考试的焦虑，长期养成的不良习惯，理想与现实的差距，与老师、同学以及长辈的摩擦和冲突，青春期生理变化带来的困惑与躁动等，使他们"心有千千结"，充满了困惑与矛盾，很希望得到他人的认可。但有些学生不善于与他人交流、沟通，不能得到父母、师长的理解和支持，就做出强烈的反应，并且产生严重的不良情绪体验，甚至逆反心理，采取一些消极的方式来解决自己的心理矛盾或对抗师长的教育。

大量的事实证明，不少"问题学生"的出现与家庭教育不力有着密切的关系。对独生子女的家长来说，教育孩子的每一阶段都是陌生的，他们很多人缺少心理学、教育学的知识，也缺少教育经验。案例中家长对小明形成了刻板印象，始终拿优秀学生的标准来审视和要求他的一言一行。进入初中后，小明已开始感到压力过大，总觉得活得太累，没有意思，可家长并没有注意到这一些变化，更没有加以引导，当小明有不如家长之意的表现，便批评他、责骂他，这使小明感到很孤独、苦恼。父母怕影响学习，不准他上网和打球，禁止小明和同学交往，采取简单、粗暴的方式教育孩子，因此，小明与家长的心理距离越来越大，也影响了小明在校的学习、生活。如何有效地指导家庭教育，提高家长的教育水平就尤为重要，班主任应成为家庭教育的指导者和协助者。

化解策略

青春期成长的迷惘与痛苦需要家长和教师更耐心地对待。

首先，关注学生在转折期的心理引导。在小学阶段，小明一直是一个很优秀的学生，备受家长和老师的宠爱，又加上家庭条件优越，自尊心特别强，没有经历过挫折，使他的自我意识中存在着相当一部分"自我中心"因子，造成了不正确的自我观念。进入初中后，面对更大的学习压力和生活烦恼，"自我中心"意识受到挑战，小明难免感到失落、茫然、孤独、苦闷，失去学习兴趣，产生逆反心理，采取一些消极的方式来解决自己的心理矛盾或对抗师长的教育。这个时期，家长和教师应充分关注青少年心理的变化和矛盾，引导他们实现心理的平稳过渡，促进其心理健康成长。

其次，对学生的教育要找准切入点。案例中男孩的症结在认知上，要改变一个人的认知，简单说教、横加指责都是无济于事的。老师应尊重、理解学生，不过分关注学习成绩，通过沟通、交流，拉近与学生的距离，让学生感受到老师的关心，加强对学校和班级的认可。开展丰富多彩的教育活动，为每一个学生提供思考、创造、表现及成功的机会；在活动中抓住每一个细微的教育良机，引导、发掘学生自身的内部力量来推动其认知方式向理性的方向改变，推动学生自我反省，自我寻找解决问题的有效方法，从而积极、阳光地面对学习、生活。

最后，引导家长正确帮助孩子成长。家庭教育是每个人受到的最早、延续时间最长的教育。苏霍姆林斯基指出，最完备的教育是学校—家庭教育。很多学生的学习态度、在学校的学习和生活往往受家庭的影响较大。"望子成龙""望女成凤"的传统教育观使不少家庭只注重学生的学习成绩，缺少心灵的沟通。案例中父母的简单、粗暴、过度管束让小明觉得在父母面前没有什么平等和尊重可言。案例中的班主任潜心思考，运用教育智慧，引导家长正确认识孩子成长过程中的心理需求，指导家长在家庭教育中宽严相济，严格要求的同时尊重孩子，给孩子犯错、改错的时间和空间，给予家长有效的方法和帮助。学生的家庭教育改善了，学校与家庭协同教育的"双臂效应"就形成了。

案例 99　　　　　　　　　　新教师的关键期

[矛盾回放]张老师是一名刚刚从大学毕业的新教师，她被安排担任高中班主任和英语教学工作，新奇而又激动，她觉得眼前的半大孩子们是如此可爱，还主动找了不少有关班主任工作的书，她梦想成为像魏书生、李镇西一样的教育家。新学期开始，她忙于班级日常事务：安排座位，选拔干部，制定班规，批评教育违纪学生，与家长联系等。很快，一个月过去了，同年级其他班级步入正轨，而她的班上学生总是这样那样的问题不断，第一次月考成绩也不理想。她今天与这个学生谈话，明天教育另一个学生，都不见效果，学生背后非议她，给她取外号，甚至有个别学生还当面顶撞她。科任老师时常反映她班学生的纪律、作业问题，学校领导对她班的学风、班风不满意。主管干部还特地与她沟通、交流，请有经验的班主任指导她，但是效果都不太明显。她自己感到身心疲惫：教学工作与班主任工作让她顾此失彼，不理解学生为何不遵守规则，不知道如何让学生令行禁止，书上的教育措施在她班上似乎行不通，与周围的新同事相处似乎也有些隔膜……理想与现实巨大的落差，让原来的雄心壮志荡然无存，可每天的工作还得继续，张老师陷入了苦恼与彷徨中……

理性剖析

"关键期"原为习性学中的一个术语，教育学界对关键期的重视基于大量的研究事实和材料，例如，洛伦兹"印刻效应"的研究、哈洛的罗猴早期被剥夺母爱的研究，都说明在动物早期生命中有一个很短暂的时间对某一特定刺激或对象可以形成一种永久性的铭记，这个时期被称为关键期。

其实，在教师的专业成长中，新入职的前几年也是关键期，如果发展顺利，就会为其职业生涯奠定坚实的基础；如果遭遇太多打击，就会影响其可持续发展甚至退出教师队伍。美国《谁是优秀教师》一书的作者认为，一个教师在教学的头几年，随着教学经验的增加，教学效果显著上升，可教了五六年以后，习惯于已有的教学程序，进步的速度就不像以前那么快，有逐渐下降的趋势。

张老师和很多刚参加工作的新教师一样，满腔热情、朝气蓬勃、信心百倍，认为自己的理论基础非常扎实，只要通过自己的努力，很快就可以胜任工作，做出可喜的成绩，得到学生的喜爱，博得同事的好评以及领导的赏识。可随着时间的推移，随着教育事业的不断发展和新课程改革的不断深化，他们可能因为有理论但缺乏实践，有热情却缺乏冷静，有干劲但缺乏方法，往往是凭经验感觉，以自己的主观意愿去工作，于是发现现实与原来想象中的理想化境界差距是如此之大，在大学期间所掌握的书本知识是如此的贫乏与难以运用，学生的心态是如此的千变万化，让人无法捉摸……好像一切的一切都超乎自己的想象，原本认为小事一桩的教育教学工作此时一下子变得十分困难和令人摸不着头脑，使人望而却步。于是，有些教师对自己的教育教学能力开始产生了怀疑，对自己选择教师这个职业是否合适萌生了疑问，原有的执教热情也逐渐消退，有时甚至被失望与颓唐取代，何去何从，他们内心深处充满着躁动、矛盾与不安。"不在沉默中奋发，就在沉默中死亡"这句话是对此时的他们的真实写照。

化解策略

原中央教育科学研究所（现中国教育科学研究院）副研究员郭元婕在《人民教育》撰文指出，新教师作为一个特殊群体，其专业发展和职业进步既需要尊重中国国情，又要借鉴国际最新教师专业发展前沿态势，为我国培养世界一流师资打基础。

首先，新教师要树立职业理想，加强师德建设。职业理想是爱岗敬业的前提。没有理想的教师没有灵魂，不想做优秀教师的新教师不是好教师。有理想的新教师必将关注自身职业道德的建设。"没有爱就没有教育"，"爱"的基础是"理解与尊重"。要理解学生的身心发展特点，了解学生普遍存在的问题和个体差异，尊重学生的选择，为学生多样化发展提供机会。"爱学生"就要公平地对待每个学生，即使是大班化教学，也要尽可能地关注到每个学生，为每个学生提供平等的学习机会。只有做到公平、公正、理解与尊重，新教师才能获得学生的尊重和热爱。这是构建良好师生关系的基础，而良好的师生关系是取得理想教学效果最有力的保障。

其次，新教师要明确专业发展方向，清晰规划职业生涯。教师职业生涯规划的核心命题是教师专业发展，根本路径是教师专业发展自主。教师专业发展自主是指教师能够独立于外在的压力制定适合自己专业发展的目标、计划，选择自己需要的学习内容，有意愿和能力将制定的目标、计划付诸实施。作为专业发展的主体，新教师需要明确自身专业发展方向，基于对自身专业基础的正确分析，制订合理可行的专业发展计划，并能够通过横向比较和自我反思与自我评价来提升专业素养和水平。只有明确自身专业发展的内容与方向，新教师才能够在纷繁芜杂的教学现象和忙碌的日常教学工作中理清头绪，明确自身发展的问题，制定合理的发展目标，有效地管理时间，坚持实践，实现业务提升。

再次，新教师要注重教学反思，养成良好的职业习惯，实现可持续发展。美国著名学者波斯纳认为，勤于反思是教师成长的必由之路，"教师成长＝经验＋反思"，即教学是实践的学问；经验是反思的基础；反思是实践的升华，是教学提升的灵魂。新教师在个人成长反思过程中最需要解决的问题是"反思什么，如何反思"。新教师需要重点反思的是自身专业发展的方向，核心问题是养成良好的教学行为习惯。例如，新教师要致力于养成尊重学生的习惯。尊重的首要条件是"了解"。新教师要能够在了解学生的基础上，对学生的优势和需要加以利用，促进学生的健康发展。再如，新教师要努力形成一种习惯：致力于掌握学生常见的错误观念；能够利用学生的错误观念设计教学方案，制造认知冲突；鼓励学生带着问题，主动探究，从而使其自主修正原有的观念，形成新的正确的概念。只有主动形成的知识才是牢固和稳定的。

新教师要致力于不断提升自我的反思能力。只有不断反思，在反思基础上不断实践，才能实现专业的可持续发展。它需要从三个方面入手：一是坚持日常反思：能够按照新教师专业发展主题自制个人专业发展反思量表，明确自我发展反思的目的和方向，实现自我反思科学化。二是广泛阅读，不断学习。中外教育家都强调教师要广泛地阅读。苏霍姆林斯基建议教师"要把读书当作第一精神需要，当作饥饿者的食物"。阅读使人丰富，丰富的知识为反思提供养分。三是新教师要致力于提升自身的批判性思维能力。批判性思维指的是那种能抓住要领，善于质疑辨析，基于严格推断，富于机智灵气，清晰敏捷的日常思维。新教师要养成批判性思维的能力和精神气质，以便应对复杂多变的教学过程，提升自身的专业素养，实现自身的可持续发展。

最后，学校和专业的教师培训机构要进行全面而有效的入职培训。研究表明，许多有潜力的教师（包括很多花了多年时间进行职业准备的人）辞职弃教的原因是学校或专业的教师培训机构缺少全面而有效的入职培训，从而使他们在从教之初就遭受了不必要的不快与挫折。因此，一方面，学校和专业的教师培训机构要为新教师安排具有明确目标的入职培训和后续跟踪培训，要给新教师提供一个愉快与轻松的工作氛围，使新教师尽快熟悉新环境，感受到自己是学校团队中的一分子，受欢迎，有安全感和强烈的归属感，对自身的专业发展目标、过程、途径与影响因素等有一个大致的了解。另一方面，学校和专业的教师培训机构要为新教师确定优秀的、适合的导师，通过导师的角色示范与指导，为新教师在课堂教育教学、应对纪律问题、课堂管理、课程计划、理解学校成文和不成文的规定、发展社会技能以及形成召开家长会的能力等方面都给予指导和帮助。另外，学校和专业的教师培训机构对新教师要有恰当的评价与及时的反馈。对新教师要充分地尊重与信任，应鼓励他们标新立异、大胆创新。评价时要坚持发展的原则，不能急于求成，即使成绩暂时还不尽人意，也不能求全责备，对于新教师取得的成绩要及时进行反馈，以维持与保护他们工作的积极性。

案例100　　　　　　　　男教师的心事

［矛盾回放］年轻有朝气、热爱教育、事业心强的李老师最近在办公室显得心事重重，有时想在教育教学上有所作为，但花了很大力气却收效甚微，以往领导和其他老师交给他的任务，他总是高高兴兴地接受，最近却显得很勉强，干活也不如以往积极了，因为业务还过得去，所以就"做一天和尚撞一天钟"。在教室里动不动就和学生发火，处理学生问题简单而粗暴，学生每天都能听到李老师的咆哮。原来李老师最近很迷惘，常言道"三十而立"，眼看自己三十多岁了，一个大男人，依然是个孩子王，什么功名都没有，但又不知道路在何方。他认为自己太辛苦，每天早出晚归，出门时路灯还亮着，女儿还睡着；回家时路灯依然亮着，女儿又睡了或即将睡了。他感到自己太没用，一个大男人每天就埋没在烦琐又没价值的小事中，处理的都是学生间发生的一件件鸡毛蒜

皮的小事，而且天天重复着这样的日子，按部就班，单调乏味。他觉得自己
"压力山大"，每次不管大考、小考，教研组、年级组总要一本正经地分析成
绩，有时领导还要将各班的成绩做成柱状图、曲线图，在会上每个同事都一脸
严肃，为了平均分谁比谁高暗暗较量，甚至为了 0.01 分也要斤斤计较。

 理性剖析

　　教师的职业倦怠是指由于教师长期工作在压力过大的情境下，持续的疲劳
及在与他人相处中各种矛盾而引起的挫折感加剧，最终导致在情绪、认知、行
为等方面表现出精疲力竭、麻木不仁的高度精神疲劳和紧张状态，是一种非正
常的心理和行为。案例中的李老师应该是进入了职业倦怠期，从表面上看，他
已经掌握了最基本的教育教学技能，有了一定的教育教学能力，能胜任基本的
教育教学工作，成为学校工作的主力。但实际上，此时的他内心充满着矛盾，
甚至忍受着停滞不前的痛苦煎熬：他想进步，但又看不清方向；他热爱教育，
但又很难逃避现实社会的影响；他有了一些对教育教学工作的看法与想法，但
又感觉很难形成一个体系与系统，有时甚至自相矛盾；工作中常常取得了一定
的成绩，但又无法总结提升，"只知其然，不知其所以然"。

化解策略

　　学校与个人相互配合，共同努力，寻找最近发展区，尽快度过职业倦
怠期。

　　首先，正确认识问题。教师应该懂得此时遇到的问题是一种正常现象，这
种"高原现象"在很多教师身上都出现过，产生急躁情绪也无济于事。李老师应
当清醒地认识到既然已经选择教师这一职业，就应该干一行爱一行。与其在职
场中充满埋怨地工作，不如在教学中做些研究，在工作中找到快乐，在快乐中
提升自己的教学和管理水平。教师可以参加一些体育锻炼，把不愉快的事在锻
炼中忘却；也可以有针对性地进行心理训练，根据自己的兴趣、爱好及特点，
采取静坐、运动、听音乐、走进大自然等方式做身心放松训练，以缓解压力，
寻求快乐。同时，教师还可以将自己的迷惘向信任的领导、同事进行倾诉，获
取他们的帮助。

　　其次，教师的专业成长主要是内生型成长，靠内在专业精神、专业能力、
专业水平的提升。教师在专业成长中遇到的问题主要还得靠教师自身努力解

决。教师应该根据教师专业成长的理论，制订属于自己的成长计划，找到自己此时的最近发展区，尽快提高自己的教育教学水平，完善自己的知识结构。

再次，教师还应该认识到在书本中所学习的教育理论都是静态的理论，这些理论常常是通过分析的方法得来，把它们直接运用到动态的实践中常常只能导致失败。要想使自己的工作有成效，要想使理论真正发挥它应有的效能，则需要教师对自己的教学实践非常熟悉与了解，再通过自己的不断尝试与创造性运用，最终才能做到卓有成效。当然，这也需要时间。因此，此时教师的专业成长貌似停滞不前，实质上是一个由量变到质变的酝酿与过渡时期。

最后，学校也应该注意到此阶段教师专业成长的特点，制定相应的策略，例如，给年轻教师压担子、加任务，提供充分的锻炼机会，有时还应该积极创造条件，送他们外出学习，进行短期培训或进修，给他们提供更多的理论和实践相结合的机会。同时，对因为专业成长停滞不前而思想上出现波动的教师，应该给予充分的关注和爱心，帮助他们对问题进行正确的归因，提高自我效能感。

案例 101　　　　　　　　女教师的苦恼

[矛盾回放]夕阳映照下的学校办公楼，放学后格外宁静。三楼校长办公室依然亮着灯，透过楼下稀疏的梧桐枝叶，陈老师踌躇不前，这段时间一直犹豫到底要不要上去找校长诉诉苦，再寻求解决目前工作与生活矛盾的办法。但是若上去了，不是给学校又添麻烦吗？

陈老师大学毕业到某知名学校工作已三年有余，从最初站上讲台的紧张、结巴，到现在在课堂上和学生谈笑风生，可以体会到教学的乐趣。三年时间里，学校同事和领导给予了这个小姑娘无数支持和鼓励，帮助她在教育教学上成长。现在基本能够独当一面的时候，她却又开始为工作苦恼。这份苦恼源于家庭生活。陈老师在 A 县工作，但家却在离上班地点五十多千米外的 B 县，平时周末才能回家。刚结婚不久，因为与丈夫距离远导致沟通上常常产生问题，也无法像一般人一样回家照顾家人，甚至因为一人在外，即使怀孕也无法被照料而将生育计划改变。面对喜欢的工作和不能放下的家庭，陈老师最近常常辗转难眠。

🔖 理性剖析

现代社会赋予女性多重角色：职员、女儿、妻子、母亲……而女教师成长中的矛盾特点还在于夫妻事业发展的对比上。找一个女教师做妻子，不少男方及其家庭都希望这位女性在稳定的工作环境下，对家庭琐事付出更多的时间，给予家庭更好的照顾。受不可忽略的传统观念影响，女教师容易在事业上做出一定的退让，选择优先发展丈夫的事业。而这种冲突又会在年轻女教师身上更加明显。她们想要在教学能力上自我提高，需要比年长教师抽出更多的时间备课反思。再看陈老师，在学校与家的来回奔波中，做好教师角色、妻子角色、女儿角色，甚至将来的母亲角色，都需要花费大量时间和精力。

矛盾产生，就会有疏通的办法和解决的途径。陈老师完全可以将问题向学校领导倾诉，再和丈夫家人商量，共同寻找合适的解决方法，找到工作与生活的最佳平衡点。

📕 化解策略

问题的产生源于工作和生活两方面，那解决问题也应该从多维度进行。

首先，从学校层面来看，学校的各种安排可以更人性化，给女性教师留出家庭生活时间。教务安排上可以给予陈老师关心，积极为她排忧解难。排课时，尽量安排半天，方便中途回家。允许陈老师在家中有急事的时间段，灵活安排上课时间，主动帮助她协调课程。同时，学校组织女性沙龙，鼓励女教师积极参与，邀请工作、家庭问题处理得好的女教师传授经验，为与陈老师有类似问题的老师提供交流平台，讨论大家普遍关心的工作问题和家庭问题。

其次，就家庭成员而言，相互积极沟通和交流，加深了解。让丈夫理解自己的工作，尽量取得他的支持。在交流中，除了家庭琐事，还可以分享彼此的工作，增进对对方工作的了解。更新观念，减轻传统家庭观念和生活模式带来的消极影响，让丈夫也学会承担和分担。

有人说解决事情其实就是解决心情。陈老师在遇到问题时，也应该以积极的心态来应对，学会自我调控。学会和同事倾诉，并且大方寻求同事的帮助，获得更多有利于家庭和谐的处理办法。同时，不要一味纠结在矛盾上，从消极情绪中将自己释放出来，参加聚会，参加体育锻炼，获得轻松愉快的体验。

案例 102　　　　　"评优"不成就不"优"了吗

[矛盾回放]陈老师最近神情恍惚、食之无味，整天优哉游哉，有时会讥讽工作积极的年轻教师，甚至在课堂上大发雷霆或采取"放羊式"教学。回想之前的陈老师，学识渊博，意气风发，待人谦逊，积极钻研，在省市教学竞赛和交流中多次获奖，深受老师和学生喜爱。

那陈老师为何会变成现在这样呢？这还得追溯到教育系统的一次"评优选模"事件。在学校的投票过程中，陈老师作为教坛新秀，凭借优于别人的业绩，当选为"优秀教育工作者"，但在公示期间，学校收到了一封举报信，举报该老师曾有处罚学生不当的情况。学校领导班子商议，取消了陈老师的"评优"资格。

理性剖析

一次年年都有的"评优选模"，让一个优秀的有发展前途的老师前后判若两人，实在让人扼腕叹息。我们暂不评论学校领导班子的处理结果是否妥善，仅就陈老师的态度和行为而言，他就缺乏一个优秀教师应有的素养和品质。他应该重新正视问题，调整情绪，让自己成为一名优秀且让人信服的教师。

化解策略

首先，正视问题，调整情绪。毕竟自己曾有处罚学生不当的情况，造成"评优"资格被取消，所以要正视现实，及时调整自己的情绪。可以尽量转移注意的目标，换一种心态去面对；给自己暂时降低标准，凡事做到尽力就好了，这次不行，下次再努力，做一个既有责任心又不激进的人。

其次，自我放松，把坏事变成好事。要学会放弃，为了自己有个好心情，积极参加朋友或者同事之间的聚会活动，业余时间上网聊聊天、购物、看电影、听音乐、玩玩游戏，让自己的身心能适时地放松。维持同事关系融洽，打造丰富多彩的业余生活，拥有良好的心境。"福兮祸之所伏，祸兮福之所倚"，万事万物有它的两面性。有人说，一个人的成长，除了自身的努力之外，还应该有四种人帮助：高人指点、贵人相助、小人监督、亲人鼓励。这次别人的举报不一定是坏事，也许对自己就是一次很好的警醒，让我们更清醒地认识自己的不足，不断前行。

最后，自我加压，向着更高目标。自我放松是必要的，但不能自我放弃。

保持一个良好心境固然不错，但是如果缺乏目标就会失去前进的动力。一个人如果长时间处于一种放松而慵懒的状态当中，很有可能又会因无聊而茫然，不知道自己该做什么，这样又会出现新的心理问题。所以，教师也要给自己适当地加一些压力，平时多读点书，多研究新的教育教学方法和理念，多参加各类学习课程，努力提升自身的能力和水平。只有当自己的能力和水平得到了进一步的提高，有些压力到时候或许才能不成为压力，以后的"评优"也就是水到渠成的事情。

案例 103　　　　　　　　教师职业发展上的分岔路

[矛盾回放]陈老师是一个优秀的数学教师，在数学教学上很有自己的想法和见解，因而深得学生的喜欢和领导的赏识。今年年初，陈老师被任命为学校校长助理，走上了行政管理的道路。按理说事业一帆风顺，陈老师应该心情愉悦。可是最近陈老师很郁闷，有时心里莫名其妙地烦躁。因为自从担任校长助理以后，除了正常的教学任务以外，又多了学校的很多其他工作，比如，开不完的会议和出差，填写不完的表格和记录，接待不完的来宾和家长。根本没有时间静下心来研究教学，有时甚至还影响到了自己正常的教学工作。陈老师陷入了迷惘之中：自己到底是一心一意研究教学，争取做一名专家型教师？还是走行政管理的路，将来担任更重要的学校管理干部？

理性剖析

陈老师作为一名优秀的教师，当成长的路上面临这样一条分叉道的时候，确实很难抉择。选择没有对与错的区分，只有适合与不适合的区别。

学校既需要好教师，也需要好干部，更需要专家型的好领导。陈老师年轻有为，又是一名男教师，今后的路还很长，其实朝哪一个方向发展都行，关键是看哪一条路更适合自己的个性特征、兴趣爱好。所以，只要是适合自己的，能在岗位上发挥最大潜能的，就是正确的选择。

化解策略

首先，面对这样的选择时，最重要的是遵循内心的意愿，排除一切干扰和杂念，问问自己的内心深处——我到底更愿意做什么？所谓"强扭的瓜不甜"，如果违背自己的意志，强迫自己做不喜欢的事情，在主观意愿上都难以全力以赴，又怎能发挥出最大的功效呢？所以，自己的想法才是最重要的，毕竟将来的路还需要陈老师自己去走。

其次，有意愿还需要有实力。综合考虑自己的能力和优势，权衡自己的长处到底是在行政管理上还是在教育教学研究上。俗话说"三百六十行，行行出状元"，只有找到最适合自己的位置才能发挥最大的潜力，创造最大的价值。

再次，面对迷茫和困惑时，陈老师完全可以寻求他人的帮助。主动找到学校领导谈谈自己的想法，领导站得更高，也看得更远，也许他们更加了解陈老师，也可以给陈老师一些中肯的建议。陈老师还可以向自己信任的同事和朋友倾诉，所谓"当局者迷，旁观者清"，别人的意见也是很有参考的价值和意义的。

最后，如果最终还是不明确自己的选择，也可以再尝试一段时间，坚持一手抓行政管理，一手抓教学，多给自己提供一些锻炼的机会和思考的空间，也许在深思熟虑和再次尝试后会有更成熟的考虑和答案。中国当代著名的小学数学教学专家邱学华就曾坦言："在中国，要成为'名师'，你既要当'官'，又不能当'官'。因为当了校长，当了'官'，你才有更多脱颖而出、成名的机会，更容易被社会认同。如果你只顾着当'官'，又会牵扯你更多研究的精力和时间……"

案例 104　　　　　　　追求完美的教师

[矛盾回放] 小李毕业于一所普通师范院校，毕业后分配到一所中学教书，现已任教十多年。在学生时代，他就是一个完美主义者，做事情总要力争完美无缺，一定要做到最好。从小学、中学乃至大学，他都是班干部，一直被认为是老师的乖学生。自从参加工作后，他除了自己在教育教学中兢兢业业，一丝不苟外，要求学生也同样完美无缺。但由于分配到的学校是一所城乡接合部的学校，学生的素质差别很大，有一部分学生经常逃课、打架。家长对子女的要求也不尽相同，有些家长迫于生活压力，忙于工作，没时间教导子女；而另外一些则一有空闲就忙于棋牌，对孩子的学习漠不关心。这让他感到无所适从，为了达到完美，他付出了很多，找孩子谈心，与其父母沟通、交流甚至到家劝导，但收效甚微。另外，也有同事由开始劝他"悠着点，注意身体"到后来冷嘲热讽。久而久之，他逐渐对教师这个行业产生了怀疑，"当年报考师范学院，一定程度是因为教师是个光荣的职业，但现在我却骄傲不起来，你为学生真心

付出，但学生不领情"，这让他很气愤，也很委屈。职业认同的缺失感在一次同学聚会之后彻底爆发了：与同学相比，他自感能力不差，素质不低，可是工资比别人低，生活质量更谈不上，维持生计而已。同事间的关系也一直困扰着他，特别是同学科之间刚来时存在着一定的合作关系和竞争关系，但随着他在教育教学上的日益成熟，他感到同事之间的合作越来越少，而由利益带来的不良竞争行为却是层出不穷……这些都让他感到很无奈，对教学研究的兴趣和职业幸福感也大减。

理性剖析

李老师面临的情况是许多在职教师，特别是年轻教师共同面临的问题，具有一定的普遍性。

刚走上工作岗位雄心勃勃、热血沸腾，力争在教育教学中成为一名优秀老师，并且经过努力取得了一定的成绩，但在教育教学生涯中遇到一些挫折也是不可避免的。学生不是机器，调整好了就一切按部就班。学生是一个个鲜活的生命，培养学生、成就学生不能只有爱心，不能只凭一腔热血，还要有耐心，需要智慧和执着。造成李老师这一现状最主要的原因是他太追求完美，李老师追求完美并没错，关键是不能太"过"，如果是被绑在追求名利的快车上不能停止，越想收获、越想成功就越怕失去，越怕落后，越怕失败，所以心情总不能畅快。

职业认同感是一个很重要但是被他忽视的心理需要。当初他选择教师这个职业，很大部分原因是喜欢学习并愿意与他人分享自己的知识。但是实际工作后由于学生问题，应对家长、社会舆论以及处理一些琐碎的事情等，让他逐渐对工作缺失了兴趣，产生了职业倦怠。

对合作同事的错误认知也给李老师带来困扰。一方面是对同事关系的高估，认为同事都会抱着接纳和欢迎的姿态看待自己，在团队中彼此能够毫无芥蒂地团结、合作，共同发展，一旦发现存在与心理预期迥然不同的挑剔，同事采取某些不正当竞争手段时，必然出现一些人际摩擦，会产生较大心理落差。另一方面是对同事关系的低估，认为同事普遍存有个人门户之见，自私保守，甚至嫉贤妒能，"同行相轻"，不相信别人可以合作，怀疑对方的能力，将别人拒于千里之外，认为自己有明显突出的某些优势，因此产生人际隔阂，进而降低职业幸福感。

 化解策略

李老师应该改变心态，增添激情，学会享受解决问题的过程的快乐。

首先，调整心态，勇于改变。心态决定心情，心情决定激情。因为一点小的挫折或他人的一点误解就心情郁闷，对自己所作所为产生怀疑，这样于事无补，只能越来越糟，恶性循环。所以要勇于改变，没有改变，或者拒绝改变就没有成长。调整认知就是通过自我计划、自我监控、自我检查、自我评价实现认知过程，其实质就是元认知调节。

其次，学会反思，多站在对方立场思考和处理问题。要经常反思自己的行为为什么效果甚微，为什么同事不理解，为什么学生和家长不接受。不能只将问题归咎于他人，更不能归咎于社会，要多站在学生和家长的角度去思考，多向经验丰富的老教师和老班主任虚心请教。观察到的有价值的内容，应通过反思、自省、总结，纳入自己的心理结构，成为自己的人生智慧。智慧地培养学生，智慧地与家长交流，智慧地和同事相处。

再次，学会赏识，增强自我成就感。学会发现别人的优点，真心赞美之，学习之。在轻松愉快的氛围中与别人友好相处，既愉悦他人，又快乐自己。要相信自己，要对自己的努力过程产生实际的感受，不断使自己受到鼓舞，保持乐观的工作态度。

最后，拓展视野，加强总结与提炼。提高学习意识，充实自己，提高自身素质。通过学习来更新自己内在固有的认知结构，努力钻研教法，探究学法，才能在教育教学中收放自如。

案例 105　　　　　　缺乏自信的教师

[矛盾回放]工作几年，白老师没有感受到熟能生巧和轻松自如，而是更多的不安和忐忑。每次走进教室，他都很紧张，总是缺乏自信。害怕讲得不好、讲得不透；害怕面对突然增加的新问题；看见不听讲的学生，总会有些自责，常自问："如果课堂足够有魅力，是不是就能避免这样的场景呢？"

理性剖析

教师也是普通人，同样可能有自卑心理，但教师相对又是公众人物，人们对其持有很高的期望。所以，教师常常就像生活在鱼缸中一样，领导、家长、公众和学生都在审视他们，时刻关注他们的一言一行。他们在生活中应该循规蹈矩，课堂上不能有一点错误，工作中容不得出一点偏差。这就导致部分教师常常感到压力巨大，无所适从，工作也就很难发挥最佳成效。

化解策略

面对课堂教学中的自卑状态，白老师可以从以下几方面加以训练。

首先，放松心情去工作。人都可能有自卑心理，关键是要端正态度，减轻精神压力，使自己身心放松。相声大师侯宝林就相声表演经验说了 16 个字"留有余地，恰到好处，宁可不够，不可过头"，他始终认为艺术的魅力在于富余——唯富余才能心到、神到、手到、眼到，获取创作和表演的自由。这对我们的课堂教学艺术也很有启发。

其次，掌握方法，进行自我调节。方法很多，略举几例借鉴。

方法一：成功冥想法，即预演未来，做最好的自己。例如，不断自我暗示"我是最棒的"；豁出去了，别怕失败；对课堂教学过程和环节反复练习，充满期望。

方法二：自我解脱法，即丢掉面子，放下架子。例如，放弃自己的身份和地位，从自己专长的地方开始，从假装自信开始(睁大眼睛、昂首挺胸、学会微笑等)。

方法三：生理舒缓法，即放松神经，缓解情绪。例如，想象，通过想象一个所喜爱的地方(大海、高山或自家的小院等)放松大脑，把思绪集中在所想象的东西的"看、闻、听"上，并渐渐放松，由此达到精神放松；腹式呼吸，吸气8 秒左右，让自己的小腹慢慢胀大，再呼气 8 秒左右，让自己的小腹慢慢缩小，训练自己的脸部肌肉放松和缓解紧张情绪；找没人的地方，做鬼脸、歪嘴扭唇、抬鼻转眼、吃水果、喝温水、嚼口香糖等，转移注意力。

案例 106   区域骨干教师群体的"高原现象"

[矛盾回放]"高原现象"本是教育心理学中的一个概念，在这儿是指教师专业发展中暂时停顿或下降的时期。某区是成都市中心城区，骨干教师相对较多。在对学校进行广泛调研和观察的过程中发现，"高原现象"在骨干教师群体

中客观存在，部分骨干教师体会不到教师职业"高峰体验"的快乐，影响到教师的专业发展。

通过与学校领导座谈，大家谈到了这样一种现实，部分骨干教师中存在三种现象："似睡"，即一些很有潜力的骨干教师发展愿望不再强烈，不愿意参加各种活动；"无欲"，即部分骨干教师取得相应的荣誉后，有"船到码头车到站"的思想，缺乏进一步发展的愿望；"半遮面"，即部分骨干教师表面上好像对一切持无所谓态度，但在潜意识里同样有自尊的需要，还是渴望得到别人的赏识。

通过调查骨干教师群体（含21名特级教师、27名市学科带头人、123名市优秀青年教师、99名区级"名师"、369名区级学科带头人），结果显示：承认自己或多或少曾经历或正陷于"高原现象"的竟占绝大多数，认为自己从没有过"高原现象"的仅占3％。

通过调查和与教师个别座谈，很多骨干教师感觉自己面临进退两难的处境。正如一个骨干教师所说："面对各种各样的荣誉和各方面的表扬声，面对越来越顺手的教学工作，我开始飘飘然起来。每天轻松地去上课，不再钻研教材，因为我有经验；不再进行课后反思和写心得体会，因为那是年轻人的事情。日子就在我的懒散和倦怠中一天天地流逝，我也每天重复着公式般的教学。"

理性剖析

基于骨干教师"高原现象"的客观现实，在理性分析的基础上，大家提出了解决问题的三大假设。一是个体超越必须置身于群体"突围"之中。这应该是区域骨干教师突破"高原现象"实践研究的出发点，也是整体推进区域骨干教师突破"高原现象"的主要着力点之一。我们有理由坚信：群体优秀了，突出的个体会更卓越；群体卓越了，会裹挟个体不断前行。二是行政支持和培训相助是骨干教师跨越"高原现象"的有力干预者。教育行政部门的支持和培训机构、学校的培训相助将决定着区域骨干教师发展外部生态的优化程度。三是在持续的"外力场"作用下，必须不断激发骨干教师"自我扬鞭"。21世纪不仅是教育的世纪，更是学习的世纪，在信息社会里，所有老师都要当学生，当好自己的学生，做自己学习的主人。

🔖 化解策略

从"改变生态"到"激活内在"的双向突围。

该区从对骨干教师的管理入手，以三个平台搭建为载体，以管理机制创新为保障，以外在生态的营造来激发骨干教师发展的内在需要，构建骨干教师突破"高原现象"的作用力系统。

首先，搭建三级平台，满足不同层次骨干教师持续成长的需要。

一是举办骨干教师研修班，促进教师的内涵发展。为了使骨干教师实现由"熟练教师"向"研究型教师"的转型。经过摸索，该区构建了区域骨干教师"三结合一发展"的培训模式，即：研究和培训相结合，专业学习和综合学习相结合，导师辅导和自主学习相结合，促进教师自我发展。二是成立"名师发展学校"，促名优教师更高层次地个性化发展。名师发展学校是对区域内的"名师"进行管理、培养的一种学习型组织。名师发展学校坚持个性化的培养原则，根据教师工作性质的差异，把学员分为管理、研究、教学三类，有的放矢地实施培训，为区域教育发展奠定人才基础。三是成立"名师工作室"，实现特级教师、名优教师和普通教师联动培养的突破。对"名师"实施项目管理制度，提供专项工作经费和奖励经费，支持"名师"提炼个人教育思想、教育成功经验和方法，逐步形成理论化、课程化的"名师"教育教学实践知识。

其次，建立五项机制，通过行政支持有力干预。

一是建立骨干教师流动交流机制，打破原有平衡状态。例如，制定《骨干教师交流制度及管理办法》，让骨干教师定期服务薄弱学校。二是建立优胜劣汰的"名师"动态管理机制，形成良好的竞争效应。名优教师的评选凭业绩说话，使优秀教师能脱颖而出，找到用武之地。同时废除"名师"身份和待遇的终身制，对学科带头人以上的骨干教师都实行动态管理。三是建立评价激励机制，为骨干教师"注射"成长的"兴奋剂"。结合新时期教育改革对教师综合素质的总体要求，形成评价过程动态、评价模式综合、评价内容丰富、评价主体多元的评价体系。四是建立岗位薪酬制，发挥经济杠杆的调节作用。要从机制上保障骨干教师克服"高原现象"，一定要研究制定配套政策，辅之以合理的福利配套政策和措施。五是建立教师关爱机制，关注教师职业生涯的幸福指数。从教育行政部门、培训机构到学校都建立相应的人性化管理制度，渗透情感管理。

最后，突出三项任务，引入自主发展的动力之源。

外部生态机制提供成长的外因，要突破"高原现象"，更重要的是启动教师自身发展的内需。

一是学习反思，找到突破"高原现象"的动力之源。例如，以"读教育名著写反思"的系列活动提升骨干教师的教育信念和职业情感；以"读国学经典写心得"的交流活动，提升骨干教师的文化底蕴和文化素养；以"初读、再读、重读新课标，实施教学改进，构建现代课堂"为载体，丰富理论积淀和教育智慧。二是课堂磨炼，重新焕发职业生命的活力。比如，通过两年一届的"赢在课堂"的赛课活动，让骨干教师在实践中提高；开展"名师示范课"活动，让骨干教师在"服务式学习"中得到磨砺；还可以通过开展"名师讲坛"活动，让骨干教师总结自己精彩的教育人生。三是课题研究，升级突破教师发展瓶颈的"马达"。新课程把"教师即研究者"这一理念摆上了议事日程，通过组织和激励骨干教师开展"学科小课题研究"，把研究内容主要集中在课堂教学领域，突出体现对骨干教师专业成长的指导与促进作用。用科研的视角进行思考，用科研的思维开展工作，提升骨干教师品位，为骨干教师的发展助跑。